新装版

女たちの〈銃後〉

増補新版

加納実紀代

Kanou Mikiyo

インパクト出版会

4章　銃後のくらし　221

5章　女たちの八月一五日——銃後の終焉　305

〈序章〉　私の「原爆の図」

「おたくはどちらで？」

「紙屋町に住んどったです。近かったけん、十人家族の七人までやられました。わしは、あんときは国鉄に出とって、宇品におったから助かったけど。あんたはどこでした？」

「うちは白島でした。母が梁にはさまってねえ、助けようとしたけど、火がまわってしもうて……。むごいことでした」

病院の長い廊下。待合用のベンチで本を読んでいた私は、こんな会話を小耳にはさんで目をあげた。隣に坐っている老婦人と、そのまた隣の老人の会話である。長い待ち時間のつれづれに、どちらからともなく声をかけたものらしい。ひとしきりそれぞれの「あの日」を語り合ったあと、にわかに老人は声を高め、被爆者援護法に対する政府の姿勢について悲憤慷慨をはじめる。その日の朝の新聞には、原爆被災者だけを特別扱いはできないといった援護法制定を否定する審議会報告が、大きく報じられていたのだった。

老婦人の方は、老人の高声にヘキエキした様子で気のない相槌をうっていたが、老人が呼ばれて診察室に消えたあと、私の方を向いてポツリと言う。

「ああいう人は不幸だねえ、心の平安ってものがない。信心でもすりゃあいいんだけど、ねえ」

急に話しかけられてドギマギした私は、「ええ、まあ……」とあいまいな返事をして、再び本に目を落とす。しかし活字は、私の頭を素通りするばかりである。

心の平安か、なるほど――。たしかに、被爆者援護法が制定されたところで、苦悶する母親を火の中に残して逃げた心の痛みは、いやされないだろう。「信心でもすりゃあ……」となるよりほか、しかたないものかもしれない。

いろいろな「広島」があり、いろいろな「八月六日」がある、とあらためて思う。


夏と冬との二回、定期的に行なわれる被爆者健康診断は、私にとっていろいろな「広島」に出会う機会でもある。えんえんと待たされることにウンザリしつつ、ほぼ欠かさず受診しているのは、もちろん不安だからだ。白血球や赤血球の数を調べてどうなるものでもないと思いつつ、やっぱり被爆者手帳に「異常なし」のハンコを押してもらわないと落ち着かない。

しかしそれだけでなく、日ごろはほとんど無縁のままに過ごしている「広島」に出会う可能性があるからでもある。さきの老人たちのように、診察を待つ間の何気ない会話のなかに、五歳になったばかりだった私の知らない「広島」、「八月六日」を、かいま見ることもままあるのだ。

ここでは人々は、普遍的な、一つのシンボルとしての「ヒロシマ」ではなく、自分の「広島」、自分の「八月六日」を語る。それがうれしい。この人々の間にいるかぎり、私は、シンボルとしての

「ヒロシマ」と私の「広島」との間の違和を感じないですむ。

シンボルとしての「ヒロシマ」。いうまでもなくそれは、戦争による悲惨の象徴である。そして、「ノーモア・ヒロシマ」、核廃絶と平和への悲願である。「ノーモア・ヒロシマ」については、もちろん異議はない。私の「広島」から引き出される結論も、それ以外にはあり得ない。にもかかわらず、私の「広島」と「ヒロシマ」のあいだには距離がある。そして、その二つをつなぐ糸はねじれ、もつれている。

丸木位里・俊夫妻による「原爆の図」にしてもそうだ。いうまでもなくこれは、原爆の恐しさを世界中に認識させる上で大きな意味を持ったものだ。核兵器の残虐性についての視覚的なシンボルといってよい。しかし――。

小学校の三、四年のころであったろうか。この「原爆の図」が、学校の講堂で展示されたことがある。クラスごとに並んでぞろぞろと講堂に入り、壁いっぱいにはられた「原爆の図」の前に立ったとき、私は胸のなかで、ほとんど怒りをもって「ちがう！」と叫んでいた。これは私の知っている「広島」ではない、「原爆の図」ではない。

私の「広島」、私の「原爆の図」は――。

出勤する父を見送ったあと、五つになったばかりの女の子は、いつものように外にとびだした。彼女の遊び場は、すぐ近くの神社の境内だ。そこに行けば、だれか遊び相手がいるだろう。

まだ八時前だというのに、境内の石だたみには松の木がくっきりと影を落とし、蝉の声が喧しい。

しかし子どもの姿はなかった。

いや、いた。お濠にかかった太鼓橋の上で、向かいのカッチャンが手すりから身を乗りだしている。女の子は黙ってそばに行き、並んでお濠をのぞきこむ。

「ホラ、あすこ。でっけえ食用ガエルだろ、あれ焼いて食うとうめえんだど」

しかし女の子には何も見えない。蓮の葉の間に濁った水がみえるばかりだ。

「ウソだ、カエルなんていないよ」

「ウソじゃねえ、ホラ、あそこ」

指さされた方に眼をこらしてみてもやっぱり何も見えない。カッチャンは、手近の松の木から松葉をむしってきてさかんに投げこむが、水の中はじっと動かないままだ。なんだ、つまらない。

ふと眼をあげた女の子のすぐ前を、大きなシオカラトンボがすいと横切る。

「あ、トンボ。でっかいトンボ」

大声をあげてみたが、カッチャンは見向きもしない。女の子はトンボを追って太鼓橋をかけおりる。

「まて、まてえ」と大声をあげて追っかける。しかしカッチャンの足音は聞こえない。ふり返ってみると、彼はまだ松葉を投げこんでいた。

カッチャンのバカ。なんだカエルなんて……。急にトンボにも興味を失った女の子は、ふと木原さんチに行ってみようと思う。裏の木原さんチの女学生のお姉さん、ミチコちゃんは、女の子が行くと、いつも着せかえ人形で遊ばせてくれるのだ。

キンロードーインとかで、ミチコちゃんはいなかったが、木原さんのおばちゃんは女の子を部屋に上げ、着せかえ人形の入った箱をタンスの上からおろしてくれた。

ピカッときたのは、女の子が人形をとり出した直後だった。眼をあげると、あるはずのないところに一瞬太陽が輝き、縁側のむこうの波板のトタンべいが女の子の方に倒れてくる。

真っ暗になった。いや、真っ白になったのか――。


手元にある被爆者手帳によれば、私が被爆した地点は爆心から一・九キロメートル。二キロ以内での被爆者を「特別被爆者」というので、私はかろうじてその「特別」になるわけだが、私の住んでいた一角で、このとき屋内で被爆して生き埋めになったり焼死した人はいなかったように思う。

私も木原さんのおばちゃんも、天井も床も抜け、もうもうと砂煙がたちこめる中からなんとかはい出したし、自宅にいた母も、落ちてきた瓦で頭にケガをしていたが元気だった。しかし、このとき外出していた人たちは、ずいぶん死んだ。

まず、父。父は八月六日朝出勤する後姿を私の脳裏に刻んだまま消えてしまった。勤務先の机に坐って、タバコに火をつけたところだったと聞くが、爆心から五〇〇メートル、ほぼ即死だったろう。探しに行って帰ってきた母は、一言も口をきかず縁側にむこう向きに坐り、その後姿の肩のふるえで、私は父の死を知ったのだと思う。

それからミチコちゃん。彼女は勤労動員先で被爆し、すれ合って皮のむけたジャガイモのような顔をして帰ってきた。そのとき私たちは、さきの神社の境内に集まっていたが、その皮のむけたジャガイモが、「お母ちゃん」と木原さんのおばちゃんにすがりついてきても、ミチコちゃんだとはどうしても信じられなかった。二日目の朝ミチコちゃんは、眼も鼻もない茶褐色のドッジボールのようになって、死んでいった。

カッチャンも死んだ。私が木原さんチに行ったあとも太鼓橋の上にいたカッチャンは、右半身に大火傷をした。二、三日してカッチャンの家をのぞいてみたら、傾いたたたみの上に寝かされて「イタイヨー、イタイヨー」と泣いていた。その真っ赤に焼けただれた横顔をみたとき、私は一目散に逃げだした。あのときトンボが眼の前を横切らなかったら――、と思うようになったのは、何年も後のことだ。

被爆後避難した山の中にも、傷つき焼けただれた人がいっぱいだった。夏草のあいだに身をひそめた私のまわりには、「みず、みず」というかぼそい声がひしめき、「水をやっちゃいかん、じき死んでしまうぞ」という怒声がしじゅうとんでいた。丸木夫妻の「原爆の図」の世界がそこにはあったのだ。

にもかかわらず、私の「原爆の図」には、こうした生々しい被災者の姿はない。それどころか、賽の河原に蕭々と風が吹き渡るように、寒々と乾いている。無機質な、さわればコチンと掌をはねかえしそうな、真っ黒焦げの死体ばかり――、それが私の「原爆の図」だ。

なぜなのだろう。

たぶん一つには、私がちっぽけな子どもだったからだろうと思う。被爆後私たちは、爆心から火に追われて逃げてきたひとびとにまじって山に向かった。客観的にみれば、おそらくその避難行は、丸木夫妻の「原爆の図」第一部「幽霊」の行進と変わるところなかったろう。しかし私は、それを見てはいない。そのときこの小さな女の子は、すぐ脱げてしまう大きなゴムのスリッパを引きずり引きずり、前を行く母のもんぺの腰のあたりを見失わないようにするのでせいいっぱいだった。見るよりは見られる存在でしかなかったのだ。

私の「原爆の図」が、るいるいたる黒焦げ死体で満たされているのは、それが私にも見ることができるものだったからだろう。

被爆後の何日か、被災者に対してオニギリが配られた。岡山の方から運ばれてくるということで、私たちの口に入るころには腐りかけていたが、貴重な食糧だった。私は毎日、ひしゃげた鍋をかかえ、トラックのところまでそれをとりに行かされた。途中には黒焦げ死体がごろごろしていた。

立って歩いている人群れを全体として見ることはできなくても、じっと横たわっている死体ならば、五歳の子どもの視点からも見おろすことができる——。

しかしそのとき、それらの死体の上には、じりじりと真夏の太陽が照りつけ、生焼けですでに腐臭を放っている死体や、ぷすぷすとまだ燻りつづけているものもあったろうに、私の「原爆の図」が、賽の河原のように冷たく乾き、荒涼としているのはなぜなのか。

この荒涼たる死の風景には、画龍点睛、一羽の真っ黒なカラスがいる。ぬめりと光った漆黒の羽を広げ、たくましい嘴で死屍をついばむ大ガラス——。

実は、この原稿を書いている途中、はじめて私は、丸木夫妻の「原爆の図」が「からす」(十四部)で締めくくられていることを知った。長崎の軍需工場に強制連行された朝鮮人被爆者の死体が、カラスのついばむにまかされていたことに想を得たのだという。この思いがけない一致に驚きあわて、私はペンを投げ出して、急遽埼玉県東松山市の丸木美術館を訪ねた。

雨の午後、だれもいない薄暗い展示室のソファに坐りこんで、私はその「からす」の図に見入った。部屋いっぱいに、からすの騒々しい鳴き声やばさばさという羽音が満ちてくる――。早く来ればよかった。

この美術館についてはずっと気にしつつ、結局この時まで足を向けなかったのは、三十年ほども前の「原爆の図」に対する違和感にいまだにこだわりつづけていたためだ。愚かなことをしたものだと思う。

しかしやっぱり、この「からす」は私の「原爆の図」ではない。私の「原爆の図」には、もっと空がある。そしてカラスは、群ではなくただ一羽でなければならない。なぜなら、そのカラスこそは、私自身なのだから。


女の子は、足元の真っ黒なモノをまじまじと見つめた。着せかえ人形を裸にしたような形をしてはいるが、真っ黒けのノッペラボー、眼も鼻もなんにもありゃしない。見まわしてみれば、あっちにもこっちにもころがっている。いちいち近寄ってながめてみたが、どれもこれも同じノッペラボーで、おもしろくも何ともない。

突然女の子は、立ちすくんだ。このノッペラボーには首がない！　手足の形はあるが、あるべきところに黒い球形のデッパリがないのだ。

いそいで眼をそらした。そらした先にまたあった、首のないモノが……。あわててギュッと眼をつぶる。そうすると、まわりじゅう首のないモノにとり囲まれているようで、よけい怖くなった。

しかし次の日には、もう女の子はおもしろくなっていた。首のない死体はやっぱり怖かったが、こわいからおもしろいのだ。そのこわいものにいくつ出会うか、五個以上見てしまったらペケ、一個も見ないでオニギリをもらって帰れたら二重マル……。二重マルを求めて女の子は、黒焦げ死体のあいだを、ピョンピョン跳んで歩いた。


小さな子どもにとって、遊びは生きることそのものだ。生きているかぎり、どんな無残な非日常のなかにあろうとも、子どもは遊びを発見する。そこに瓦礫しかないならば、瓦礫が彼のオモチャである。そこに死体しかないならば、死体こそが彼女の遊びの対象である。大人がどう見ようと、子どもの知ったことではない。

もしもそれを非難するなら、小さな子どもから、虫や草木やお手玉や、そして何よりもミチコちゃんやカッチャンやの遊び友達を一瞬にして奪い去った原爆を、原爆を落としたアメリカを、原爆を落とされるまで戦争をやめなかった日本政府を、そしてそもそも戦争などはじめた大人をこそ、非難すべきだろう。

しかしいつのころからか、私は、このときの遊び心をもてあましはじめる。「ヒロシマ」が戦争による被害の極としてシンボル化しはじめるにつれて、その「ヒロシマ」の死者たちを遊び心の対象にした自分を、〈罪〉と感じはじめる。

私の「原爆の図」が、荒涼たる死の風景のなかに、死屍をついばむ一羽のカラス——恐るべき被害の極限における小さな加害者の図として、定着しているのはそのためだろう。

丸木夫妻の初期の「原爆の図」に感じた違和感は、それがひたすら、被害者の視点で描かれていたからでもあったろう。丸木夫妻の作品だけでなく、普遍的なシンボルとしての「ヒロシマ」がそうだった。「ノーモア・ヒロシマ」の運動に人々を結集させるためには、「ヒロシマ」はあくまで、核による惨たる被害としてある方がよい。それはよくわかる。普遍的な極限の被害のなかの個別の小さな加害性にこだわってみても、話はややこしくなるばかりだからだ。

個々の「広島」、個々の「八月六日」についてみれば、そこには、私のような〈死屍をついばむ大ガラス〉もいれば、家族を火の海に残して自分だけ逃げた人々もいよう。また丸木夫妻の「原爆の図」の最後の二作に描かれた米兵捕虜を虐殺する広島市民や、強制連行した朝鮮人被爆者を放置し、カラスのついばむにまかせた長崎市民もたしかにいただろう。そうした個別の、小さな〈加害者〉を含みつつ、しかし全体としてみれば「ヒロシマ」はやはり、戦争による民衆被害の極である。また、その無差別性において、被害の大きさとその永続性において、核戦争の惨禍を先取り象徴するものであり、核兵器を持ってしまった人類に対する大きな警告である。

しかし、「ヒロシマ」がたんに被害のシンボルになることによって、あの戦争全体における日本の加害性が、日本人に見えにくくなったということはある。考えてみれば「ヒロシマ」は、日本が中国に対して一方的にしかけた侵略戦争の帰結であった。被害のシンボルとしての「ヒロシマ」は、日本人をしてそのことに無自覚たらしめ、自らの加害性から目をそらさせる働きもしたのではないか。

「ノーモア・ヒロシマ」は、たんに原水禁運動のシンボルであるだけでなく、日本人の反戦の強い意志の象徴でもあったはずだ。そうであるならば「ヒロシマ」は、その被害の相においてだけでなく、加害性をも含めた戦争の悲惨の象徴でなければならなかった。

被害者であってかつ加害者、これがあの侵略戦争における日本の民衆の状況だ。これはたんに被害者であるよりも、もっと悲惨な状況ではないだろうか。「ヒロシマ」は、私たち日本人にとっては、たんなる被害ではなく、被害と加害の二重性をもった民衆のより深い悲惨の象徴としてこそ掲げられるべきであった。そのときはじめて、「ノーモア・ヒロシマ」は、たんに原水禁運動のシンボルであることを越えて反戦の象徴となることができる。そうであるならば、「南京虐殺」や「リメンバー・パールハーバー」をも包含する、被害者にも加害者にもなりたくない世界中の民衆の普遍的シンボルとなり得たであろう。

「ノーモア・ヒロシマ」の形骸化と現在の日本の右傾化をみるとき、そうではあり得なかった「ヒロシマ」がかなしい。私の「広島」の死者たち——父やミチコちゃんやカッチャン、それに五歳の私が遊び心の対象にした黒焦げの死者たちは、犬死だったのだろうか。

彼らは、人類初の核兵器の犠牲者であると同時に、日本人全体の加害性の責任を集中して背負わされたといえる。彼らにだけ責任を負わせて被害者に安住するわけにはいかない。自らの加害性を直視した上で、被害者であってかつ加害者であるという悲惨の極に民衆を追いこんだものを明らかにし、落とし前をつけさせねばならない。

「ピカは、ひとが落とさにゃ落ちてこん」と丸木スマ（丸木位里氏の母）は言った。たしかに原爆は天から降ってきたものではない。同様に被害者であってかつ加害者であるような状況も、人間が作り出したものである。だれが、どのようにしてそういう状況を作り出したのか。

十五年戦争の〈銃後〉の軌跡を辿りなおすなかで、なんとかそれを明らかにしたい。

いまとなってはもう遅いかもしれないと思いながら、私の「原爆の図」に、極限の被害における小さな加害者として自らを描きこまねばならなかった怒りが、私を駆りたてる。

Ⅰ章

銃後への胎動――一九三〇年代の女たち

死の誘惑
三原山・自殺ブームをめぐって

　南の島の春四月。しかし山頂の風はまだ冷たい。ときどきさあっと冷たい霧が視界を閉ざし、熔岩の岩肌を黒々とぬらして通り過ぎる。観光客はコートの衿を立て、熔岩の間の小道を辿って展望台に登ると、たいていはそそくさと山を降りて行ってしまう。寒さのせいだけではない。この黒々とした熔岩の荒涼たる風景は、妙にひとを落ち着かせないのだ。火口といっても、それらしい炎も鳴動もなければ噴煙すらほとんどみえないのだから、〈怖いもの見たさ〉で人々の足をとどめることもできない。

　かつて、この伊豆大島三原山は、ひっきりなしに噴煙をふき上げて鳴動し、火口の端に据えられた反射鏡には、赤々とした炎の色がみえたという。反射鏡のそばには、白い紙テープをつけた石が積まれており、人々はその石を火口に投げこんでは、テープをひらひらさせながらどこまでも落ちてゆく石に息をのんだという。そして、石ではなくて人間が、くるくるまわりながら落ちてゆくことも、たびたびあったのだ。

「さあ、何人くらい入ってるかね、五〇〇〇人じゃきかねえんじゃないか。あのころは、毎日一、三人は飛びこんだちゅうからね」

バスの終点にたむろして客引きをしている馬子のひとりは、こともなげにこう言った。

あのころ——一九三三年（昭和八年）からの二、三年、大島三原山は、自殺の名所であった。とくに晴天の日曜日など、何十人もの自殺志願者が火口に押しかけ、制止の手をふり切って、火口に飛びこむものが相ついだ。地元警察では、自殺防止のために、火口付近に「強く生きよ」、「絶望するな」、「困ることがあったら警察に来て下さい。相談に乗ります」等々と書いた立札をたて、山頂派出所を設けて警備に万全を期した。

「火口見物は、一人や女連の二人は絶対に案内なしには見物させぬ。火口茶屋付近に待たせて五、六名集まってから見物に遣（や）る。其（その）時は火口際の下り口に門を作って其所（そこ）に監視人が居（お）って注意する。而（そう）して大丈夫と見た者のみを火口見物させる事にして居る。而して火口には警察から一人と監視人が二人位で火口端から三米（メートル）突位手前に一列にして両端に警察官と監視人がついて居て、五分間より長い時間は置かない様に警戒している」（「三原山噴火口で何故自殺されるか」『日本警察新聞』一九三三年六月一日号）

にもかかわらず自殺者があとを絶たないのは、見物が終って帰りかけたとき、いきなりまわれ右して火口にかけこんだり、見物客のうちの挙動不審のものを取りおさえている間に、他のものが飛びこんでしまうせいだという。また、警戒が厳重になれば、「巧妙な手段」で、そのウラをかく自殺志願者も続出する。

「いったい自殺する時間は何時が一番多いかと云うに、それは着船の関係上午前八時頃から午後二時頃迄が多い。故にこの時間を厳重に取締た所が、今度は朝早く登ったり午後三時過ぎて隙を見て自殺する。今度この時間を警戒した所山の中や宿屋で縊死や毒薬自殺する。これではいかないと、宿屋の番頭が厳重監視すると海に投身する、船で投身する。之も又警戒すると今度は手を変えて友達を拵らえて、四、五人の見物客の様に装うて来る。之に注意を払うと今度は大島に転地に来たと云うて間借や下宿に居って、村の者や警察が顔なじみになった頃を見計って火口に飛び込む、旅舎検や戸口査察で之を厳にすると、雇人に這入込んで家族一同で火口見物を企て、火口に飛び込む」（同）

どれほど警戒を厳重にしたところで、死に憑かれたものをとどめることはできない。その結果、三三年だけで、女一四〇人、男八〇四人、計九四四人が三原山で死んだ。前年の火口での自殺者が、男女合わせて九人（未遂三〇人）であったことを考えれば、驚くべき増加ぶりだ。しかもこの他に、誰も見ていない間に遺品もないまま火口に飛びこんだものもいたはずだ。男に比べて女の自殺者がうんと少ないのは、女の一人旅がむずかしかったことと、危うく自殺を阻止されて警察の留置場へ、そして家族の手に引き渡されるということが多かったためである。

なぜこの時期、大島三原山で、このような〈自殺ブーム〉が起こったのか。

表面的にみるならば、この〈自殺ブーム〉のきっかけをつくったのは、三人の女子学生――真許三枝子、松本貴代子、富田昌子――であった。当時の新聞その他によれば――三三年二月一二日おひるごろ、島人雨宮甚松は、火口付近に一人の挙動不審の若い女を見かけた。とりおさえて話を聞いてみると、たったいま、一緒に来た友人が火口に飛びこんだという。友人の名は松本貴代子、残った彼女は富田昌子。ともに二十一歳で東京の実践女子専門学校の学生である。

この事件は最初、「女学生の同性心中……一名は危うく救助」(『東京朝日新聞』三三年二月一四日)というふうに伝えられた。富田昌子は死に損なった心中の片われ、と見られたわけだ。ところが、調べが進むにつれて、意外な事実が明らかになった。すなわち、富田昌子にはもともと心中の意志はなく、松本貴代子に頼まれてその自殺に立ち会っただけだというのだ。新聞はがぜん色めき立ち、「女学生の猟奇自殺　火を噴く三原山頂　親友・死の立会い」(同二月一五日)と大見出しでこれを報じ、死んだ松本貴代子について、耽美主義者で極端な結婚否定論者、日ごろから自殺を口にしていたと解説した。

耽美主義者で結婚否定論者の若い女、噴火口自殺、死の立ち会い人――これだけでもう充分にセンセーショナルだ。しかもさらに驚いたことには、富田昌子は、約一か月前の一月八日にも、別の友人真許三枝子(二十五歳)といっしょに火口に来て、その自殺に立ち会っていたのである。真許三枝子は一月七日、「病気のため保養に出ます。三年ばかりお暇を下さい」という手紙を残して家出をしていたが、実はその夜、昌子とともに船に乗り、翌八日、五年間は誰にもいわないことを昌子に誓わせた上で、火口に飛びこんでいたのだ。昌子が、この三枝子の死を、日ごろから死にたい死にたいと言っていた松本貴代子にもらしたことから、貴代子の自殺に同行することになったらしい。

『読売新聞』は昌子について「奇怪！　二度も道案内……三原山に死を誘う女」（二月一五日）、と報じ、吉屋信子は、「何だか探偵小説にでも登場しそうな性格破綻者みたいに思えそうですね。いくらどう頼まれたからといって、自殺する友を無理矢理にでも引留めるのが通常であるのに、どうも普通の人とは受取れぬようですね」（『東京朝日新聞』二月一六日）と論評した。

「死の案内人」、「変質者」――こうしたレッテルをはられたまま、昌子もまた、貴代子の死からわずか二か月余りのちの四月末、死んだ。死因は脳底脳膜炎と発表されたが、新聞はこぞって、「謎の死」と書きたて、その死への疑惑を匂わせている。

こうして、「猟奇自殺」の女子学生三人はあいついで世を去った。しかしその残した波紋は大きかった。「猟奇自殺」が報じられた直後の二月一八日女一人、男一人、二一日中学生三人、二六日高校生一人、二七日女一人、男二人……というふうに、三原山での自殺、自殺未遂はふえつづける。快晴の五月七日には、一五〇〇人の見物人の中から男六人が火口に飛び込み、服毒自殺一名、その他に自殺の怖れありとして大島署に保護されたもの女一五人、男一〇人。この未遂者たちの中には、「自殺させろ」と要求して、留置場でハンストに入ったものもあったという。また、「誰か飛びこむものはないか」という見物人の野次にこたえて、十八歳の少年が「じゃあ、オレが……」と飛びこんだとか、山頂で出会った男四人が、オレが一番だ、つぎはオレだ、と先を争ってポンポン飛びこんだというようなこともあったらしい。

この三原山での〈自殺ブーム〉は、日中全面戦争が開始される三七年まで続く。その間三原山だけでなく、浅間山等の活火山でも、火口への飛びこみ自殺が続出している。歴史学者の故橋川文三は、彼らについて「ジャーナリズムの招きで三原山に死んだとでもいうほかない」(『日本の百年』4)と述べている。八六年四月、アイドル歌手の飛降り自殺のあと、十代の自殺が相ついだが、これについても、マスコミが報道するのが原因だという声があがった。それと同じ論理だ。

たしかにこの異常な〈自殺ブーム〉は先の女子学生の「猟奇自殺」のセンセーショナルな報道に端を発しており、その後も続出する「三原山自殺」の報道がいっそうそれをあおったということはいえる。しかし、いくらジャーナリズムが「猟奇的」に書きたてたとしても、自殺がブームを起こすということは、どう考えても異常である。ミニスカートやカラオケブームならともかく、ことは生命の問題であり、死の問題である。もっと底深く、その原因が考えられねばならない。

「三原山自殺」について、その特徴をあげてみると、まず、自殺者のほとんどが十五歳から二十九歳までの若者であるということだ。また、学生——女学生、中学生、高校生等——や、いわゆる水商売の女が多いことも目につく。そしてなによりも、その死の理由が、一般の自殺者にくらべて、抽象的なものが多いということだ。

もちろん、「生活苦による親子心中」とか、「悲恋の心中」、「病身を苦にして」というのもあるし、なかには「姑の虐待に耐えかねて嫁二人の同性心中」や「徴兵検査で即日帰郷になったため」、「チビであるのを苦にして」などというのもある。しかし、「猟奇自殺」の松本貴代子の例にみられるように、抽象的な、しいて言えば「厭世自殺」に括られるような自殺が多い。したがって、客観的にみれば〈死〉が非常に軽々しく考えられているという印象を拭えない。

当時、昭和恐慌による窮乏のなかで、親子心中を含めた自殺者は急増している。『帝国統計年鑑』によれば、三六年の一万五四二三人が敗戦前の最高であり、三三年の一万四八〇五人がそれに次ぐ。女の自殺者は、三三年の五六九五人が最高であり、一四〇人の女たちの「三原山自殺」の一方で、五五五五人の女たち——その中には一二一九人の農村の女、一二六人の紡績女工が含まれている——が、日本各地で自ら生命を絶っている。これらの女たちのほとんどは、地方紙の片すみに小さく「ネコ自殺」、「首つり自殺」と報じられているように、ネコイラズの服毒や縊死、入水、あるいは轢死等々、自らの死場所、死ざまを選択する〈自由〉もないまま、手近な手段で死んでいったのだ。

こうした一般的な自殺に照らし合わせてみるとき、「三原山自殺」は、特権的人間による特権的な死、の感がある。

当時大島に渡るには、夜八時に東京霊岸島を出航する菊丸に乗って約十時間。これは東京近郊に住む女たちにとっても、距離的にはともかく心理的にはかなりの大旅行である。夜外出する自由とかなりの金と、ある程度の土地勘や旅行慣れが必要であったろう。また、女の一人旅など非常に珍しかった時代であるから、怪しまれないで島に渡るための同行者も必要だった（だから女の自殺者は、たいていの場合、男との「悲恋心中」か「同性心中」になっている）。

その上、死場所としての三原山の選択が、マスコミの報道によってなされたとすれば、情報を得やすい立場にあることも一つの条件であろう。日ごろから活字に親しんでいるとか、多くの人に会うとか——。「三原自殺」の女たちに、女学生や接客業の女が多いのは、そのためだろう。

〈島〉というものは、それ自体ロマンを誘うものであり、日常性から切り離された〈特権的〉な場所である。そして、一世を風靡した「波浮の港」の歌や、大島椿にアンコ、それに火を噴く山——。自らの死場所、死ざまを選択する〈特権〉をもった若者を誘うに充分な魅力を持っている。接客業の女たちを〈特権的〉というのは語弊があるが、望むと望まないとにかかわらず、〈家〉の管理からより〈自由〉な女たちであったとはいえるだろう。

しかし、〈自由〉であることは、〈空虚〉であることと同意語である場合もある。〈自由〉であることがひとの生を輝かしいものにするためには、まず、自らの〈生きることの意味〉の発見がなければならない。

このころ、「三S、三ロ時代」ということばがあった。三Sは、スポーツ・セックス・スクリーン。三ロは、エロ・グロ・テロ。つまり若者は、スポーツ・セックス・映画といった刹那的な享楽にうつつをぬかし、エロ・グロ・テロが横行しているということだ。その一方では、恐慌のなかで明らかになった〈社会悪〉の根絶に〈生きることの意味〉を求めて、弾圧も恐れず左翼活動に飛びこむ若者たちもいた。しかし、圧倒的多数の若者は、こうした享楽と自己犠牲のあいだを揺れ動き、〈生きることの意味〉を見失って立ちすくんでいる。

日中戦争開始直前に中国に渡り、闘う中国の人々とともに日本帝国主義に対して果敢に戦ったエスペランティストの長谷川テルさえ、この時期、奈良女高師の寮の一室から次のような手紙を友人に書き送っている。

「――学校にいくのがいやでしょうがない。クラスの人の顔をみていると、自分が腐ってしまいそうな気がするの。キリキリと首をしめてやりたい。自分の頭でも他人のでも。カルモチンを百五十粒のんで、旅の宿で生きかえったクラスの人のことをおもったら、死にたくもなります。この頭の労働をなげうって、なにか、はつらつとした運動に飛びこみたくもなるけど、出来そうにもないし、勇気もないし……」（三一年四月）

「現代の物質文明の生みだしたユウウツ、インテリ階級の、ことに若人のもつ世紀末的なアンニュイ……それを切抜ける劇薬はどこにあるかって――ある人はあの都会の刺激のありそうな刹那的な享楽に没頭し、ある人は健全らしいスポーツに身も心も任せ切っているでしょうし、ただれるような肉の生活に入ったとて、あなたが満足するはずもなし、さりとて結局は幻滅なものであることを忘れ去ることのできる理想主義的分子の濃厚な人には、左翼の実際運動に入ることを進め（ママ）てもいいけれど、そうなるにはあまりにあなたは冷却している蒼白いインテリになりすぎてるし……どうしたってしょうもないでしょうよ。おそらく死ぬのもいやだったら、済度の方法は皆無です。ただ死ぬお手伝いなら、いつでもして差上げます」（三二年三月）

（利根光一『テルの生涯』より）

このとき長谷川テルは、「猟奇自殺」の三人の女子学生とかなり近いところにいたのではないか。「猟奇自殺」の三人の女子学生とほぼ同じころ、同じ実践女子専門学校に籍を置いた牧瀬菊枝氏によれば、当時、下田歌子の創設になる封建的で皇室中心主義のこの学校にも、左翼運動の波は押寄せていた。「紀元節」の日に、講堂の演壇にかけ上がって反動教育を糾弾したり、担任教師をペテンにかけて反戦劇「西部戦線異状なし」を上演したり……の動きのなかで、教室や寮から、袴をはいたままの学生が特高に連れ去られることもしばしばあったという。(牧瀬菊枝「自分史の中の天皇制」『女性と天皇制』所収)

牧瀬氏の記憶では、こうした動きに対して、「猟奇自殺」の三人は、関心を示す様子はなく、とくに最初に死んだ真許三枝子は、暗い感じでいつも孤独のうちにあったそうだ。年齢も高かったし家庭に複雑な事情をかかえていたせいではないかという。

しかしその三枝子も、反戦劇「西部戦線異状なし」上演後の記念撮影には一緒にうつっているし、彼女たち三人が、特高に連れ去られる学友の後姿に、全く何の感慨も抱かなかったとは考えにくい。テルのいう「インテリ階級の、ことに若人のもつ世紀末的なアンニュイ」のなかにある自らを、自虐的に追いつめていくということもあったのではないか。

泉鏡花賞を受賞した高橋たか子の小説『誘惑者』(一九七六年刊)は、この三人の女子学生による「猟奇自殺」に主題をとっている。この小説全体を貫くのは、「世紀末的」トーンだが、とくに、富田昌子をモデルにした主人公・鳥居哲代の荒涼たる心象風景は壮絶だ。もちろんこれは作家高橋たか子の自己投影によるフィクションである。しかし私には、昌子を「二人の頑強な自殺者に取っつかれた」あわれな被害者とする兄の発言(『婦人公論』三三年六月号)よりは、よほどリアリティがある。

しかし奈良にあった長谷川テルは、このあとすぐ左翼活動のかどで女高師を追われ、エスペラント運動を通して自らの〈生きることの意味〉を見出してゆく。そして一方、実践女子専門学校の三人は、相ついで世を去った。

この両者の決定的なちがいをもたらしたものは何なのだろう。ほんのちょっとしたこと、ほんのちょっとした偶然であったかもしれない。松本貴代子についていえば、彼女の方がテルよりも、ほんの少し女である自分にこだわったためかもしれないのだ。

当時の報道によれば、「耽美自殺」といわれた松本貴代子は、姉に向かって「三人も子どもを産んで恥ずかしくないの」と食ってかかったり、松本家で三十六年も勤めた八十七歳の婆やが老衰で寝こんでいるのを嫌って、家で朝食もとらなかったという。だとすれば彼女にとって、〈生きる〉ことは、たんに汚らわしい〈肉の袋〉を引きずって老醜に向かうことでしかなかったろう。青春のある時期、自らの肉体が汚らわしく厭わしく、精神の桎梏としか感じられないことはよくある。それが昂じれば、肉体の破壊によって精神を解き放ちたいと願うこともあるだろう。

しかし、貴代子が、つたえられるように「結婚否定論者」であったとすれば、それ自体当時においては革命的なことだった。女は結婚し子どもを産むもの、という社会通念はいまとは比較にならないほどつよい。しかもその結婚に、女の主体性が認められることは非常に稀だった。三二年一〇月、京大教授鳥潟博士の娘静子が、初夜に夫から性病を告白され、憤然として結婚を解消したことが大ニュースになったが、当時においてはそれが〈異常な事件〉だったからだ。

たいていの女は夫から性病をうつされても、黙って耐えるか、せいぜい婦人雑誌の匿名身上相談に悩みを打ちあけるだけ。そして、愛情のカケラもない性行為のなかで次々と妊娠し、妊娠したら否も応もなく産まねばならない――。貴代子にとって、女の肉体が、女の人生を閉ざす檻のように感じられたとしても無理はない。

それは、社会通念を否定して、〈社会悪〉の根絶のための左翼運動に〈生きることの意味〉を見出していた女たちにとっても同様だった。当時マスコミは、共産党員の性の乱れを書きたて民衆のアカ恐怖を煽っていたが、これを悪意のフレーム・アップとばかりはいえない。地下活動の党幹部は、厳しい弾圧の目を逃れるために運動に参加してきた若い女を同居させ、身のまわりの世話やレポ活動に使った。いわゆるハウスキーパーである。彼女たちは当然、性関係を強要されることもあった。作家中本たか子は、こうしたハウスキーパー活動のあいだに妊娠し、逮捕後獄中で中絶して一時的精神錯乱に陥っている。

しかも革命という〈大義〉のために女の肉体を利用した党幹部のあいだから、続々と転向者が出ている。三三年六月、三・一五事件（二八年）で獄中にあった佐野学、鍋山貞親は、「共同被告同志に告ぐる書」なる転向声明を発表したが、その後一か月のあいだに、未決・既決あわせて五四八名が転向を表明している。そしてその年の暮には、共産党スパイ・リンチ事件が起こった。そのとき特高のスパイとして査問された大泉兼蔵のハウスキーパー熊沢光子は、三五年三月、獄中で首つり自殺している。

自らの〈生きることの意味〉を求めて主体的に生きようとする若者たちにとって、生きにくい時代だったのだ。

「三原山の煙を見たら私の位牌と思って下さい」——死にあたって、松本貴代子は、こんなことばを家族に残したという。貴代子が「耽美主義者」とされるゆえんである。しかしこのことばを、〈死〉によってしか〈生きることの意味〉を見出し得ないものの強烈な自己主張とみることもできる。

どれほど美しく言いつくろおうとも、死の瞬間から、肉体は刻々に腐敗する物体と化す。死とはそういうものだ。とくに自殺の場合、その死体は、もっともやっかいな〈汚物〉であることも多い。しかし人間社会のルールでは、それを単なる〈汚物〉として処理することは許されない。血へドを吐き、はらわたをはみ出させた死体に顔をそむけつつも、死因を調べ、身許を確認し家族に連絡し——。そして、家族は、親類縁者を集めて葬いの儀式をし、遺体を焼き、家の墓に埋葬する。こうしてはじめて、一個人の〈死〉は、社会的なものとして完結する。

しかし三原山の火口自殺は、死の瞬間、一挙に死体の埋葬をも完了する。実際は墜落による打撲や噴出するガスによる緩慢な死が多かったらしいが、少なくとも当時、松本貴代子はじめ続出した自殺者には、火口自殺は、瞬間における完璧な〈死〉と思われたろう。瞬時における完璧な自己抹殺——この〈死の美学〉が、数多くの若者を、三原火口に誘ったのだろう。それが、〈生きることの意味〉を喪失した彼らの、唯一の自己表現であったからだ。

そこには、〈死体のない死〉を受取らされる家族に対する顧慮は一片もない。自殺というのは、自らの肉体の抹殺であると同時に、人間関係の一方的な破壊でもある。身近な人々——とくに家族——は、大なり小なり、自殺者から投げつけられた決定的な〈不信〉を背負って生きていかなければならない。自殺がたんなる自己破壊としてだけでなく、復讐という攻撃的な機能を持つ場合があるのはそのためだ。

とくに、死体を残さない火口自殺者の家族は、その〈死〉を確認できないまま、自らの手で遺体を埋葬することもできないまま、死者からの絶対的な拒絶だけを受けとらされることになる。残されたものにとって、これはつらいことだ。三原山自殺者には、それに対する配慮は全くないといっていい。

この家族に対する顧慮のなさは、みごとというべきかもしれない。この時期、続出する転向者の、もっとも多い転向理由は〈家〉あるいは〈肉親愛〉であった。つまり、〈家〉や〈家族〉は、革命運動の闘士の〈生きることの意味〉を無にするほど、重たいものだったのだ。

にもかかわらず彼らは、〈家族〉を顧慮することなく、ひたすら〈死の美学〉に、自らの〈生きることの意味〉を賭けてゆく。〈死の美学〉に殉じた彼らは、やはり〈特権者〉ではある。しかし、なんとかなしい特権であろう。十年後、「学徒兵」という特権的な若者が、〈玉砕〉、〈散華〉という〈死の美学〉によってしか、自らの〈生きることの意味〉を見出せなかったのと同じように――。

日中戦争開始以後、三原山自殺だけでなく日本の自殺者は急激に減少する。とくに二十五歳以下の若者にこの傾向は著しい。若者たちは自ら選択するまでもなく、強大な国家によって死地に駆り立てられ、〈死の美学〉に関わりなく死体のない〈死〉を死んだ。家族は、「遺骨」と称する石ころや紙切れを前にして、何とか死者とのつながりを見出そうと、はかない努力をくり返したのだ。そして女たちもまた、一片の〈美〉もない〈死〉に、若い生命を散らせたのだった。

だとすれば、自ら死場所、死時、死ざまを選択することができたこの時代は、若者たちにとってまだしも幸せな時代だったのかもしれない。

しかし、自殺の多発からいっそう醸成される〈不安の時代〉が、人々をして強大な国家や戦争に向かって、〈自由からの逃走〉をなさしめたのだとすれば——?

エロ・グロ・ナンセンスから白いかっぽう着へ

夏になると、手拍子とともにかならず聞こえてくる歌がある。

踊りおどるなら　チョイト東京音頭
ヨイヨイ
花の都の　花の都の真ん中で
ヤットナ　ソレ　ヨイヨイヨイ
ヤットナ　ソレ　ヨイヨイヨイ

あちこちの団地や町会で催される盆踊り大会ではもちろん、東京を遠くはなれた海水浴場でも、夜ともなれば砂浜にしつらえたやぐらの上から、音量いっぱいに宿泊客を誘う。すると、昼間はラジカセをかたわらに寝そべってばかりいた若者が、ゴム草履で砂を蹴散らしつつ、踊りだす。

しかし、一九三〇年代はじめのフィーバーぶりは、現在の比ではなかった。季節もおかまいなし、夜となく昼となく日本の津々浦々にこの歌が鳴りひびき、人々を熱狂的な踊りの渦に巻きこんだものだった。

「どこかの店先でこの一枚をかける。音曲は流れて街路の風に乗って吹きめぐる。〽ハァ東京よいとこチョイトと来る。するとまず第一に近くの紙芝居の前に集まっていた子どもたちがヤートナソレヨイヨイとやりはじめる。通りがかった日支軒の出前持ちがワンタンメンののびるのも忘れてその中へ一枚加わり出す。孫を迎えに来たお爺さんが踊り出し、それを探しに来たお婆さんも一緒になり、円タクは流しを止め、いつか大変な一団となって交通往来なぞは問題でなくなる。電車が動かなくなってしきりにチンチンとやるが、しかしそれもお囃子(はやし)の合の手のようにしか聞えない。お巡りさんが来てどなるが、それもコリャコリャと聞えるし、しきりと手を振って見せたって、やはりそれが調子に合っているようにしか見えないからききめがない」(高田保「東京音頭の氾濫」『改造』一九三四年一一月)

西条八十作詞、中山晋平作曲のこの「東京音頭」は、一九三二年十月、東京が周辺五郡八二町村を合併して、堂々三五区五〇〇万人の大都市に生まれかわったのを記念してつくられたものだが、たしかによく出来ている。日本人好みの湿り気のある節まわしながら、その軽佻浮薄ともいうべき調子のよさは、現代の若者をも、つい踊りの輪に誘いこんでしまう。しかし、かつてこの歌が、日本中を熱狂の渦に巻きこんだのは、たんに歌の出来だけでなく、時代背景に大きな関係がある。

俗に、三〇年代前半は、エロ・グロ・ナンセンス時代といわれる。三S・三ロ時代ともいわれる。エロ・グロ・テロが横行し、民衆、とくに若者は、三Sに代表される刹那的な享楽に、うつつを抜かしていた、ということであろう。

都会の表層を見るかぎり、たしかにそうだ。とくに、東京の中心・銀座はそうである。ダンスホールやカフェーが立ちならび、モボ（モダンボーイ）、モガ（モダンガール）が闊歩し、「ジャズと、映画と、断髪と、短いスカートと、セエラアパンツと、ダンスとスポーツ」（安藤更生著『銀座細見』一九三一年）があふれている。

しかし華やかなネオンの巷を一歩出れば、暗い露路裏に、一ぱい三銭の残飯を求める人々がひしめいている。賃下げ・首切り反対を掲げてストライキ中の労働者が、会社お雇いの暴力団と乱闘を演じている。そして、わずかな家財道具を背にした家族づれが、無情の大都会をあとに、線路づたいにとぼとぼと、ふるさとに向かっている――。

一九三〇年から三年あまり、日本は大恐慌の嵐の中にあった。三〇年一月の金解禁につづく世界恐慌の波及によって、輸出産業（とくに繊維関係）を中心に倒産企業が続出し、失業者はうなぎのぼり、三二年には、その数三〇〇万といわれている。職を失った人々はふるさとの農村に向かったが、しかし農村も、疲弊の極にあった。製糸業の不振で養蚕農家は潰滅的な打撃を受けた上に、三一年は未曾有の大凶作。都会からの失業者でふくれあがった農村は、飢餓線上にあえいでいたのだ。地方新聞の紙上には、欠食児童や娘の身売り、親子心中が、連日のように報じられている。

エロ・グロ・テロの横行は、こうした恐慌下の民衆疲弊を背景にしている。テロについていえば、三〇年一一月浜口雄幸首相、三二年二月前蔵相井上準之助、三月三井合名理事長団琢磨……と、暗殺(未遂)事件あいつぎ、三二年五月には、青年将校による五・一五事件が起こっている。これらのテロを実行した血盟団員、青年将校たちの胸には、農村の惨状を放置している政財界に対する怒りがあった。

エロについても、同様だ。恐慌のなかで、花柳界はさびれ、ちゃんとした芸をもった芸者の玉代は減る一方なのに、遊廓・カフェーは大盛況、そこで働く女たちも増加の一途をたどっている。一九三二年末、全国のカフェー、バーの数は約三万、うち東京が七〇〇〇軒、二万三〇〇〇人の女給がいたという。エロの担い手は、主としてこれらの女給であった。

「カフェーはコーヒーを呑ますところ、バーは酒を売るところと思ったら、大まちがい、洋装和装の女性が、ズロースをはいたりはかなかったりして妍をきそい、粧をこらしてフンダンにイットを発散させている。キッス一回五十銭、サワリ一回一円、特別サービス×円、こんな定価表こそ貼らないが、ほとんど公然の取引値段である」(『モダン漫画辞典』一九三一年)

こうしたエロ・サービスは東京だけにとどまらない。長野県の『信濃毎日新聞』には、コタツサービス登場、という記事がみえる(一九三一年一月一一日)。頭のはげかけた田舎紳士には、モダンなカフェーは不人気、そこでコタツが登場して、差向かいでしっぽりとオサワリサービス、というわけだ。

ついでにいえば、三〇年ごろから、避暑地軽井沢には、銀座のカフェーの進出あいつぎ、それに伴って、夏の稼ぎをあてこんだ女給が出没。清浄な避暑地の空気を汚すと、別荘族の奥さまたちは柳眉をさかだて、その一掃を警察に陳情している。

男たちがそのエロぶりを面白おかしく報じ、上流婦人が眉をしかめた女給たちは、いったいどこから来たのか。

ここにも恐慌が、大きく翳を落としている。エロを云々される女給たちの多くは、不況で首切られた製糸女工であり、家族のため身を売った農村娘であった。長野県松本市では、三一年はじめ、新規雇入れ女給六五人のうち、五二人までがその前身は製糸女工であったという。また、『信濃毎日新聞』には、「愈よ人間投げ売り時代　嬌笑の女の群れを一ト抱へづつ廉売」、「年越の金に詰り　人肉の叩き売り　泣きの涙で泥ぬまに通ふ『彼女』達」――こんな見出しも、しきりに眼につく。

冷害の直撃をうけた東北は、もっと悲惨だった。山形県のある村では、十五歳から二一四歳までの娘のほとんどが売られてしまったというので大問題になり、矯風会等が調査に乗り出している。娘たちは、東京、横浜、神戸といった大都市へ、四年契約で六〜七〇〇円、六年契約の場合は八〇〇〜一〇〇〇円で売られたという。

グロは、こうした女たちによって織りなされる〈エロ全盛〉の結果である場合も多い。このころ、押入れのなかに、赤児の白骨死体がゴロゴロ――といった陰惨な「貰子殺し事件」が相ついだが、殺された赤児の多くは、〈エロ全盛〉のなかで生まれた〈父なし子〉であった。

こうしたエロ・グロ・テロの横行のなかで、若者たちは三Sにうつつをぬかし、大島三原山火口に身を投じて自ら生命を絶った。そして親たちは、これらの若者を、ただオロオロと見守っているよりなかった。〈革命〉なんぞに夢中になるよりは……との思いがあったからだ。

一九二〇年代後半から三〇年代はじめにかけて、知識人の間では、〈左翼全盛〉の感があった。論壇には、この恐慌を資本主義の断末魔現象と見、革命運動への参加を呼びかける声がこだましていた。これらの呼びかけにこたえ、数多くの若者が革命の戦列に参加し、そして無残な敗北を喫している。苛酷な弾圧もさることながら、アカを一人出せば、家族ぐるみ村八分になるといった風土のなかで、家族の懇願に負けて、自ら戦列を離れる若者も多かったのだ。

こうした若者たちは、〈革命〉を裏切った罪悪感をまぎらせるために酒と女に溺れていく。そして大人たちも、浅草の歓楽街でナンセンス劇に興じ、カジノ・フォリーの舞台にかじりついて、見えがくれする股下三寸のズロースに見入る。いい年をしてヨーヨーに夢中になり、「東京音頭」に踊り狂う――。

しかし、この時代を、ただ否定的にだけ見ることはできない。とくに女たちは、こうした大衆的な狂騒曲のなかで、一種の解放感を味わったのでもあったろう。

売られて、エロサービスを強要される女たちに本当の解放感があったはずはないが、しかし、雪深い山村に生まれ育ち、苛酷な労働にあけくれる娘たちにとって、都会に売られて行くことは、けっして〈泣きの涙〉ばかりではなかった。さきに触れた山形の農村についての矯風会の調査報告は、娘たちが案外ケロリとして売られて行ったと記している。識者たちはこれを娘たちの〈貞操観念〉の低さによるものとして嘆いているが、娘たちにしてみれば、天皇制国家が押しつける〈貞操観念〉など、もともとありがたくもなんともない。憧れの都会で、きれいな着物を着て楽ができるとなれば、とりたてていやがる理由もなかったのだろう。

こうした女たちによって、都会の巷にくりひろげられる〈エロ全盛〉は、〈良家の子女〉にも、なにがしかの影響を与えずにはいなかった。学校の帰り、制服を脱ぎ捨てて〈モガ〉に変身し、銀ブラを楽しんだりダンスホールや映画館に入りびたる女学生も多くなったし、スポーツ熱のなかで、ゴルフやスキー、登山に興じる娘たちもふえている。女流飛行家がもてはやされ、三一年二月、東京航空輸送会社が募集したエア・ガールには数十倍の応募者が殺到した。

三〇年代前半は、女たちにとって、束の間の〈翔んでる〉時代でもあったのだ。

女たちのファッションも大胆になっている。第一次世界大戦後、短くなる一方だったスカート丈は、不況の訪れとともに世界的に長くなり、三〇年代はじめには、足首から一五センチぐらいまでに長くなっている。ビーチパジャマスタイルという、ねまきに見まごうファッションも登場している。

これは、銀座中心に見られる風俗にすぎないが、大正末、関西中心に登場した夏の簡単服アッパッパは、このころには、ハウスドレスなどとシャレた名前になって、全国的に普及している。二の腕を出すことさえはしたないとされた着物生活から、少なくとも夏だけは、足も腕もむき出しにして、あるいは下駄ばきで、あるいはサンダルをつっかけ、街頭に出るようになったのだ。〈エロ全盛〉のなかで報じられる水着姿や、レビューガールの脚をむき出しにした姿が、カタギの女たちの服装の自由をも、なにがしか促したことはまちがいないだろう。

洋服だけではない。着物もまた、色、柄とも大胆に、派手になっている。きもの研究家の大塚末子は、これについて次のように記している。

「その頃の東京では、女のきものの柄は、目立って華美になっていました。濃艶、絢爛とでもいうのでしょうか、うるし糸や金糸銀糸が織物にはいっている豪華な、まるで長襦袢のような大きな派手な色彩でした。羽織は、絵羽織といって、肩から裾へかけて大きな模様の染め出されたもの。和服コートにはシホンベルベットが流行ったのもその頃でした。銀ぎつねの襟巻に頬をうずめた母親は、黒地に青蝶貝入りのうるしの紋付羽織、娘さんの方は、綸子の総絞りの絵羽織のあでやかな長い袂。こんなのが銀座の色どりでした」（大塚末子『きものと私』）

しかし、これらの絢爛たるファッションは、しょせんは、あだ花にすぎなかった。表層の絢爛と、底辺の泥沼のようなみじめさ――。三〇年代前半のこの二つの相反する姿のあいだで、四〇年代の日本をおおうひといろの世界へ向けての胎動が、すでにはじまってもいる。

一九三二年三月、大阪・港区の一角で、白いかっぽう着に身をつつんだ女たちの集団が誕生した。その名は、大阪国防婦人会。この会は、大日本国防婦人会と名をかえて、一、二年のうちに全国に広がり、三〇年代末には約八三〇万の大集団に成長している。それにつれて、モボ・モガは姿を消し、学生はカフェーから追い出され、パーマネントや長い袂はかげをひそめていく。

軍服と国民服とモンペが日本中をおおうようになるのは、四〇年代に入ってからだが、三〇年代後半は、それへ向けての地ならしが着々と進行している。それを先導したのは、もちろんカーキ色一色の男たちの集団＝軍隊だが、そのかたわらに寄りそった白一色の女たちの集団＝国防婦人会が果たした役割も、大きかった。

なぜ、国防婦人会は、これほど急速に成長したのか。

もちろんそれは、日本の全体的な戦時色の深まりの結果ではある。

恐慌の極にあった三一年九月一八日、奉天（現・中国遼寧省瀋陽）郊外柳条湖において、日本が経営する南満州鉄道の線路が爆破され、これを機に日本の関東軍は、奉天、長春等において、いっせいに軍事行動を開始した。いわゆる「満州事変」の勃発である。

きっかけとなった満鉄線爆破は、「満州」侵略の機をうかがっていた関東軍の謀略だったのだが、マスコミはこぞって「暴戻な支那兵」によるものとして日本の侵略を正当化し、「生命線満蒙を守れ」のキャンペーンを展開した。この「満州」にあがった戦火は、翌三二年一月には上海にも飛火し、「上海事変」勃発となったが、この中で起こった「爆弾三勇士事件」（同年二月二二日）は、日本の民衆に熱狂的に受け入れられた。

「爆弾三勇士事件」とは、中国軍の予想外の抵抗による苦戦のさなか、鉄条網爆破に向かった三人の兵士が、鉄条網もろとも木ッ端みじんになった、というものだ。これが、「自らを肉弾となす忠烈無双の三勇士」の美談としてマスコミに大々的に報道され、三勇士をテーマにした映画、お芝居は大盛況、「廟行鎮（びょうこうちん）の夜は更けて……」の三勇士の歌は津々浦々に鳴りひびき、子どもたちは、三勇士の絵のついた筆箱や下敷を争って買い求めた。三人の民衆兵士の無惨な死は、このとき、恐慌に疲れ、享楽に倦んだ日本の民衆に、一服の清涼剤と受けとられたのだろう。

大阪に国防婦人会が誕生したのは、その直後である。これまで家の中に閉じこもり、家事・育児にあけくれていた女たちが、その台所着であるかっぽう着のまま街頭に進出し、出征兵士の見送りや慰問活動に、かいがいしく働きはじめたのである。

民衆の軍人を見る眼も、このあたりから徐々にかわりはじめる。東京の女学生の「結婚観」をきくアンケートで、未来の夫の職業として「軍人への志望者が激増」と新聞に報じられたのは三三年一月である。この間まで、モボやマルクスボーイに熱い視線を送り、「軍人なんて野蛮よ」といっていた娘たちが、「青白きインテリはキライ」といいはじめたのだ。

まして、疲弊の極にあった地方の人々にとっては、軍がカイライ国家「満州国」を建国してくれたおかげで、「満州」での働き口がひらけたのである。そして、倒産寸前だった工場は、軍需生産で息を吹きかえし、失業者たちは再び職を得た。人々の眼に、利権にあけくれる腐敗堕落した政治家にくらべ、軍が救世主のように見えはじめたのも無理はない。

おかげで、これまで女房が家をあけることを喜ばなかった男たちも、軍のための活動ならば、国防婦人会の活動ならばと、率先して女房の尻を叩き、あるいは渋い顔をしながらも、その外出を認めた。女たち自身も、「兵隊さんのため」という大義名分のもとに、家にだけ閉ざされていたこれまでの生活にはなかった解放感を味わってもいたのだろう。

一九三七年七月、日中全面戦争が開始されると、この〈白い軍団〉の活動は、量、質ともに飛躍的な発展をとげる。日中戦争開始直前四五八万だった会員数は、半年後には六八五万余と急激に膨張している。日中戦争後の総動員体制のなかに、軍事援護が女の役割としてはっきり位置づけられた結果、市町村長や在郷軍人会による上からの組織化が進んだのが第一の理由だが、女たち自身のなかにも、それを望む空気はあった。三七年八月、愛知県の郷里を訪れた市川房枝は、たまたま目撃した村の小学校での国防婦人会発会の模様を、次のように記している。

「十五・六歳の女子青年から六十、七十の婆さんまで、みんな外で数人ずつたむろしている。『こんなこと、へその緒切って初めてだなも』『まるでみせものみたいだなも』『エプロンにたすき、少しはきれいにみえるかなも』といったささやきがきこえる。みんな恥ずかしそうだが、うれしそうでもある。戸数わずか千戸の農村だが、おおよそ七、八百名集まり、講堂に入りきれない。まことに村始まって以来の光景である」（『市川房枝自伝・戦前編』）

「エプロンにたすき、少しはきれいにみえるかなも」――国防婦人会の制服であるかっぽう着は、主婦の日常性の象徴として、軍の指導のもとに制定されたものだが、初期には、女中みたいだからいやだ、という上流夫人の声もあった。しかし農村の女たちにとっては、日常性どころか、憧れのファッションであった。野良仕事にあけくれる農村の女の日常着は、つぎのあたった古着物であり、雪袴やカルサンと呼ばれるモモヒキである。真っ白なかっぽう着は、家事だけをしていればよい〈都会の奥さん〉に対する彼女たちの憧れを象徴するものであったろう。

こうして、国防婦人会の白いかっぽう着は、農村の女たちの〈憧れ〉をすくい上げつつ、「村から村へ燎原の火のように拡がって」(市川前出書)ゆく。

三九年の夏あたりから、かっぽう着姿の女たちが、都会の街角に立って、「華美な服装はつつしみましょう」、「パーマネントはやめましょう」などと書いたカードを、道行く女たちに手渡す光景が見られるようになった。

このとき、農村の女たちは、三〇年代前半の農村の苦境にもかかわらず、絢爛華美を競っていた都会の女たちに対する怨念を、ひそかに晴らしたのかもしれない。農村出身の男たちが、軍隊というひといろの集団のなかで、都会出のインテリ兵をいたぶることに快感を見出したように——。

こうして日本は、国防色と白の軍団に先導されつつ、ひといろの世界への傾斜を深めていく。三〇年代はじめ、泥沼にあえいだ人々にとっては、この傾斜は、都会と農村、金持と貧乏人、インテリと非インテリ……の平準化、つまり、〈平等〉の世界へ向けての進撃ともみえたろう。

この〈平等〉が、やがて息ぐるしい〈画一化〉となって自らの上にもはねかえってくることに、多くの人々は、まだ気づいてはいなかった。

戦争とポルノグラフィー
言論統制下の阿部定事件

検閲の基準

「わたくし、あの方に唇を許しました」

何気なくテレビをつけたら、いきなりこんな大時代なセリフが聞こえてきた。NHKの朝の帯ドラマ、例の『君の名は』の眞知子である。つづけて、だから自分はもう「あの方」のもの、結婚しなければならないと眞知子さんはおっしゃる。

ここで、オエッとなってはいけない。『キスより簡単』（石坂啓）と、キスが「簡単」の象徴のように使われる現在とちがって、『君の名は』の時代、四〇余年前の日本人には、キスはたいへん重大な意味を持つものだった。そしてキスシーンは極めつきのポルノだった。

国会議員で元女優の山口淑子は、敗戦直後、はじめてキスシーンを撮る苦労をテレビで語っていた。

「なにしろ監督さんはじめ、みんなはじめてなんですから。どのくらい長くキスしていいか、そのタイミングがわからない……」

そして、ディレクターとかライティングなどのスタッフが、恥ずかしがってまともに演技を見てられなかったという。なんとウブな男たちであったことか！

戦前の日本では、映画、当時でいえば「活動写真」はもちろんのこと、写真や絵画でもキスはご法度だった。一九二一年、内務省警保局通牒には、「風俗壊乱」により取締りの対象とする絵画写真として「男女抱擁接吻（児童ヲ除ク）ノ絵画塑像ノ縮写及写真」が挙げられている。そのほか、「性交の場面」「裸体及び半裸体」「生殖器の図形」「残忍なる場面」も禁止されていた。

一九二五年に始まった内務省警保局による「活動写真フィルム」の検閲には、さらに細かく「接吻」のほかに、「抱擁」「裸形」「舞踊」「痴態」「性的暗示」「遊興」「その他」の八つの「標準」が立てられた。

一九二〇年代後半から三〇年代初めにかけては「エロ・グロ・ナンセンス時代」といわれたが、「三S・三ロ時代」でもあった。つまりセックス・スポーツ・スクリーンの三Sが流行し、エロ・グロ・テロ横行――ということだが、当局は、新しい大衆文化として圧倒的人気のスクリーン（映画）が、こうした風潮、とりわけエロ横行に拍車をかけることをおそれ、容赦なくフィルムに検閲のハサミをいれている。一九三一年の『活動写真フィルム検閲年報』（内務省警保局）によれば、「接吻」を理由にカットされた日本映画のフィルムは四七件二二八メートル。なかには、こんな苦心のシーンもあった。

――相対した男女の下半身の大写し。煙草が地面に落ちる。女の手が上へ画面から切れる。女が爪先立つ。

――砂上に靴の足跡と草履の足跡が、爪先を接して印されている。その側に煙草の吸殻が落ちている。

外国映画の場合も、親が子どものひたいにするなどをのぞき、男女の間のキスはまずカット。だから敗戦までの日本人は、愛し合う男と女が顔を寄せ合ったと思ったら、次の瞬間バネ仕掛けのように左右に離れるといった無粋なシーンばかりを見せられていたという。(小野常徳「性風俗のうら街道」『近代庶民生活誌』⑩、一九八八年)

しかしカット理由として多いのは、「痴態」「性的暗示」である。三一年では、「痴態」一一三四件一二五八・三メートル、「性的暗示」は一一五件一〇六七メートル。「痴態」とは、「主として異性間の、性的背景を持った遊戯的行為、及び、性的に色彩の強い挙措」をいう。この「痴態」よりさらに「度の強い」ものが「性的暗示」である。

いずれにしろ非常にあいまいな基準で、検閲官の主観でどうとでもなる。首席検閲官を長年つとめた田島太郎は、「平たくいへば年ごろの娘を連れた母親が、映画劇場において、一定の描写内容に関し質問を受けた場合、己れの良心を欺く事なくして、互いに気まずい思いをする事なくして、その質問に答え得る程度の表現、描写」はOK、さもなければカット、という。(田島太郎『検閲室の闇に呟く』一九三八年)

たとえば――、ある外国映画で、「未亡人」が娘の恋人の若い男とならんでソファに座り、男のネクタイをはずそうとするシーン。また、維新のころを舞台にした日本映画で、「ラシャメン」が外国公使館員にしなだれかかってシャツのボタンをはずすというシーン。これらは「己れの良心を欺くことなくして、……娘に説明する事を得ない」ゆえにカットしたと田島はいう。

これは、家庭にあっては「よきパパ」であるという田島の、たんなる個人的趣味ではない。この時代の男たちの、ひいては天皇制国家の女たちに対する価値観を体現している。

まず、若い娘は性的なことに無知でなければならない。説明されるまでもなくこれらのシーンの意味がわかるようでは困るのだ。そして母親は、娘の質問に周章狼狽、その顔をまともに見られない（ようでなければならない）。亡き夫に操を立て、こどもの成長だけを楽しみに生きるべき「未亡人」が、あろうことか娘の恋人に手を出すとは、なんてけがらわしい。もともと女は、性に関して積極的であってはならない、女の側から誘ってはならないのに……。

「風俗壊乱」を理由にした表現弾圧は、女の性的主体としての目覚めを圧殺するためでもあったということだ。

銃後の妻の「不貞」監視

女の性の目覚めに対する抑圧は、戦争になればいちだんとつよまる。戦争が、男は前線、女は銃後というかたちで、女と男を物理的に引き離すからだ。男たちは、妻や恋人をふるさとに残して戦場に征く。そのとき、「孤閨」に残された女たちがみずからの性欲を自覚し、たっぷりと快楽を知っていたとしたら……。出征兵士にとって、もっとも切実な「後顧の憂い」は、妻の「不貞」だった。

一九三一年九月一八日、柳条湖事件をきっかけに日本はあからさまな中国大陸への軍事侵略を開始した。四五年八月一五日まで続く長い十五年戦争の開幕である。男たちはぞくぞくと、戦場に駆り出されはじめた。

　その直後の三二年三月に創立された国防婦人会は、出征兵士の見送り、遺骨の出迎え、千人針集めなど活発な街頭行動で知られる。しかしこの会には、目立たないけれどももっと重要な役割があった。出征兵士の妻の「不貞」監視である。

　一九三八年、国防婦人会神戸地方本部では、傘下の分会に対して「皇軍兵士の妻がいやしくも品行上の疑いを受けることがないよう有効適切な措置を、秘密裡に実施せよ」という指令を発した。もちろん軍の要請による。これを受けて兵庫県下では、「勇士妻の会」「銃後母の会」などを各地で開いて若い妻たちを「保護善導」したり、出征兵士の妻一人一人に担当役員を決めて、まめまめしく面倒をみさせたりした。その結果、「懸念されていた忌わしい素行上の問題を未然に防止し得た」という。

（『大日本国防婦人会神戸地方本部史』一九四三年）

　これは兵庫県下にかぎらない。「勇士妻の会」といったものは、全国各地にあった。

　当然、「風俗壊乱」への弾圧もつよまってくる。じつは、「エロ・グロ・ナンセンス時代」は、不況を背景にした「左翼全盛時代」（といっても一部のインテリのあいだのことだったが）と裏腹の関係にあった。当局の取締りは、まずは左翼運動に向けられ、そのぶん風俗関係は目こぼしされていたキライがある。国家にとって、さしあたり「桃色」よりは「アカ」のほうが危険だったからだ。

　とくに新聞・雑誌・単行本といった活字メディア、とくに男性向けの「桃色」に対する取締りはゆるい。活字メディアの「桃色」に対しては、「明治」以来、刑法一七五条のわいせつ罪に加え、出版法、新聞紙法の「風俗壊乱」条項によってきびしく取締られていたが、この時期は、ＳＭいっぱいの

『犯罪科学』『猟奇画報』、そのものずばり『エロ』などという雑誌まで出ている。

しかし戦争が始まり、高まる「非常時」の掛け声のなかで、「アカ」はほぼ息の根を止められる。かわって弾圧の手は、「桃色」に向かって伸びる。

哲学者で性科学者の小倉清三郎は、一九一四年以来、妻ミチヨとともに性についての研究雑誌『相対』を発行してきたが、三三年一月突然検挙され、『相対』は発行中止に追い込まれる。

彼は性生活の大切さを説き、「自瀆」という否定的なことばを「自慰」に言いかえた人とされており、平塚らいてうらの『青鞜』に寄稿したこともある。すでに一九一九年に出版法違反で起訴されたが、そのときは、『相対』は書店で売るのではなくて会員組織で頒布するものだから出版法の適用外、として無罪になっている。

しかし今回はそうはいかなかった。三四年六月、清三郎は禁固四か月の判決を受ける。これを不服として大審院へ上告。澤地久枝氏が発掘されたところによると、その上告趣意書では、教育勅語の「夫婦相和シ」をタテにとって「性的生活ヲ侮辱スルノハ、……、国民道徳上ノ大罪デアリマス」と言い切っている。(『わいせつの終焉』一九八四年)

『猟奇画報』『エロ』などは、何度か発禁ののちに廃刊に追いこまれる。そして三三年秋には『週刊朝日』(一〇月第二増大号)、『婦人公論』(一一月号)といった「良識」ある雑誌まで「風俗壊乱」で発売禁止になっている。

『婦人公論』一一月号の発禁は、「身の上相談千夜一夜物語——『乱倫の家庭から人生に目覚めた少女の話』」による。そこにはこんなことが書かれていた。

「おお、そこは、世にもめづらしい、四方を壁に囲まれた部屋。その一隅のソファの上には、父が、芸者風の女（伏字………）その瞬間の私の驚き——なんとも形容できぬものでございました。私の純心は、この時限りめちゃめちゃに打ちこわれてしまいました。見るべからざる父の痴態は、完全に私を打ちのめして、もはや父への敬虔の念を失くしてしまったのでございます。それ以後だんだん注意してみますと、この秘密部屋は、ある時は、母がお気に入りの青年を伴って姿を没すかと思うと、或は兄が、なじみのダンサーを引張り込む」

これは「家庭ノ乱脈、父、母、兄等ノ情痴生活ヲ叙述シ風俗ヲ壊乱スルモノニ因リ禁止」（『出版警察報』内務省警保局・一九三三年一一月）となっているが、実際は父・兄よりも母の「情痴生活」のほうが問題であったはずだ。姦通は、どんなに否定的に描かれていてもまずは発禁というのが通例だったからだ。

それにしても、『出版警察報』という、いうならば発禁わいせつ資料集にみる女たちの、なんといきいきとエロチックなことだろう！　彼女たちは非常に積極的で、どんらんに快楽をむさぼっている。三三年でみれば、オナニーありレズビアンあり、毎号のように陰核だの陰唇だのといった医学用語を用いて微に入り細に入り、女をイカせる技術指導あり…。もちろん姦通は非常に多い。なかでも、『歌壇新報』一一八号（三三年一一月一五日）掲載の「永代橋歌会ながよばなし」は、姦通の男女平等を主張していておもしろい。

「……女だって男が弱ければ他に相手を見つけてもかまわん。ただ腹をふくらまさないようにさえすれば、男女平等でいいけれど、女はその弱みがあるからね」

「男が女を何人も持つのは腕、同時に女だって幾人の男をかしづかせたって才腕を称えればいいだけさ」

女にだけ姦通罪が適用される当時、もちろんこれが通るはずはなく、「猥褻淫蕩ニシテ道徳ヲ無視セル風俗壊乱記事」として雑誌は発売禁止。(『出版警察報』三三年一二月号)
また、男の浮気を怒った女が、男の熟睡中「石鹸とカミソリ等もって例の男の急所の○毛をソリ落とし」(同、一〇月号)というのもあれば、初夜の床で花嫁が、いきなり夫の上に跨ってセックスしようとしたので、夫仰天して仲人のもとに駆け込んだ(同、六月号)など、女たちはなかなか元気である。だからこそ、天皇制国家の「公序良俗」を守る男たちには、絶対に許しがたいことだったのだ。

「阿部定」報道の不思議

こうした発禁資料の中のエロチックで元気な女たちは、もちろん一般の目に触れることはなかった。しかし一九三六年、一人の女によって引き起こされた事件は、どんなエロ本にもまさる衝撃的なものだったが、マスコミによって大々的に報道された。

——美人待合で男を惨殺　死体を虐んだ上凄愴な血書　外出を装って逃亡(『都新聞』一九三六年五

月一九日）

——尾久紅灯街に怪奇殺人　旧主人の惨死体に　血文字を切刻んで、美人女中姿を消す（『東京朝日新聞』同）

——待合のグロ犯罪　夜会巻の年増美人　情痴の主人殺し　滴る血潮で記す「定吉二人」（『東京日々新聞』同）

阿部定事件、つまり、当時三一歳の料亭の女中阿部定が、主人の石田吉蔵を「情痴の果て」に殺してその性器を切り取ったという事件の報道である。

夜会巻の美人、「定吉二人キリ」の血文字、切り取られた性器——。これは極めつけのエログロ事件である。新聞は色めき立ってセンセーショナルに伝え、定が逮捕されたときには号外まで出た。定は、殺した男の下着を身につけ、ハトロン紙に包んだ性器を胸に、悪びれもせずに逮捕された。「刑事に真先にもらした言葉は『吉蔵さんを殺して安心です』という常人は理解できない言であった。局所を抜いた心情も『吉蔵さんが私にくれた形見』とうそぶいて血のどす黒く包紙ににじみ出た一塊を大切そうに懐中に入れて放さなかった」（『都新聞』三六年五月二一日）

こんな記事が連日でかでかと新聞紙面を賑わしたのだからたまらない。評論家の杉山平助によれば、「全日本の家庭の父兄及び中学校女学校の教師たちの間に大恐慌を起さしめたのは事実である」（『婦人公論』三六年七月号）

事件から約半年のあいだ、マスコミをにぎわした阿部定事件についての報道は、それ自体戦前日本における最後の公開ポルノといってよい。当局は、なぜ公開を許したのだろうか。

もちろん、野放しにされていたわけではない。発禁になっている出版物もかなりある。例えば、『出版警察報』一九三六年六月号によれば、事件発覚後一週間もしない五月二五日、新潟県の『十日町新聞』には「チョン切り川柳」と題してつぎのような川柳が掲載されたが、「社会風教上有害ト認メ」ただちに禁止。

――あんまりヨすぎて吉はチョン切られ
――あんなもの切ってと娘顔を染め
――切るなんて勿体ないと後家は言い

また、五月三〇日、パンフレット『変態グロ事件　お定を裸にする』七〇〇〇部が発行されようとしたが、早稲田署の事前手入れで発禁処分になっている。

六月初め、『京華新聞』『日本演芸関西通信』『映画毎日新聞』の三紙は、「スターに聞く阿部さだ事件」として、女優鈴木澄子・衣笠淳子の「誰でも女が持つ考え方です。ただ自制心があるかないかのちがい」といった発言を載せ、発禁になっている。以後、翌三七年四月まで、『出版警察報』には毎号のように阿部定関係の禁止処分が載っている。それでも「最後の公開ポルノ」の感があったのは、民衆の定人気が権力を凌駕した、ということだろうか。

「男根社会」を拒否した定

それから約一〇年後、坂口安吾は阿部定と対談し、「阿部定さんの印象」という文章を書いている(『座談』創刊号、一九四七年一二月)。そこで安吾は、阿部定事件についてこんなふうに述べる。

「あのころは、ちょうど軍部が戦争熱をかりたて、クーデタは続出し、世相アンタンたる時であったから、反動的に新聞はデカデカかきたてる。まったくあれぐらい大紙面を使ってデカデカと煽情的に書きたてられた事件は私の知る限り他になかったが、それは世相に対するジャーナリストの皮肉でもあり、また読者たちもアンタンたる世相に一抹の涼気、ハケ口を喜んだ傾向のもので、内心お定さんの罪を憎んだものなど殆どなかったろう」

阿部定事件が起こったのは、二・二六事件による戒厳令下である。一か月前の四月一八日には、外務省は、国号を「大日本帝国」に統一し、これまで国際的には「皇帝」と称していた天皇の「御称呼」を「天皇」とすると発表している。ついでにこの年の事件を記しておく。

九月、軍備増強のため四億二〇〇〇万円の増税発表に伴ない諸物価高騰、ひとのみち教団弾圧。

一一月、日独防共協定成立。

一二月、人民戦線運動弾圧で一〇〇〇余人検挙。

そしてこの年、日本の「支那駐屯軍」は倍増され、それが翌三七年七月、盧溝橋での日中両軍の衝突・開戦につながっていく。

安吾のいうように、まさに「世相アンタンたる時」ではあった。そして「最後の公開ポルノ」としての阿部定報道は、それに対する「ジャーナリストの皮肉」、抵抗であったと安吾はいうのだ。そうだろうか。

安吾の阿部定事件に対する見方は、こうである。

――定の吉蔵殺しは、愛の極致の偶然がしからしめたもので「殆ど犯罪の要素はない」。定は「平凡な、おとなしい、弱々しい、女らしい女」であり、彼女の恋は、八百屋お七よりも「更により深くより悲しく、いたましい純情一途な悲恋」である――。（前出「阿部定さんの印象」）。

なんとツマラナイことを言ったものかと思う。これでは定は、まったく男の手の内、男好みの「かわいい女」にすぎない。そして阿部定人気を煽ったマスコミも、それに寛容だった警察も、男社会の根幹を揺るがさない無害な「かわいい女」を定に見ていたのではないか。

これは定にも一端の責任はある。定がのこした「定吉二人キリ」の血文字は、「純情一途な悲恋」物語の道具立てにぴったりだったし、切り取られた性器は「チン切り事件」としてすっかり男たちを喜ばせてしまった。女は強い男根に拝跪し随喜の涙を流すもの――、男たちの間には、こうした抜きがたい男根支配の神話がある。定の「チン切り」は、それを実証するものとして流通させられてしまったのだ。

しかし、予審尋問調書で定自身が語っているところによれば、吉蔵への愛は、けっして「純情一途な悲恋」といったベトついたものではない。「チン切り」もまた、たんなる男根崇拝によるものではない。

妻子ある料亭の主人と女中の関係といえば、だいたいが泣きをみるのは女である。一時の遊びで捨てられるか、よくいって囲われ者になるか――。定も吉蔵から、いずれ待合を持たせてやると言われている。

しかし定は、そうした男社会のありふれたパターンにはおさまらない。すでに彼女はたっぷりと男遍歴を重ね、経済的にも性的にも自立した女である。その経済的自立は、当時の男社会を逆手にとって、身体を元手に手練手管で男を利用するといったテイのものではあったけれど、それだけに男の品定めには長けている。

その定にとって吉蔵は、「様子といい態度といい、心持でけなす所一つもなく、あれほどの色男に会ったことはありません」と手放しで惚れ込んだ男だった。とりわけ嬉しかったのは「情事の時は女の気持ちをよく知っており、自分は長く辛抱して、充分気持ちよくするようにしてくれて口説百万陀羅で女の気持ちをよくすることに努力し、一度情交してもまたすぐ大きくなるという精力振りでした」。さっさと自分の性欲を満たすだけのこれまでの男たちと違って、彼女は「生れて初めて女を大切にし喜ばせてくれる男に出会った」のだった。

セクシュアリティにおける女の主体性を認め、ごく自然に対等な性関係が持てる男との出会いは、めったにあるものではない。その貴重な、稀有の出会いを絶対的なものにするために、定は吉蔵を殺した。吉蔵は、坂口安吾のいうような愛の極致の「偶然」によって死んだのではなく、明白な殺意をもって定に殺されたのだ。

それによって定は、こののち「囲われ者」として、吉蔵の訪れをただじっと「待つ女」であることを拒否した。同時に、何事によらず、とりわけ性において、つねに女に受け身であることを強要する男根社会を拒否したのだ。切り取られた吉蔵の男根はその象徴である。とすれば、定は男たちにとって、カワイイ女どころかまことに恐ろしい存在になる。

永井荷風は、阿部定に対して「すこぶる非同情的」で、「女がそんな顔を見せたら、こっちのほうから退散しちまえばいいんですよ。ごたごたしていると、どんな巻添えをくうかわかりやしません」と語っていたという（小門勝二『荷風歓楽』一九七四年）。荷風には、阿部定の「こわさ」が見えていたのだろうか。

しかしマスコミは、無害な「チン切り事件」としておもしろおかしく報道し、警察もそれを許した。その結果、男根社会に向けて阿部定の放った矢は、安吾のいう「アンタンたる世相に一抹の涼気」、つまり、戦争へ、戦争へと向かう重苦しい時代のたんなるガス抜きになってしまった。それどころか、「最後の公開ポルノ」として、クタビレタ男たちの回春剤の役割を果してしまった感がある。

阿部定人気は、事件半年後の一一月二五日、第一回公判時に頂点に達したが、じつはその日は、裁判を担当する三人の判事の、いずれの「細君の生理日」にも当たらない日として設定されたという（細谷啓次郎『どてら裁判』森脇文庫、一九五六年）

つまり、チン切りの「妖女お定」を目の当たりにしては、いかな判事といえども興奮し、家に帰ったらヤリたくなるからというわけだ。丸山友岐子氏はこれを紹介して、「わたしはもう、おかしくておかしくて笑いがとまらなかった」（『はじめての愛』、一九八七年）という。しかし、偏狭なわたしは、定が天皇制国家の「番犬ども」の回春剤にされたことに、怒り心頭である。

ポルノは「反権力」たり得るか

世の中に規則や命令が横行し、「個人」が抑圧されるとき、個体の自然としてのエロスを謳歌するポルノは、それ自体「反権力」であるように見える。また、個の抑圧が極に達するのが戦時下であることを思うとき、ポルノは「反戦」でもあるように思える。「最後の公開ポルノ」阿部定事件を、その観点から評価するひとも多い。

たしかに、阿部定事件の「定吉二人キリ」の濃密な対関係の世界は、戦争の対極にある。戦争とは、いうまでもなく人間同士の殺し合いである。それも、個人的には何の関わりもない、愛もなければ憎しみもない、ただ国籍がちがうというだけの人間を「敵」として、無差別に、大量に殺すことを強制される——。「定吉二人キリ」の完結としての吉蔵殺しとは、天と地ほどもちがっている。そこに焦点を合わせれば、「最後のポルノ」阿部定事件は「反戦」でありえた。

しかし、「カワイイ女のチン切り事件」として流通した阿部定事件は、「反戦」どころか、アジアへの暴力的な男根支配に拍車をかけた、といえるかもしれない。翌一九三七年七月、日本は中国との全面戦争に突入し、一二月、首都南京を占領した。その直後に「皇軍」によって、数万件ともいわれる強姦事件が発生したことはよく知られている。強姦者のなかには、前年の「チン切り事件」をウハウハ喜んだ男たちも多かったのではないか。

やはり、既成の男社会の価値規範にどっぷり漬かったままのポルノは、「反権力」であるよりは、せいぜいが暗い世相のガス抜きに終わるようだ。それどころか、「男根万歳」で、暴力に拍車をかけることにもなりかねない。

だからといって、法律で取締まればいいというものではない。法律による風俗取締まりが恐ろしいのは、表現の自由が弾圧されるというだけでなく、弾圧の手をゆるめたり強めたり、それによって民衆意識が操作される可能性があるからである。風俗表現のなにを許し、なにを禁止するか——、戦前の風俗弾圧の軌跡をみれば、それを手段にした民衆操作がみえる。

それはともかく——つい最近編まれた「解放と変革の思想」のアンソロジーのなかに、こんな文章を見つけた。

「ひどい人。痛かったわ」

「それで安心したよ」

「それ、どういう意味」

「痛くなかったら、お前は処女じゃねえからな。しかしそんなことは、もう、どうだっていいや。それよりお前が俺のものだってえことの方が肝心なんだ」

「ウフ……」


今東光の自伝「不良時代」の一節である。これを編者は、リバータリアン、「自己解放の苦渋に生きるアナーキィな一群の人々」の文章として評価しているのである。(玉川信明『日本番外地の群像』社会評論社、一九八九年)

解放への道は、まだまだ遠いとしなければなるまい。

2章 銃後の組織化——国防婦人会を中心に

〈銃後の女〉への総動員

「女ってやつはひどいですよ。魔物ですな」

機械油のしみた大きな手でゴマ塩頭をゴシゴシやりながら、Iさんはおだやかな口調で言う。Iさんは今六十八歳。大きなトラックが通るたびに仏壇までビリビリ振動する国道沿いの古ぼけた家に、奥さんと二人、細々と自転車修理業を営んでいる。

なぜ、女は「魔物」なのか。Iさんによれば、こうである。

Iさんは、子供の時分から「なりばかり大きいくせに、からきしの意気地なし」、ケンカなんか大嫌いで、血を見ると吐気を催していたという。そのIさんに一九三九年(昭和一四年)、召集令状が来た。ケンカどころか、殺し合いそのものである戦争に行くことになったのである。なんで男になんぞ生まれたのかと、我身の不運を嘆くことしきりだった。

出征の朝、七月の空はうららかに晴れわたっていた。しかし、列を組んで営門を出るIさんは、まさに屠所にひかれる羊の気分だった。ところが、駅へ向かう沿道には、日の丸の小旗を手にした女学生や国防婦人会の人たちが居並び、「ごくろうさま」、「がんばって下さい」とてんでに声をかけてくる。なかには、Iさんたちに向かって、じっと合掌したまま動かない老婆の姿もある。

女学生の白いセーラー服、国防婦人会の白いかっぽう着、さやさやと揺れる日の丸の旗――日のはしにとらえた沿道の女たちは、夏の陽ざしの中でまぶしいばかりに白く、美しかった。

「そんな女たちの前で、女々しい顔ができますか。いやでも眉あげて、勇ましげに歩調をとって歩かざるを得んじゃないですか。ひどいなあ、女は。あんなにやさしげな美しい顔をして、男を死地に追いたてるんだから……」

Iさんはこのあと、華南の戦場で左膝に盲管銃創を受け、内地送還となった。傷は、ちょっと足を引きずる程度にまで良くなったが、十年ほど前から、冬になるとズキズキと痛むという。

しかしIさんは、ともかくも生きて帰れただけ、幸せであった。女たちの旗の波に送られて国を出たまま、二度と再び故国の土を踏むことのなかった数多くのIさんがいたにちがいない。


大阪空襲を記録する会の中心メンバー、金野紀世子さんは、かつて少女時代の出征兵士の見送りを、苦い思いでかみしめている。

戦争中、大阪港区に住んでいた金野さんは毎日のように大阪港で出征兵士を見送った。国防婦人会の主婦たちとともに、乗船待ちの兵士たちにお茶の接待もした。

兵士たちは、そうした金野さんの奉仕活動を申しわけないくらい喜んで、戦地に着いたら手紙を出したいので、ぜひ住所と名前を教えてくれと手帳を差し出されることも多かった。金野さんが一人に名前を書いてあげると兵士たちがわっと押し寄せ、右からも左からもページを開いた手帳が差し出される。

「ほら、有名な女優さんがサインしはるやろ、ちょうどあんな感じ……」

少女だった金野さんにとって、〈戦争〉とはそういうものだった。

しかし、一九四五年六月一日、港区は、B29四〇〇機による徹底的な爆撃を受ける。女学校を卒業して、近くの軍需工場に勤めていた金野さんは、挺身隊の女学生とともに火に包まれた工場を逃れ、第一突堤の岸壁のかげに避難した。

どのくらいそこにひそんでいたのか、ようやく火の手も少しおさまったので工場にもどったが、道にはるいるいたる死体の列。黒焦げで性別もわからないもの、直撃弾にやられたのか、片足をもぎ取られアスファルトを赤く染めているもの……。それらの死体を、金野さんは「ごめんなさい、ごめんなさい」と言いながらまたいで歩いた。

「これが戦争というもんかと、はじめてわかりました。そして、あのとき私が名前を書いてあげた兵隊さんたちは、みんなこういう所に行かはったんやなあ、と……。なんやすごく申しわけない気がして……」

金野さんは、Iさんの女に対する批判を、わがこととして受けとめているといえるだろう。

しかし、それだけではすまないものがあるのではないか。金野さんが名前を書いてあげた兵士たちのむこうには、彼らによって殺された中国の人々がいる。

一九三一年九月一八日の「満州事変」にはじまる十五年戦争において、三一〇余万の日本人が死んだ。この中には、金野さんの名前を書いた紙片を胸にした兵士もいたかもしれない。しかし、日本による明らかに侵略戦争であったこの戦争において、中国の人びとのはらった犠牲は、二〇〇〇万ともいわれている。この厖大な死者たちの中には、あるいは女たちの手前、雄々しく出征したIさんの手にかかった中国人もいたかもしれない。どれほどIさんが血を見ることが嫌いだったとしても、ひとたび前線に出れば、一人の皇軍兵士として働かざるを得ないからである。

出征にあたって旗を振り、かいがいしく世話をしてくれた女たちの白い顔を思い起こすことで、また送られた慰問品や慰問状にやさしい女の手を感じることで、戦場にある兵士たちが、皇軍兵士として自らを奮い立たせたとすれば――兵士たちの銃剣の先の血に、女たちも無関係ではない。あの戦争における女の関わりを考えるにあたっては、まずそのことを直視しなければならないだろう。

*

〈銃後〉ということばは、日露戦争後、桜井忠温が書いた戦争文学『銃後』に端を発しているらしい。しかし、ここに描かれているのは、主として直接戦闘行為の行なわれる〈前線〉のすぐ背後にあって、兵士たちに武器、弾薬を補給したり救護の任に当たったりする人々の活躍ぶりである。だから、女の姿は非常に少ない。

しかし十五年戦争開始以後、再登場した〈銃後〉は、日露戦争時とはかなりちがう。まず、前線からの距離が格段に長くなり、その範囲も拡大した。つまり、中国大陸の〈前線〉に対して、日本国内の全域（当時日本が領有していた朝鮮、台湾、樺太等を含めて）が、〈銃後〉とされたのである。

その要員として、女たちが大きくクローズアップされたことも、日露戦争時との大きなちがいだ。

とくに日中戦争開始（一九三七年七月七日）以後は、〈銃後の務め〉、〈銃後の護り〉は、女たちのものであった。

十五年戦争下、なぜ女たちは〈銃後の女〉でなければならなかったのか。

「満州事変」がはじまって三年めの一九三四年一〇月一日、陸軍省は、『国防の本義と其強化の提唱』なる小冊子を刊行した。これは、ふつう「陸軍パンフ」と呼ばれるが、このB六判四六ページにすぎないちっぽけなパンフレットが、国内に与えた衝撃は大きかった。冒頭に書かれた「たたかいは創造の父、文化の母である」という高らかな戦争賛美もさることながら、これまでの戦争観の改変を、強力に国民に迫るものだったからだ。

ここで陸軍は、国防の名において新しい戦争観、つまり総力戦構想を打ち出している。これからの戦争は、たんなる武力戦ではない、外交戦、経済戦、思想戦を総合した総力戦でなければならない――というのがそれである。そのためには、「皇国の有する偉大なる精神的物質的潜勢を、国防目的のために組織統制し、これを一元的に運営し、最大限の現勢たらしむる」べく、経済統制や国民の思想動員のあり方についてまで、具体的提案がなされている。

このパンフレットは、軍が、国防力のみならず経済や文化の領域にまで明らかな形で口を出した点においても大きな意味を持つものであり、以後の軍国主義化を大きく促すものとなった。

それにしても、なぜ、戦争はたんなる武力戦ではなく、経済戦、思想戦を含めた総力戦でなければならないのか。「陸軍パンフ」によれば、第一次世界大戦以後の「学芸技術の異常なる発達と、国際関係の複雑化」、そこから来る「戦争規模の拡大」による。

たしかに、植民地再分割をめぐって戦われた第一次世界大戦は、人類の歴史はじまって以来の大規模なものであり、したがって、各国が投入した〈人的及び物的資源〉は、これまでの戦争とは比較にならない大量なものだった。この戦争ではじめて登場した飛行機、潜水艦、戦車等は、戦争の帰結を大きく左右したが、それらの兵器は、〈物的資源〉をとてつもなく消費するものであったし、また、それらを用いての戦闘は、これまでとは比較にならないスピードで「人的資源」を消費する。

したがって、戦争の勝敗は、大量に消費される〈物的資源〉、〈人的資源〉を、いかに早く、いかに多く補給し得るかにかかっている――。これが、第一次世界大戦の動向をつぶさに検討した軍関係者が出した結論である。

そこから「陸軍パンフ」に盛られた総力戦構想が生まれ、その具体化が日中戦争開戦二か月後に発足した国民精神総動員運動であり、一九三八年四月公布された国家総動員法であった。

こうした肉体も精神も含めた民衆の総動員を必要とする総力戦においては、もはや女たちを、これまでのように家の中に閉じこめておくわけにはいかない。したがって、十五年戦争開始以来、〈女の美徳〉は、これまでの〈良妻賢母〉の上に、さらに、一人の国民として〈御国の為〉に尽くすべきだという一項が加えられ、〈銃後の務め〉、〈銃後の護り〉が、女たちに対して要求されはじめる。

男は国外の〈前線〉に、女は国内の〈銃後〉に――。侵略戦争のための総力戦のなかで、これまで〈家〉の内と外に分けられていた性別役割分業は、その規模を、一挙に国家大にまで拡大したのだ。

こうして女たちは、とくに日中戦争開戦以後、侵略戦争の〈銃後の女〉として、総動員体制のなかに、がっちりと組みこまれていく。

女たちに課された〈銃後の務め〉とは、どんなものであったのか。

まずそれは、兵士たちの戦意を昂揚させ、皇軍兵士として〈立派〉な働きをさせること、少なくとも、厭戦、反戦意識の顕在化を抑えること——である。つまり、総力戦の大きな柱である思想戦の戦士としてのそれである。冒頭に記したIさんの出征を見送った女たちや金野さんの活動は、これにあたる。

もちろん女たちは、それぞれの思いをこめて、死地に旅立つ男たちのために千人針を求め、出立を見送り、慰問袋や慰問状をせっせと送る。しかし、それを、すべての男たちに対して、より大規模に行なわせるためには、個々の女の自発性にだけまかせているわけにはいかない。そのために組織されたのが「満州事変」の翌年成立した国防婦人会であった。

一九三二年三月一八日、大阪港区の一角で、大阪国防婦人会なる女たちの集団が誕生した。この会は一、二年のうちに「大日本国防婦人会」と名をかえて全国に広がり、十年足らずの間に、全国約一千万の女たちを糾合し、〈銃後の女〉の象徴として活発な活動を展開した。その結果、これまで家にある主婦の象徴とされていた白いかっぽう着にたすきがけの女たちの集団が、街頭を闊歩しはじめるようになる。その急速な発展のかげには、もちろん軍を中心とする上からの指導が働いているが、その成立は、あくまでも名もない一人の主婦の自発性にもとづいている。しかもそこには、一人のうら若い女の血が、塗りこめられている。

国防婦人会発会を報じる新聞は、その成立の経緯を、次のように伝えている。

「発起人の一人安田せい女史はさきに夫人が身を殺して出征の夫を励ました井上中尉の従姉妹で、中尉夫人の死に感激して何か国のため尽くしたいと念じていた矢先、本月五日宇都宮師団の精鋭が西大阪に宿営した時勇士たちの多くは召集が急であったため父母に袂別の挨拶すら述べておらず、守り札も持っていなかったのでできるだけ多くの千人針を贈らんと寒い街頭に立ったが道行く婦人十人のうち七人までは面倒臭げに袂をふり切って一瞥もくれず通り過ぎたのに憤激していた折も折、大阪防空運動が起りこれに刺激され第八連隊藤原少佐、小林市岡署長らの後援のもと生れたもの」（『大阪朝日新聞』一九三二年三月一九日、傍点引用者）

ここに記されている「さきに夫人が身を殺して出征の夫を励ました井上中尉云々」は、前年冬、大阪歩兵第三七連隊の井上清一中尉の新妻・千代子夫人（数え年二十一歳）が、夫の出征を励ますために、自害した事件を指している。千代子夫人は、夫の出征の前夜、

「私は嬉しくて嬉しくて胸がいっぱいで御坐居ます。どう御喜び申上げてよいやら明日の御出征に先立ち嬉しく此の世を去ります。何卒後の事を何一つ御心配御坐居ますな、私は及ばず乍ら皆様をお守り致しますから、御国の御為に思う存分の働きを遊ばして下さい」

といった遺書を残して自害していたのだ。

十五年戦争開始直後に発生したこの事件は、美談として大々的に報道され、二社競作で映画にもなったが、大阪港区に住む四十四歳の主婦・安田せいも、この事件に深く心を動かされた一人であった。彼女は、井上中尉の母親が実家に女中奉公をしていた関係上（新聞記事に井上中尉の従姉妹とあるのは誤り）、井上夫妻の結婚の媒酌人をつとめ、その後も何くれとなく面倒をみていたのだった。妻の死にもかかわらず、予定通り翌朝、戦場に発つ井上中尉は、せいに葬儀その他の後事を託したという。

事件当夜、母親と一緒に井上家にかけつけた安田せいの長女・喜代子さんによれば、「母はこの事件に非常に心を動かされたようで、帰り道では一言も口をきかなかった」という。井上中尉の陸軍士官学校での同期生・堀田俊氏も、千代子夫人の四十九日の法要で出会った安田せいが、「千代子さんの尊い死をこのままにしてしまうわけにはいかない。満州事変は愈々拡大し、男ばかりでは解決できない大戦となるだろう。従って婦人は勿論犬猫バッタに至るまで戦争に役立たねばならない」と、真剣な眼差しで語ったと記している。（『大阪歩兵第三十七連隊史』）

井上千代子が、夫の出征の前日、なぜ自ら生命を絶ったのかは明らかではない。たしかに遺書にみる限りは、〈武人の妻の鑑〉の趣きはある。陸軍将校の会の機関誌『偕行』が、

「か弱い女の身で、夫君をして後顧の憂を無からしめ、其の行を壮にしようとの念願から此の挙に出たる……嗚呼、昭和の烈婦といわずして何といおう」

と絶賛するのも無理はない。しかし、安田喜代子さんは、千代子夫人について、「動作のハキハキしない無口な人」で、あまり夫婦仲もいいように見えなかったと証言している。夫の「後顧の憂」をたつための「昭和の烈婦」の自刃、とのみは考えにくい。

しかし、その死が、「出征将士の意気を鼓舞」し、「一般人士を感動せしめた」（『偕行』）ことは事実のようである。少なくとも、一人の主婦・安田せいは、この事件を契機に〈御国の為〉意識に目覚め、銃後の奉仕活動を真剣に考えはじめたし、また、夫・井上中尉は、大陸の前線で苛烈な指揮官ぶりを発揮して中国人を虐殺したといわれている。

これは平頂山事件と呼ばれるが、一九三二年九月、「満州事変」一周年を期して中国の抗日ゲリラの一団が撫順炭坑を襲い、炭坑長はじめ何人かの日本人を殺傷した。これに対し日本の守備隊が、ゲリラを手引きしたとして付近の平頂山の住民を皆殺しにしたという事件である。その守備隊の指揮官が、井上中尉であったという。戦後、井上清一氏はこれを否定しているらしいが、しかし当時、撫順炭坑の日本人関係者の間では、公然とささやかれていたという（『銃後史ノート』3号、柳瀬安枝氏の証言）。もしそれが事実だとすれば、千代子夫人の死は、夫の戦意を大いに昂揚させたことになる。

ともあれ、この自害事件を契機に芽生えた安田せいの〈御国の為〉意識は、隣近所の主婦をかたっての出征兵士への奉仕活動へと発展していく。一九三二年一月勃発した上海事変のなかで、大々的に報じられた「爆弾三勇士事件」は、民衆の戦争熱をいやが上にも煽り立てたし、大阪港から出征する兵士をつねに目にしていた港区の主婦たちの胸には、戦場に発つ男たちへの熱い思いがたかまってもいた。

　こうした女たちによる自発的な奉仕活動は、軍にとってはもっけの幸いというべきだったろう。さきの新聞記事にあるように、国防婦人会発会にあたっては、軍関係者や警察の援助があったが、その後の急速な発展は、とくに陸軍の強力なバックアップによる。その中で、女たちの、戦場に征く男たちへのおのずからなる〈愛〉は、軍の統制化におかれ、兵士たちの戦意昂揚の手段とされてゆく。

『大日本国防婦人会十年史』（一九四三年刊）所収の「宣言六ヵ条」によれば、国防婦人会の目的は、次のようなものである。

　まず、「世界に比いなき日本婦徳」をしっかりと身につけ、かりそめにも反戦思想等の「不良思想に惑わされることなく、母として「皇国の御用」にたつ子どもを育て、主婦としていかなる消費生活の窮迫にも耐えぬくこと。そして、前線の兵士を慰め、「後顧の憂」を除き、傷病兵や戦死者の遺族を「母や姉妹同様の心を以て」世話すること——。とりわけ、この最後のあたりは重要であった。

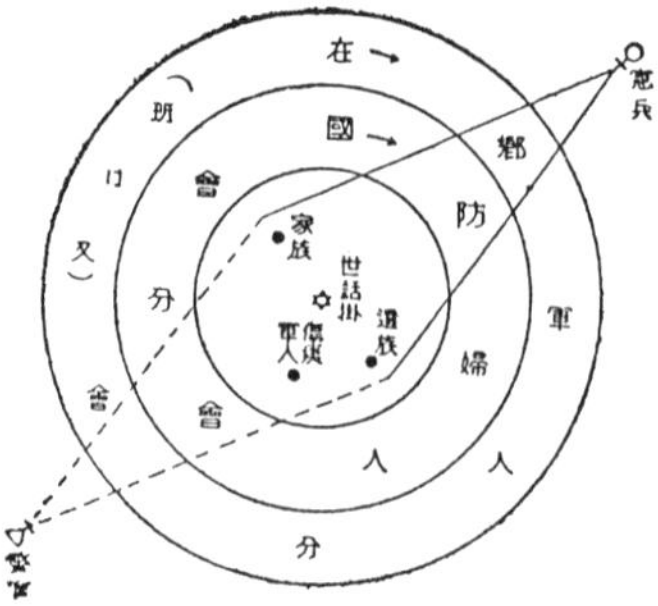

『大日本国防婦人会十年史』より

　『大日本国防婦人会十年史』には、面白い図が載っている。真ん中に傷病軍人や出征兵士の家族、戦死者の遺家族、そのまわりを国防婦人会の女たちがとりまき、さらにその外側を在郷軍人会の男たち、そして両端で、憲兵と警察がニラミをきかせている——という図である。つまり、反戦、厭戦思想の発生地になりやすい傷病兵や遺家族を監視するのに、警察や憲兵といったむき出しの権力ではカドが立つ。当たりのやわらかい女たちをクッションにして抑えこもうというわけだ。戦時体制が国防婦人会に期待したものが何であったか、この図はみごとに表わしている。

出征兵士の留守宅を訪ねて、残された妻の生活の面倒を見、相談相手になることも国防婦人会の役目であったが、そこにも同様の意図が働いている。

一九三八年、神戸国防婦人会では、軍の要請により、軍人遺家族、とくに出征兵士の妻の「保護善導」に関して各分会に指令を発した。皇軍兵士の妻が、いやしくも品行上の疑いを受けることがないように有効適切な措置を、しかも秘密裡に実施せよ、というものである。

その結果、兵庫県下では、「勇士妻の会」、「銃後母の会」といった会を開催して、出征兵士の若い妻たちを「保護善導」したり、あるいは、出征兵士の妻一人一人に対して、担当役員を決めて緊密な関係を結ばせ、貞操上の過ちがないように監視させたという。真のねらいは、妻たちにはいっさい秘密にされたので、「何等の反発を誘発することなく、懸念せられていた忌わしい素行問題を、未然に防止し得た功業は、はかり知るべからざるものがある」と、『大日本国防婦人会神戸地方本部史』は、誇らかに記している。

妻の「忌わしい素行問題」は、出征兵士の「後顧の憂」の最たるものであったから、当局はその対策に苦慮していたが、国防婦人会の女たちを使ってまめまめしく面倒を見させれば、おのずから問題は解決するというわけだ。

夫の方は前線で、「突撃一番！」などと書かれたゴム製品を支給され、陸軍おかかえの慰安所でまさに「忌わしい素行問題」の限りをつくしていたのだが、妻の方には、あくまでも「貞操」を要求する――というよりは、自分たちが不品行であればあるほど、妻の方のそれが気になってくる、というのが、日本の男たちの通性であったのだろう。

日中戦争開戦直後の一九三七年九月、中国戦線の慰問におもむいた廃娼運動の活動家・久布白落実（くぶしろおちみ）は、司令官に対して次の三点の申し入れをしたという。

一、性生活は、節制しても害はないことを兵士たちに徹底させること
二、性病に罹る危険があったら即刻治療を受けること
三、伝染病は治療してから家に帰すこと

その代わり、留守宅を守る妻たちには、貞操を守ることを徹底させる――と。

この申し入れは、いかに前線の兵士たちの間に「不品行」があり、いかに妻たちが、前線から夫が持ち帰った性病で悩まされていたかを示すものであるが、また一方では、銃後の妻たちの「不品行」をうかがわせるものでもある。だからこそ、さきの神戸の国防婦人会本部は、それを「未然に防止」し得たことを誇らかに記したのであろう。

しかし、「日本婦徳」を高唱し、銃後の妻の不品行に目を光らせた国防婦人会は、一方では、妻ではない女、妻になれない女、いわゆる「商売女」に対しては寛容であった。国防婦人会発祥の地大阪では、今里新地、飛田遊廓等の芸妓、娼妓の集団入会あいつぎ、東京でも、佃島、洲崎等の女たちが大挙して入会している。これは、同じような趣旨のもとに一九〇一年（明治三四年）結成された愛国婦人会では、とても考えられないことである。一九三二年の結成以来、国防婦人会が急速に拡大し、たちまちのうちに大先輩の愛国婦人会をしのぐ大集団になったのは、こうした底辺の女たちも巻きこ

んでいったことに大きな原因がある。

これは女たち自身の自発的入会というよりは、戦争協力的姿勢を見せることで経営の安定を図ろうとする経営者の強要によるものであろうが、しかし彼女たち自身も、これまで人間の屑のように見られていたのが、はじめて同じ「日本婦人」として扱われたことを喜び、慰問袋作製等に熱心にとり組んだという。

中国大陸の国防婦人会についても同様のことがいえる。一九三七年一一月、教育界の前線慰問団の一人として「満州」・中国を訪れた志垣寛によれば、中国奥地の日本軍部隊には、日本人娼婦や「朝鮮ピー」、「満ピー」と呼ばれる多数の朝鮮人や中国人の娼婦がいた。彼女たちは、兵士たちの性欲の処理を引き受ける一方、昼間は、国防婦人会のたすきをかけて洗たくをしたり傷の手当てをしたり、かいがいしく兵士たちの世話をしていたという。

日本各地から「商売女」をかき集めて、中国戦線に陸軍おかかえの慰安所が誕生したのは、一九三八年春であったが、ほぼ同じころ、「満州」や中国各地に、国防婦人会が誕生している。それはおそらく、大陸における国防婦人会が、そうした女たちを中心に結成されることが多かったからだろう。

この慰安所開設は、それによって南京陥落（一九三七年一二月）直後のような皇軍兵士による中国女性の強姦事件（二万件といわれている）を防止し、あわせて、検梅対策が完備している施設をあてがうことで性病による兵士たちの戦闘能力の低下を防ぎ、戦意を昂揚させようというのが目的であった。以後日本軍は、行く先々に従軍慰安婦と呼ばれる女たちを伴い、やがてその女たちには、強制連行された年若い朝鮮女性があてられることになる。

銃後の女たちに「日本婦徳」をいい、「貞操」を求めた「皇軍」は、一方では、前線においてこうした「現地妻」を伴っていた。その相矛盾する男たちの要求に、二つながらこたえたのが国防婦人会であった。

それはこの会が、あくまで、陸軍というもっとも男的な集団によりそって発展したものであり、したがって男たちのいう「日本婦徳」の枠を越えるものでなかったからだろう。めかけの一人や二人は男の甲斐性、としてゆったり微笑んでいる（ただし「妻の座」をおかされない限りは）のが、女たちに課せられた「日本婦徳」であったのだ。

それ以上に、この会が、侵略戦争の先兵たちの戦意昂揚を第一の目的としていたからでもあろう。銃後に貞淑な妻、前線に性欲処理の「現地妻」――この二つがあってこそ、男たちの戦意は昂揚させ得る――。その意味でも、国防婦人会は、侵略戦争における女の役割を、もっとも典型的に果たしたといえるだろう。

*

もう一つ、〈銃後の女〉には大きな役割があった。戦場で消費される〈物的資源〉を補給すること、つまり経済戦の戦士としての役割である。戦争は、民衆の生活からさまざまな生活必需品をしぼりとっていったが、乏しくなる消費物資を何とかやりくりし、家族の生活を維持することは、女たちに課せられた大きな役割であった。しかし、戦争の長期化による労働力不足が目立ちはじめた三九年ごろからは、消費生活の維持だけでなく、生産現場への参加が促されはじめる。

しかし女たちを強制的に就労させることについては、体制は慎重であった。男たちに対しては、一九三九年の国民徴用令により、強制就労が制度化されたが、女たちはその対象から外されている。それは一つには、いうまでもなく「日本の家族制度の美風」と矛盾対立するためであるが、それ以上に、人口政策との矛盾があったからだ。つまり、戦争のなかで消費される〈人的資源〉を補給するためには、女たちに、より多く子どもを産ませねばならず、そのためには早婚が望ましかった。

したがって、医療関係の専門職の女たち、女医、女歯科医、女薬剤師、看護婦に対しては、三九年、職業能力申告令が発令され、その専門性は国家の管理下におかれたが、その他の女たちに対しては、軍需景気を煽って自発的就労をはかる一方、カフェー、バーなど「不要不急」の職場への雇入れを制限して、「重要産業」への移動をはかっている。

一九四一年になると、戦線拡大の結果、労働力不足はいよいよ深刻化し、四一年一一月、国民勤労報国協力令を出して、十四歳から二十五歳までの未婚の女たちに対して、一年に三十日間の勤労奉仕を課した。しかし、その半年ほど前に出された「人口政策確立要綱」には、〈人的資源〉増強のために、女は二十一歳未満で結婚すべしとされており、「女子の被傭者としての就業については、二十歳を超ゆるものの就業を成る可く抑制する方針をとると共に、婚姻を阻害するが如き雇傭及び就業条件を緩和又は改善せしむる如く措置する」とある。一方で二十五歳までの女は働け、と言い、一方では二十歳以上は働かせるな、というわけだ。

しかし、太平洋戦争開始後は、労働力不足はますます急を告げる。したがって人口政策との矛盾を解決できないまま、なしくずしに女たちの生産現場への動員がはかられた。こうした動きを、かつて女権拡張のために闘った婦人運動家たちは歓迎し、さらに強化するために「女子徴用」、つまり女たちの強制動員を政府に要求している。

一九四三年七月、大政翼賛会第四回中央協力会議において、大日本婦人会理事・山高しげり（戦後地婦連会長）は、「政府は躊躇するところなく未婚女子徴用を断行されたし」と要望した。山高の意図は、次の二点にあったようだ。

第一に、現在、勤労報国隊といったかたちで、自発性にもとづいた女子動員が行なわれているが、これは実質的には強制動員であるにもかかわらず、自発性のタテマエをとっているため、雇傭者側もあくまで臨時労働力として使い捨てる傾向がある。雇傭者に母性保護その他の恒久的な措置をとらせるためには、はっきりと徴用の形で国家が動員して、その代わり保護対策についても国家の強制力を発動してほしい。

第二に、現在、勤労報国隊の主力は女子青年団員等の低学歴層であり、これではせっかく、女が労働現場に進出しても女の地位向上にはつながらない。女学校・専門学校卒の高学歴層を動員するためには、女子徴用を断行すべきだ――。

これに対して、武井厚生次官は「将来母たるべき女性、家庭をすでにもつ婦人の心身両側面を考慮した労務管理」、つまり母性保護のための体制を整えてから、女子徴用に踏み切りたい、としている。女のためのトイレや更衣室もないような労働現場の劣悪な条件を認めざるを得なかったからだ。

もちろん、家族制度との矛盾もある。一九四三年一一月、東条英機首相は、ラジオを通じて次のように女たちに言う。

「此の国家危急の秋に際しまして、先ず第一に、私は皆様方日本婦人は、家庭を通じて国家に奉仕して戴きたい、別の言葉で申しますならば、日本の家族制度の美風を愈々昂揚して戦争完遂に貢献して戴きたいと思うのであります」。日本の家族制度の美風とは、「常に家庭に止まり、妻として内助の功を積み、母として一切を我が子の養育に捧ぐる淑やかにして而も忍耐強き」女たちによって支えられるものである。したがって勤労動員に際しても注意すべきは、「日本の女子動員は米英流の女子動員と其の本質に於て、全く異って居る点であります。我国に於きましては、我国伝統の家族制度の美風益々昂揚しつつ、而も、女子動員の要求を充足せんとして居るのであります」。

こうした東条首相の発言に、市川房枝らの婦人運動家はいっせいに反発し、「家族制度が婦人の労働賃金に及ぼす影響、したがってこれが婦人の地位に及ぼすマイナスの作用について検討」した結果、「女子徴用は家族制度と何ら抵触するものにあらず、否、むしろ家族制度を護持するためにこそ、女性はハンマーを振るい、銃を取って立ちあがらねばならない」という結論に達した。（『市川房枝自伝・戦前編』）

しかし、こうした婦人運動家の声があろうとなかろうと、「一機でも多く飛行機を！」という前線からの悲鳴のような要求の前には、「母性保護」も「家族制度の美風」もかえりみる余裕はない。一九四四年八月、ついに「女子挺身勤労令」が発令され、十二歳から四十歳までの女に一年の就労を義務づけた。これには「家庭の根軸たる者」を除くという例外規定があったが、「女子徴用」の実現として婦人運動家たちは歓迎している。

特攻作戦が開始されたのはその二か月後、フィリピン・レイテ沖の海戦においてであった。娘たちは、未来の夫であるかもしれない男たちの前線での苛烈な戦いに思いを馳せ、まなじりを決して軍需工場におもむく。こうした娘たちにとっては、「家庭生活の根軸たる者」を除くという例外規定をたてに、あわてて結婚相手を探したり、コネを頼って楽な職場に就職させようとする母親たちは、「時局認識」のない「非国民」にみえる。

「親は新聞なりラジオを聞いて居れば今の時局がどんなものだ位は判りそうなものですが、年を取った人々はそういったことになるとなかなか判りません。ああいう人をどんどん勤労奉仕にでも出して工場を理解さすようにしていただいたらどうでしょうか」(『日本産業経済新聞』一九四三年九月三〇日)などと、親たちに非難を向けている娘も多い。

こうして、〈銃後の女〉として生産現場に進出した女たちは、終戦時には、その数五〇〇〜六〇〇万といわれている。一九三〇年の女子雇用労働者数が約一〇〇万であったことからみると、十五年戦争の間に五倍以上にもふえたことになる。

量的なものだけでなく、質的な変化も大きい。これまで男の仕事とされていた職場にも、多数の女たちが進出している。機械器具工場等の重工業で働く女の数は、一九三六年から四一年までの五年間で五倍にふえた。これはもちろん、男子労働力不足が第一の理由だが、女の「能力」を積極的に評価してのことでもある。つまり、兵器や弾丸、航空機部品工場等の小物の検査や仕上げ作業などには、手先が器用で、しかも「単純な反復作業に耐え得る」女の方がよい、というわけだ。

したがって厚生省は、雇傭者に対して、女を使用するにあたって次のような配慮を促している。

一、女子の作業から計画その他の頭脳的要素を削減し、なるべく決った仕事を与えるように改めること。
二、女子の受持仕事を分割して、これを幾人かに割当て、各自の仕事は単純な反復作業に改めること。従って女子はなるべく小物の大量生産または取扱に当てること。
三、女子には、なるべく専門化した単純機械をあてがい、または機械の操作を単純化し仕事を簡単にすること。

（「戦時下の女性勤労問題」『週報』一九四三年七月七日号、傍点引用者）

女の労働から「頭脳的要素を削減し」、「単純機械をあてがい」、「単純な反復作業」をさせる――。まるで女は、チンパンジー扱いだ。このあとすぐ開かれた大政翼賛会第四回中央協力会議で、先にひいたように山高しげりや羽仁説子が「女子徴用」を断行して高学歴層の女を動員せよとせまったのは、こうした女認識に対する焦立ちがあったからだろう。

もちろん、当時、乏しい人材と機材を使って増産に追われる生産現場では、こうした厚生省の注意を実行する余力はなかった。それが実現されるのは、戦後の高度成長の時期、家電メーカーを中心とする工場においてである。

女たちが進出したのは、工場だけではない。銀行等の金融機関やマスコミ、通信、交通関係といった部門には、一九四三年夏ごろから急に女たちの姿が目立ちはじめた。四四年七月には、東京の山手線、総武線に一挙に八九人の女車掌が登場している。

*

さて、以上みてきたように、女たちは、戦時体制の要求によく応えたといえる。女たちの〈銃後の務め〉に支えられて、はじめてあの戦争は、十五年の長きにわたって、あれほど苛烈に、戦われ得たのだといえる。

ということは、あの戦争のなかで失われた三一〇余万の日本人の生命、二〇〇〇万に及ぶという中国人等のいのちに、女たちも責任がある、ということでもある。それを言うのは、つらいことだ。身も心もがんじがらめにするあの戦時体制のなかで、抵抗することのいかにむずかしいかは、戦後世代にも想像はつく。

しかしそれでも、なぜ、と問わねばならない。なぜ女たちは、侵略戦争の〈銃後の務め〉を、あれほどけなげに果たしたのか。女たちの内面をかいくぐっての「なぜ」が明らかにされないかぎり、体験べったりの戦争体験をいくら積み上げても、歴史の〈真実〉はひらかれないと思うからだ。

空襲を受けてはじめて、戦争というものがわかったという大阪の金野さんのことばは、「なぜ」の一つの答えだろう。〈銃後の女たち〉には、空襲で直接戦火を浴びるまで、戦争の生々しくも無残な実態について、ほとんど認識がなかったのだろう。女たちだけではない。清沢洌が一九四五年一月一日の日記に「日本国民は、今始めて戦争というものを経験している」と記したように〈清沢洌『暗黒日記』〉、直接前線に出なかった銃後の国民の多くは、敗戦間際の空襲によってはじめて〈戦争〉を実感したのだったろう。

もちろんそれ以前にも、夫や息子が戦死し、愛する者を失った悲しみと生活の困窮に押しひしがれた女たちは数多い。政府はこうした遺家族に「感謝を捧げ援護の誠を尽そう」と声をからして呼びかけたが、民衆のあいだには、「どうせ死ぬなら戦争で死んだ方が得。扶助料もらえるから……」といった声もあった。

とくに若い娘にとっては、〈戦争〉は観念の世界だった。彼女たちにとって〈戦争〉は、軍歌に歌いこまれた〈男の友情〉の世界であり、映画にみる突撃シーンであり、新聞の中の「壮烈なる戦死」である。そして、小学校の時ワルでどうしようもなかった魚屋の竹ちゃんや、グズで泣き虫で、女の子にまでバカにされていた正男までが、軍服を着たとたん、にわかに凛々しくたくましく、近よりがたい存在になる――。

「娘同士、あまり男の人がきれいすぎて、と呟きあった」

日中戦争開戦当時、女学校二年生だったある女性は言う。

〈銃後の女〉の多くにとって、戦争の生々しい実態がみえなかったということ、それはあの戦争が、他国を戦場とする侵略戦争であったからだ。娘たちの眼に、男たちが急に美しく見えはじめたころ、他ならぬその男たちによって、中国の女たちは、強姦・輪姦されたうえに、乳房を切りとられ腹を切り裂かれ……まさに血の海にのたうっていた。その中国の同性たちの苦悶を、ほんのわずかでも感じとることができれば、女たちは、あれほど熱心に〈銃後の務め〉に励みはしなかったろうと思う。

しかしこれは、あまりにおめでたい見方なのかもしれない。従軍作家として中国のなまなましい戦場を目のあたりにした林芙美子は、硝煙の中を征く皇軍兵士たちの緊張感に満ちた「美しさ」だけを感じとっている。中国兵の「まるでぼろのような死骸」には何の感情も動かしていない（林芙美子『北岸部隊』一九三九年など）。また同じように、ふだんに戦争の悲惨さを目にしていた従軍看護婦たちも、その手記を読むかぎり「日本軍人の精神」の美しさのみを感じとっている。（大嶽康子『病院船』、塩もと『野戦病院』など）

それは男たちも同様である。だとすれば、問題は、女だけでなく、日本人のアジア認識、あるいは、民衆と戦争といったところにまで底深く踏みこんで考えなければならないのかもしれない。

しかし、〈銃後の女〉のけなげな働きについて、一つだけ言えることがある。当時の女たちにとって、〈銃後の女〉は、一つの〈女性解放〉であったということ、これである。

市川房枝は、日中戦争開戦直後、故郷の愛知県の村を訪れ、たまたま国防婦人会発会式を目撃したが、集う女たちの「恥ずかしそうだが、うれしそうでもある」様子に、「国防婦人会については、いうべきことが多々あるが、かつて自分の時間というものを持ったことのない農村の大衆婦人が、半日家から解放されて講演をきくことだけでも、これは婦人解放である」と記している。（『市川房枝自伝・戦前編』）

国防婦人会は、あくまでも「日本婦徳」の系列にあるものであり、侵略戦争のための道具にすぎなかった。しかしそれでも、そこでの活動は、これまで家にだけ閉ざされていた女たちにとっては、一つの〈解放〉であった。陸軍病院の慰問運動会の写真などを見ると、かっぽう着の下の着物の裾を蹴立てて傷痍軍人と腕を組んで走る女たちの表情は、底抜けに明るい。女たちは、国防婦人会の活動の中ではじめて、夫以外の男に出会う機会を持てたのだったろう。

それだけでなく、国防婦人会の役員をすることで、新たな自分を発見した女たちも多い。これまで、人前で話をするなど思いもよらなかった女たちが、国防婦人会の役員になったことで否応なく壇上に押し上げられ、自分でも思いがけず堂々とあいさつできたときの感激――。国防婦人会は、自分の可能性の発見の場でもあったのだろう。

このことは、生産現場への女たちの進出についてもいえる。かつての女性解放運動の闘士たちが、こぞって「女子徴用」を要求したのは、女の社会参加、社会的地位の向上を願ってのことだった。戦時下、前線に去った男たちの穴を埋めるために職場に進出した女たちの多くは、敗戦後、もどってきた男たちのためにせっかく築いた場を明けわたさざるを得なかったが、しかしそれでも、戦時下に得た経済的自立と職業体験を基礎に、戦後の自立的な出発をした女は数多い。

女たちの、意識的な、あるいは無意識的な〈解放欲求〉をすくいあげることで、戦時体制は、女たちを〈銃後の女〉に仕立てあげた。これは逆に言えば、〈銃後の女〉になることによってしか、自らの解放欲求を満たせないほど、日本の女たちは閉ざされていた、ということでもある。

自らの〈解放〉への願いを満たすことが、他国の人々の抑圧につながらないためには、女たちはどうあるべきだったのだろうか。

国防婦人会、その幻想の〈革新〉性

シェイクスピアの『マクベス』を、革命劇だといったら、奇異に思われるかもしれない。しかし、悪虐非道の王マクベスに向かって進撃する森を、民衆と読みかえたらどうだろうか。

王位は安泰、ただしバーナムの森が動き出さないかぎり……、という魔女の予言を、マクベスはわが支配の永続を保証するもの、と聞いた。物言わず、大地にどっかと根を張った木々が動き出すはずはない、と高をくくっていたからだ。

「誰が森を召集できる？　木に向かって、大地に張った根をはずせと言えるか？」

しかし、森は動き、マクベスは殺された。

この森を、踏まれても蹴られても鈍重に押しだまり、圧政に耐える民衆と置きかえれば、まさに革命のイメージになる。そうした民衆がひとたび起ち上がり、圧政の根源に向かって進撃を開始するとき、暴君はうち倒され、新しい時代がはじまる——。

一九三〇年代、日本の各地に澎湃(ほうはい)として出現した〈白の軍団〉は、まさに森が動く、の感があった。何百年ものあいだ、家のくびきにつながれたまま、牛馬同様にこき使われ、蔑まれ、それでも黙々と耐えてきた女たちが、突然その桎梏を破って、白いかっぽう着にたすきがけ、群をなして大道を闊歩しはじめたのだ。

しかし、彼女たちがもたらしたものは、〈革命〉ではなくて、〈反革命〉であった。そこで噴出した女たちのエネルギーは、侵略的天皇制国家の体制変革に向かうよりは、逆にそれを下支えし、侵略を促進するものとしてあった。

〈白の軍団〉、つまり国防婦人会は、もともと日本の侵略戦争開始にともなって、それを支えるために生まれたものである。

日本が中国東北部、柳条湖において満鉄線を爆破し、むきだしの侵略を開始したのが一九三一年九月一八日(満州事変)、翌三二年一月には上海でも兵を起し(上海事変)、三月一日には、日本のカイライ国家「満州国」をうちたてている。「軍人援護」をかかげて国防婦人会が呱々の声をあげたのは、その半月後の三月一八日であった。

以後、日本の侵略拡大にともなって国防婦人会は急成長し、四一年の太平洋戦争開戦時には、一〇〇〇万の女たちを擁する大集団にふくれあがっている。

それとともに、労働運動や小作争議は踏みにじられ、戦争反対勢力はかげをひそめる。『マクベス』の森とは反対に、〈白の軍団〉は、〈反革命〉に向かって進撃したのだ。

しかしにもかかわらず、当時の女たちには、国防婦人会は、〈解放〉と自己表現の機会を与えるものとしてあった。そして閉塞状況の中で展望を見失っていた民衆には、その〈反革命〉への進撃は、状況に風穴をあける〈革新〉的行動とうつった。そこに女たちの、日本の民衆の悲劇があった。

国防婦人会の創立者は、大阪港区に住む一主婦・安田せいである。なぜ安田せいは、そんな大それたことを思いたったのか。

＊

前述のように、当時の資料や、安田せいの長女・喜代子さんの話を総合すると、井上千代子自害事件が関わっているのはたしかなようだ。これは、大阪歩兵第三十七連隊所属の井上清一中尉の妻千代子が、夫の出征を励ますために懐剣で喉をついて自害したという事件だが、熱心な日蓮信徒で、夫の浮気に悩みながら小さな町工場を切りもりしていた安田せいが、「御国の為」意識に目覚めたのはこの事件がきっかけだったようだ。また、事件から一か月余りのち上海事変が勃発し、増援部隊として急遽召集された兵士たちの出征を目のあたりにしたことも、火に油を注ぐ結果になったろう。

しかし、一主婦の思いだけで会ができるはずはない。いやしくも一つの組織をつくり上げるとなれば、同志をつのり、会合場所を確保し、趣意書やら会則やら、めんどうなことが山ほどある。もちろんカネも必要だ。

現在とは比較にならないほど女の社会的活動の道が閉ざされていた当時において、カネとヒマのあり余っている名流婦人ならともかく、せいのような高等小学校を出ただけの町工場のおかみさんには、ふつうならとうてい不可能なことだ。

にもかかわらず、事件からわずか四か月後にはもう「大阪国防婦人会」が旗上げしているのは、井上千代子の慰霊祭や四十九日の法要等々で出会った軍関係者、マスコミ人等の協力による。

また、せいの夫・久吉も、よく協力した。というよりは、久吉の方が夢中になっていたふしもある。久吉は、港区でランプの傘をつくる小工場を経営していたが、第一次大戦の軍需景気でボロもうけをしたあとは、家業を妻にまかせて政治にうつつを抜かし、女を囲う、言ってみれば〈道楽者〉であった。それだけに世情に通じ、なかなかのアイデアマンでもあったようで、長女・喜代子さんの話によれば、彼は、賛同者獲得のために妻にさまざまな指示を与える一方、エプロン、たすきの制服を考案し、「大阪国防婦人会」の会旗のデザインまでしたという。

設立にあたってだけでなく、その後の国防婦人会の成長発展にも、男たちの果たした役割は大きい。久吉だけでなく、当初からの活動家の夫たちは、妻の国防婦人会活動によく協力している。

女が家を外に出歩くなどもってのほか、とされていた当時、国防婦人会の活動と育児との板ばさみでノイローゼになり、自殺をはかった医師夫人など家族との摩擦もあったが、概して夫たちはよく協力している。妻の外出を許すだけでも当時としては珍しいことなのに、その活動を励まし、物質的な援助をしている男たちも多い。大阪の盛り場にいくつもの映画館を経営するある興行主は、国防婦人会の宣伝活動のために新しい映画フィルムを次々と貸し出し、ある土建業者は、トラックを一台、妻の活動のために提供した。

また、会の維持・発展のための資金は、大阪の中小鉄工業者たちが、「めかけ一人囲ったつもりで」毎月醵出（きょしゅつ）したという。

設立の段階では、大阪港区を中心にした四、五〇名の主婦の団体にすぎなかった国防婦人会が、一年後には十余万、二年後には六〇万と急成長していったのは、主婦だけでなく、紡績工場、被服廠、デパート等々の女子労働者、それに色町の芸者や娼婦などが一括加入したことが大きい。そうしたところに眼をつけるのも、家の中に閉ざされていた主婦には不可能なことだ。当然男たちの知恵が働いている。

なぜ男たちは、国防婦人会にこれほど肩入れしたのか。

一つは、大阪商人のもうけ主義、であろう。「昭和」は金融恐慌で幕あけしたが、一九二九年秋アメリカにはじまった世界恐慌の波及で、三〇年代初めは日本は大恐慌のなかにあった。輸出産業を中心に倒産が相つぎ、首切り、賃金不払い、賃下げが常態となっている。国防婦人会が発会した三二年三月には、失業者数三百万。農村の疲弊も深刻だった。不況は農産物価格の大暴落をもたらした上に、三一年は未曾有の大凶作。親子心中、娘の身売りが続出している。

関西経済界は繊維関係の零細企業が多かったから、不況の影響は深刻で、安田夫妻の町工場もこの時期閉鎖に追いこまれている。

こうした関西経済界にとって、満州事変をきっかけに日本があからさまな大陸侵略を開始し、「満州国」をデッチ上げたことは、起死回生の道とみえた。関西はもともと大陸とのつながりが強かったから、軍が強権をもって「日貨排斥」に象徴される中国人の抗日運動を押え、大陸進出の道を拓いてくれたことは、大歓迎であった。

個々の経営者にとっても、軍との癒着は当面の不況脱出策として有効だった。妻の国防婦人会活動を通じて、軍とのつながりを深めることができれば……。こうした〈経済合理性〉の観点から、国防婦人会を支援した男たちも多かったのではないか。

しかし、それだけでは説明しきれないものがある。〈革新〉への期待、とでもいおうか。一九三〇年代前半は、明治維新以来六十余年、中央集権体制のもと急速な近代国家形成をはかってきた日本の矛盾が噴出した時期であり、同時に、それに対する既成勢力の無策が露呈された時期であった。昭和恐慌下の民衆の苦境にもかかわらず、政治家は政争と利権にあけくれ、官僚は机上の空論をもてあそぶ――。

こうした政治の腐敗と官僚主義に対する民衆の怒り、〈革新〉への願いを背負って登場したのが〈軍〉であった。本来ならば、民衆の〈革新〉への願いを代弁するのは〈左翼〉の側であるはずだ。たしかにこの時期、労働争議、小作争議が頻発し、首切り、小作地取上げ等、貧しい民衆へのシワ寄せで生き残りをはかろうとする支配階級への怒りが渦まいていた。論壇には、この不況を〈資本主義の断末魔〉現象とみて、〈革命〉を呼びかける声がこだましていた。その呼びかけにこたえ、革命の戦列に身を投じる若者も多かったのである。

しかし結局、〈革命〉の側は、民衆の怒りを組織できなかった。その原因には、もちろん当時の厳しい弾圧がある。しかし〈革命〉の指導者たちが、日本の民衆の生活感覚を共有できず、それに根ざした運動の力学を生み出せなかったことが大きいだろう。

左からの〈革新〉に民衆が希望を見失ったとき、前面におどり出てきたのが〈軍〉だった。民衆の期待は、この右からの〈革新〉勢力・軍にかけられる。

国防婦人会の登場は、民衆の〈革新〉への期待の左から右への転換を示すと同時に、それを促進するものであった。

なぜ、〈反革命〉集団・国防婦人会は、〈革新〉でありえたのか。

国防婦人会が成立したとき、軍人援護団体としてはすでに三十余年の歴史を持つ愛国婦人会があった。この会は、当時一五〇万の会員を擁していたが、皇族を総裁にいただき、内務省の指導監督のもと、軍人援護だけでなく貧民救済にも手を広げるなど、幅広い活動を行なっていた。

しかし、設立にあたってのスローガンが「半衿一かけを節約して軍人援護に」であることでもわかるように、この会は、何本もの半衿をとっかえひっかえしうる階層の女を対象にしている。お正月にようやく一本半衿を新調するといった貧しい女たち、着たきりすずめの野良着の女たちには、もともと無縁なものであった。したがって、愛国婦人会会員であることが、一つのステータスシンボルになる反面、「有産階級の金出し団体」、「名流婦人の衣裳くらべの場」といった悪口がつきまとっていた。

それに対して国防婦人会は、そのスローガンは、「国防は台所から」であり、その制服は、主婦の台所着であるかっぽう着である。これは対象が、女中を使う階層の女ではなくて、自ら台所に立ってたち働く一般大衆の主婦層であることを意味すると同時に、その活動内容が、カネだけ出して知らん顔、というのではなくて、自らの手足を使った労力奉仕にあることを示している。国防婦人会が、一般主婦層だけでなく、紡績女工や遊廓の女たちの間にも浸透したのは、こうした「カネではなくて、心と身体で」という姿勢をうち出したからだ。

これはまさに〈革新〉的なことだった。愛国婦人会だけでなく、婦人会といえば、概して一握りの〈有閑婦人〉のものでしかなかった時代において、一般大衆のおかみさんを対象にしただけでもたいしたことなのに、紡績女工やデパートガール、遊廓の女たちまで組織したことは、〈革新〉的だ。発足後二年足らずで国防婦人会は、四五の工場・企業の女子労働者を組織しているが、三七年の日中全面戦争開始後には、かつての戦闘的労働運動の旗手・東京交通労働組合婦人部二〇〇〇名が、一挙に国防婦人会に加入している。

こうした国防婦人会の工場への浸透は、つまるところ労働運動つぶしであり、〈革命〉の基盤掘りくずしであり、まさに〈反革命〉であったのだが、その方法の〈革新〉性は否定できない。

また、制服のかっぽう着も〈革新〉的であった。国防婦人会の役員層には、じつはいわゆる名流婦人も多かったのだが、そうした女たちも、これまで身につけたこともなかった木綿のかっぽう着を着て、おかみさんたちと一緒にかいがいしくたち働く――となれば、その〈革新〉性は、いやが上でも高まる。

国防婦人会の拡大発展は、〈革新〉の基盤掘りくずしであると同時に、より直接的に愛国婦人会の組織くずしであったから、三四年あたりから愛国婦人会との摩擦対立が表面化する。愛国婦人会もそれまでのお上品なやり方をあらため、なりふりかまわぬ組織防衛、新会員獲得にのり出したから、各所で熾烈な会員の奪い合いが展開されている。

それはやがて、〈女の戦い〉を越えてそれぞれの監督機関である〈内務官僚〉対〈軍〉、〈既成〉勢力対〈革新〉勢力の代理戦争の様相を帯び、男たちをも巻きこんで火花を散らしたが、結果は国防婦人会の完勝に終った。発足後四年の三六年には、愛国婦人会の会員数を軽く突破し、その後も両者の懸隔はひらく一方だった。四二年の解散時、国防婦人会一〇〇〇万に対して愛国婦人会六〇〇万。

これは軍の強権によるところが大きいが、女たち自身の自発性と民衆の支持が、国防婦人会に集まったためでもある。民衆は、〈かっぽう着のおばさん〉の、〈名流婦人〉に対する果敢な挑戦に、〈革新〉の夢をみたのだ。

しかし、国防婦人会の愛国婦人会に対する勝利は、結局〈既成〉勢力に対する〈軍〉の勝利である。三六年をさかいに国防婦人会が愛国婦人会を凌駕していくことは、このころ〈軍〉の支配が確立した、つまり、いわゆる軍国主義体制が固まった、ということだ。それがのちに、どのようなツケを自分たちにもたらすか、じっくり考えることもないまま、民衆は、〈革新〉の夢を追っていたのだろう。

そして女たちは、国防婦人会に、〈解放〉と〈平等〉の夢をみた。

「国防は台所から」のスローガンにみられるように、国防婦人会はけっして女たちを家から解放するものではない。かえって、国防のために「台所」の重要性を強調することで、女たちを台所に縛りつけておくことをねらっている。

軍は、国防婦人会の必要性を説くにあたって、第一次世界大戦でのドイツの敗北を例にとった。武力においては勝っていたにもかかわらずドイツが敗北したのは、台所をあずかる女たちが戦争による消費物資の不足に悲鳴をあげ、男たちの足をひっぱったからである。いやしくも日本では、そういうことがないようつね日ごろから女たちに国防の重要性を認識させ、しっかりと台所を守らせねばならぬ——。

これは〈反革命〉の論理でもある。軍の頭にはつねに、〈革新〉に対する恐怖があった。第一次大戦後のドイツ革命は失敗したが、「パンよこせ」を叫ぶ主婦の街頭行動を一つのきっかけにしているロシア革命は成功した。そして陸軍の仮想敵国はソ連であった。

国防婦人会を強力に支援したある軍人は言う。

「日〇戦う時に一番心配しなければならないのは〇国が思想戦法で銃後を襲って来る恐れがあることである。男子が悉く出征し各家庭には老幼の外は女ばかりという時に〇国の手が国家の事情、国防の意義を知らない婦人達に延びて反戦運動を捲き起すに至る如くなったなら……」(『大日本国防婦人会十年史』)

この発言にある「〇国」は、明らかにソ連である。もともと軍が国防婦人会を強力にバックアップしたのは、〈反革命〉の砦とせんがためであったのだ。

したがって〈革新〉の側が、国防婦人会に対して、次のように批判したのは、まことに正しい。

「……その方針は極端にファシスト的で、婦人を封建道徳(伝統的日本婦徳)に縛りつけたまま、家庭の台所に止めておくことを主眼にしている。このことは言うまでもなく被支配階級の×××××××して大衆的××り上〇ことに対する××であり、勤労婦人大衆が××階級に参加することをかかる政策において引き止める手段である」(能智修弥『婦人問題の基礎知識』一九三四年)

しかし、ここで一つまちがっていることがある。女たちはけっして台所にとどまってはいなかった。軍の意図にもかかわらず、女たちのエネルギーは、外へ外へと噴出した。出征する兵士がいると聞けば、街頭に立って千人針を集め、港や駅に見送りにかけつけ、遺骨を出迎え傷痍軍人を病院に慰問し、廃品回収にせいを出して国防献金をし（女たちがあまり廃品回収を熱心にやるおかげで商売あがったりだと、朝鮮人業者が抗議したこともある）、パーマネントや派手な服装の女たちを憲兵まがいにチェックしたりもしている。

こうした活動はもちろん侵略戦争を支えるためであり、彼女たちが「兵隊さんのために」と熱心に働けば働くほど草の根の軍国主義化は進行し、それはやがて大きなツケを彼女たち自身にもたらすことになるのだが、それでもいま、国防婦人会幹部として寝食を忘れて働いた日々を、〈わが生涯の最良の日々〉として胸にあたためている女たちは多い。

彼女たちは、そこではじめて〈解放〉と〈平等〉を味わったのだろう。家に閉ざされていた女たちに、「兵隊さんのために」は外に出る絶好の口実を与えたし、ひとしなみの白のかっぽう着は、これまで蔑視か憐みの対象であった女工や娼婦に〈平等〉の幻想を与えた。

もっとも保守的で反動的な組織が、もっとも大衆的に女たちの〈解放〉の欲求をくみ上げたとは、皮肉な話だ。しかしこれは、ひとり国防婦人会だけではあるまい。思想の保守性と行動の革新性――ファシズムとは、そういうものではないか。

国防婦人会の活動は、軍の意図に反して外へ外へと向かったが、しかしその内容をみれば、伝統的な〈日本婦徳〉の枠を越えるものではない。男たち（兵隊さん）のためにお茶をくみ、つくろいものや洗たくをし……。

ちがうのはただ、それが家の内か外かだけだ。そのちがいが当時の女たちには、〈解放〉か否かの決定的なちがいだった——ということは、家に閉ざされた女たちの鬱屈がいかに大きいものだったかを示していよう。

民衆のなかに根深くひろがる鬱屈、民衆自身にもまた充分に自覚されない鬱屈に形を与え、出口をさし示すのは誰か——。

〈革新〉と〈反革新〉の岐路は、そのあたりにあるのかもしれない。

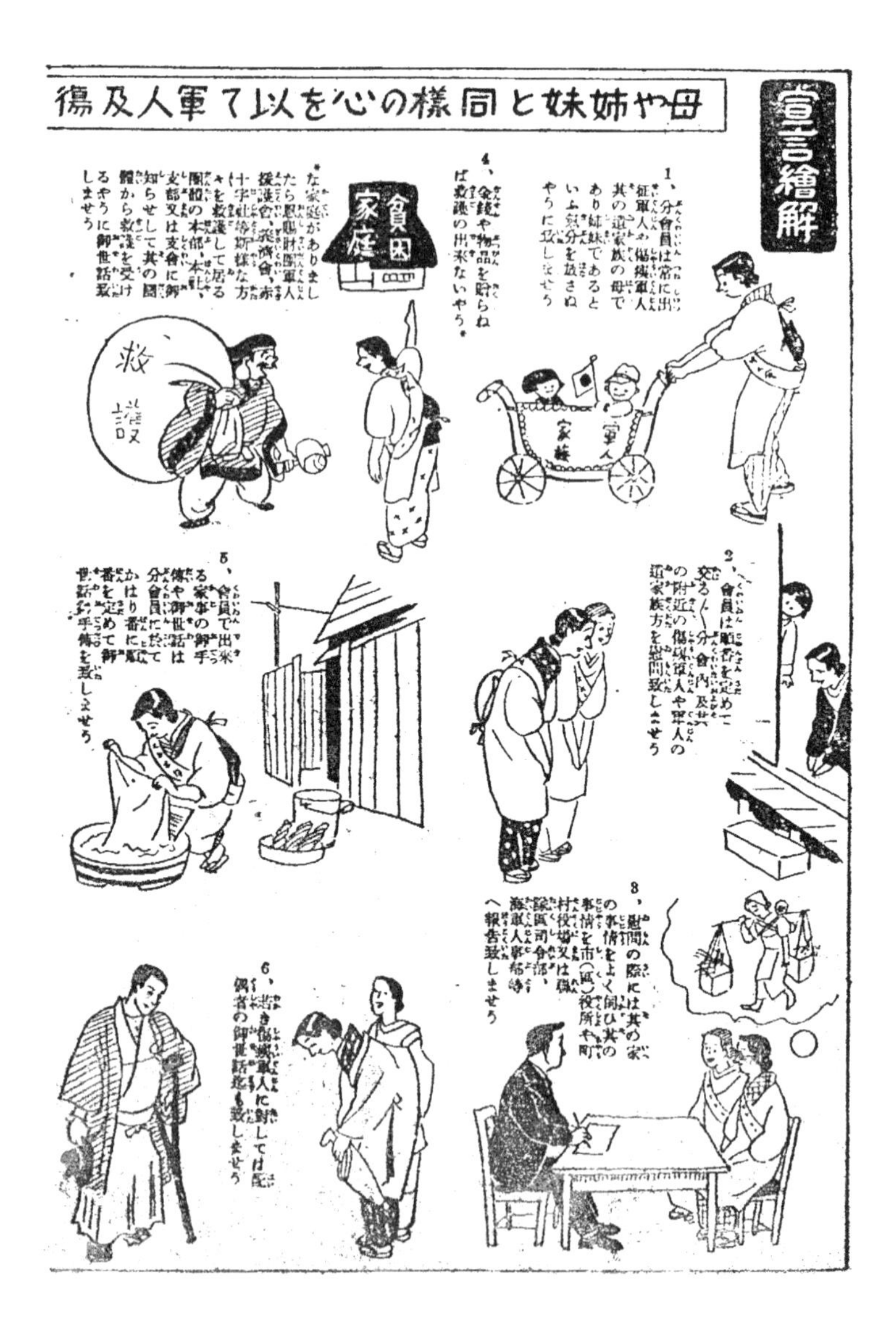
宣言繪解
母や姉妹と同様の心を以て軍人及傷
1、分會員は常に出征軍人や傷痍軍人其の遺家族の母であり姉妹であるといふ氣分を放さぬやうに致しませう
軍人家族
2、會員は順番を定めて交る／＼分會内及其の附近の傷痍軍人や軍人の遺家族方を慰問致しませう
4、金錢や物品を貯らねば救護の出來ないやうな家庭がありましたら恩賜財團軍人援護會、濟生會、赤十字社等斯様な方々を救護して居る團體の本部、本社、支部又は支會に御知らせして其の團體から救護を受けるやうに御世話致しませう
貧困家庭
救護
5、會員で出來る家事の御手傳や御世話は分會員に於てかはり番に當番を定めて御世話手傳を致しませう
6、若き傷痍軍人に對しては配偶者の御世話迄も致しませう
8、慰問の際には其の家の事情をよく聞ひ其の事情を市(區)役所や町村役場又は聯隊區司令部、海軍人事部等へ報告致しませう

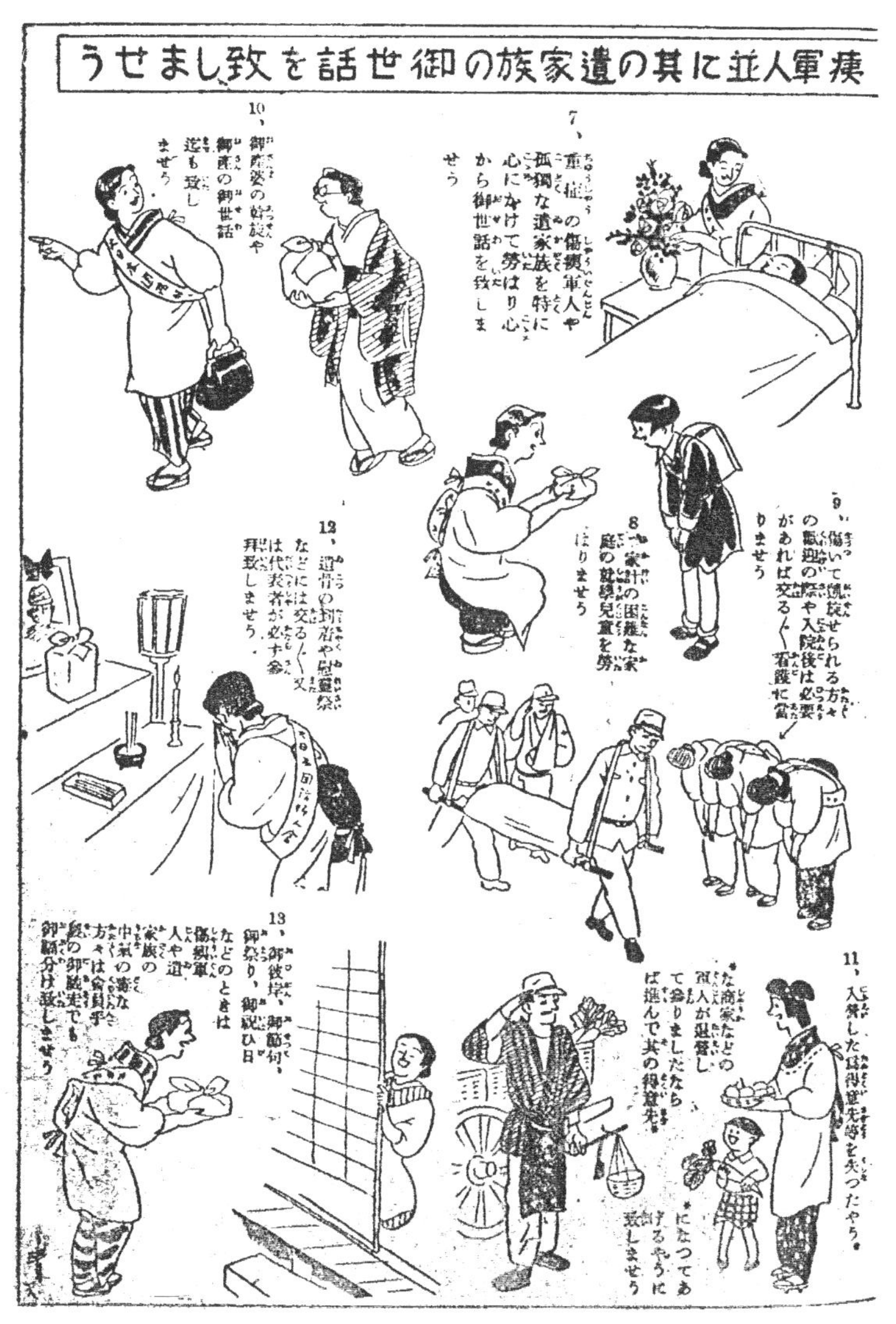

国防婦人会の宣言第５条絵解き（『日本婦人』1939年５月号より）

飛田新地の女たち

食器棚の片すみのひからびたらっきょうのびん。去年の暮の大掃除でも結局捨てられず、また年を越してしまった。三年前の夏、Tさんにもらったものだ。

――らっきょはお好きでっか?

――はい、大好きです。

これはウソではなかった。しかし、らっきょうの酢漬けはさっぱり、シャキシャキというのがわが家の好みだ。Tさんにいただいたびん詰のらっきょうは、甘くて歯ごたえがなくて、結局だれも、箸をつけようとしない。しかしTさんの好意を思うと捨てるに捨てられず、というわけで、食器棚の片すみで黒ずみひからびていくことになる。

Tさんは大阪西成区山王で、旅館兼大衆食堂を営んでいる。山王というのは新しい地名で、飛田新地という方がわかりが早い。新地というのは昔の遊廓である。そして、いまも遊廓である。

はじめて飛田新地を訪ねたとき、私は、突然映画撮影のセットのなかに迷いこんだような錯覚にとらわれた。時代劇の宿場町にみられるような窓に木の手すりのついた二階屋がずらりと並び、入口には、床まで届きそうな長い紺ののれんがかかっている。そしてそののれんのあいだから、ひらひらと手が差し出されて、「兄(あん)ちゃん、兄ちゃん」と、道行く男に呼びかけている——。

これはほんとうに〈現実〉なのか？　一九八〇年代の〈現代〉なのか？

のれんのすきまからチラリとみえたその奥には、磨きこんだ上りかまちの上に、ピンク色の大輪の花が咲いていた。泥田に咲く蓮の花のように薄暗がりに光を放っているそれは、ふわふわした衣裳をまとって男を待っている女なのだ。

のれんのかげから道行く男を呼びこんでいる人は、「引(ひ)っ子(こ)さん」というのだとTさんが教えてくれたが、たいていは、もう六十もとうに過ぎたようなしわを刻んだ女たちだ。

日本に、いわゆる赤線防止法ができたのはもう三十年近くも前、その結果売買春が一掃されたわけではもちろんなく、「トルコ」（最近は個室付浴場とかソープランドというそうだ）等に衣がえしたと聞いていたが、ここには、昔そのまま、樋口一葉や永井荷風の小説で想像していたような遊廓が生きている。

すぐ近くには西成警察の交番もあるのに、のれんのかげから呼びこみをする限り取締りの対象になることはないそうだ。

もちろんなかには、旅館や食堂に転業した置屋もあって、同じ紺のれんでも、肩までの短いものがかかっていれば転業組、床まで届く長いのは娼家というわけだった。

Tさんも、そうした転業組である。赤線防止法施行後もしばらく置屋をやっていたが、一九六〇年

（昭和三五年）に、長男が大阪大学に入学したのをきっかけに転業したのだという。

「息子が国立大学に入ったのに、親がオカミにつかまったりしたら、具合悪いさかい……」

Tさんが、叔母が営んでいた飛田新地の置場に養女としてもらわれたのは一九三四年（昭和九年）、女学校を卒業する直前だった。最初は、こんな商売いやだいやだと思っていたが、叔母は身体が弱く、一九三九年に婿養子した夫も留守がちだったので、はたちをすぎたばかりのTさんが、否応なくおかみとして、采配を振るわざるを得なくなったのだという。自分よりずっと年上の娼婦や下働きの男たちに貫禄を見せるために、無理してタバコを吸う練習もしたそうだ。夫は軍属として特務関係の仕事をしていたので、しょっちゅう「支那」や「南方」に出かけ、ほとんど家にいなかった。

私が飛田新地を訪ねたのは、戦争中の国防婦人会の活動について話を聞きたいと思ったからだった。

一九三二年三月に大阪港区で誕生した国防婦人会は、その後一、二年のうちに会員数二〇万を突破する急成長をみせているが、その要因の一つは、遊廓の女たちを一括加入させたことだった。とくに三三年五月、荒木陸軍大臣を迎えての第一回国防婦人会関西本部総会には五五〇〇人のかっぽう着姿の女たちが参集して一大壮観を呈したが、その大半は、「丸まげ姿の姐さん」たちだった。「姐さん」たちは、一般の家庭婦人にくらべて人馴れしており、〈職業的訓練〉も積んでいるせいか堂々としたもの、荒木陸軍大臣はいたく感激して、国防婦人会肩入れのきっかけになったという。

こうした色街の女たちが、一般家庭婦人と一堂に会するなどということはふつうでは考えられないことで、その背景には、国防婦人会の拡大に腐心していた大阪師団の石井嘉穂中佐（当時）と、その参謀役、大阪立売堀の小鉄工業者西島某の画策があった。荒木陸軍大臣来阪を機会に、なんとか陸軍省の大々的な後援をとりつけたいという石井中佐の意向を受けて、遊び人で色街に顔のきく西島が、業者を説得して「姐さん」たちを集団参加させたらしい。

いま大阪住吉区天下茶屋の大邸宅に住むKさんは、こうした「姐さん」たちを、「それはきれいでしたよ」と回想する。一緒に行進すると、家庭婦人の方は歩調もそろわず、ダラダラと意気が上らないのに、「姐さん」たちの方は、アネさん芸者は白と黒の鼻緒のぞうり、半玉たちは赤と白の鼻緒のぞうり、それがシャッシャッと足並みもそろって、それはみごとだったという。

それが飛田新地の女たちだった。戦後の区画整理で、いまは飛田新地とKさんの住む天下茶屋は別の区になっているが、当時は同じ、国防婦人会も同じ分会に属したという。天下茶屋は当時は別荘地、別荘持ちの大家の御寮人(ごりょん)さんと色街の女が、同じ分会員として同じ隊列を組んで行進したわけだ。女中の着るかっぽう着を着せられて街中を行進する御寮人さんたちが、意気上らなかったのも無理はない。

飛田新地の女たちの方はどうだったのだろうか。こうした国防婦人会の活動を、どう受けとめていたのだろうか。私が飛田新地を訪ねたのは、それが知りたかったからだ。

しかしTさんからは、直接その話を聞くことはできなかった。新地には、甲部と乙部があり、甲部というのはいわゆる芸者さん、宴席にはべって、芸を売る女たちである。それに対して乙部の女は、身体を売る娼婦たち。集会や行進に参加したのは甲部の女たちで、乙部の方のTさんには直接関係なかったらしい。

しかしTさんも組合で言われて、慰問袋の作成や軍服のボタンつけなど、女たちとともにやったし、国防婦人会のたすきをかけた女たちを引率して、近くの神社に武運長久祈願に行ったりもしたそうだ。

そうした国防婦人会の話も興味深かったが、もっと面白かったのは「女郎屋のおかみ」としてのTさんの話だった。周旋屋につれられてはじめて店に来た女の見分け方、「女郎」としての訓練の仕方、買いに来る男たちの様子――等々、私にとってははじめて聞く話ばかり。

女の肩のあたりを見ただけで、「女郎」向きの女かどうか見分けがつくとTさんは言う。「女郎」向きの女とは、子宮が深いということで、そうじゃない女はすぐに病気になって商売にならない――。こともなげに言うTさんのことばから、一夜に何人もの男に子宮を提供する女たちの痛みが、私の身体にもつたわってくるようだった。

三度目に訪ねたときは、Tさんの経営する旅館に泊まった。旅館といっても転業前の娼家そのまま。案内された部屋は四畳半、壁の床近くに明かりとりのためか一尺ばかりの障子がはめこんであり、申し訳け程度のちがい棚がついている。その部屋の真中に、使いこんだシーツをかけたふとんが敷いてあった。このシーツの上で、かつて女たちは、足を広げて男たちの欲望を満してやったのだろうか。シーツも枕カバーも清潔でごわごわに糊づけしてあったが、顔を寄せるとかすかにカビくさかった。

部屋数は沢山あるのに、相客はただ一人、二か月ほど前からずっと泊まりつづけている中年男だという。「家が面白のうて、蒸発してきたんとちがいまっか」と、Tさんは言っていた。

そういえば、この飛田新地の線路一つ向こうが愛隣地区、昔の釜ヶ崎だ。なるほど、家をはみだした女たち、男たちの集落は、こうして寄りそって存在していたわけか。

女たちの〈銃後〉を辿る私の旅は、現代社会の奥深さをかいまみる旅でもあった。

国防婦人会の解散と大日本婦人会の成立

一九四二年（昭和一七年）二月二日、月曜日。

前日、一日中降り続いた雪はやんだが、東京はどんよりとした曇り空、時折、小雨もパラつくというあいにくの天気だった。燃料不足の折から、寒気がゆるんだのはありがたかったが、そのかわり、前日降り積った雪はじくじくと解けはじめ、女たちは、裾の泥ハネを気にして、外出をためらっていた。

しかし、ここ、九段・軍人会館大集会室は、十時前から、千五百余の黒紋付盛装の女たちで埋められていた。壇上の大きな日の丸の前には、モーニングにまじって、いかめしい軍服姿も並んでいる。これから、大日本婦人会の発会式が挙行されるのだ。

「大東亜戦争」はじまって二か月、皇軍の「赫々たる戦果」は連日新聞をにぎわしていたが、とくに、先月来、山下奉文中将率いる第二五軍は、マレー半島を破竹の勢いで進撃、二日前の一月三一日には、ついに、大英帝国のアジアの牙城・シンガポールの対岸、ジョホールバルに進出していた。

それだけに、戦勝ムードの一方で、戦時体制の重圧は民衆の肩にさらに重く、食糧統制の強化に加えて、前日二月一日からは衣料品の切符制度が実施されている。
そしてこの日、未曾有の大戦争の銃後を一丸となって担うべく、愛国婦人会、大日本国防婦人会、大日本聯合婦人会の三団体を統合して、大日本婦人会が発足することになったのである。
午前十時、鳩山薫子開会を宣言。全員起立して、君が代斉唱、宣戦の大詔奉読。ついで、水野万寿子前愛国婦人会会長を座長に選び、三条西信子前大日本聯合婦人会会長の経過報告。そのあと、武藤能婦子前国防婦人会会長によって、大日本婦人会定款が読み上げられる。

第一条　本会は大日本婦人会と称す
第二条　本会は皇族妃殿下を総裁に奉戴す
第三条

ここで、武藤能婦子は、白皙の頬に眼鏡を光らせ、いちだんと声をはり上げる。

第三条　本会は高度国防国家態勢に即応するため、皇国伝統の婦道に則り、修身斉家奉公の実を挙ぐるを以て目的とす
第四条　本会は前条の目的を達するため、左の事業を行う。
一　国体観念の涵養婦徳修練に関する事項
二　国防思想の普及徹底に関する事項

三　家庭生活の整備刷新並に非常準備確立に関する事項
四　次代の国民の育成、家庭教育の振興に関する事項
五　軍人援護に関する事項
六　…………
…………………


第二十三条まで、延々と朗読は続く。

そのあと、山内侯爵夫人禎子、会長就任あいさつ。ついで副会長、理事長、理事、顧問、審議員等、本部役員の氏名が次々と読み上げられる。副会長は、武藤能婦子、水野万寿子、三条西信子の旧三団体会長に、法学博士穂積重遠夫人ナカを加えた四人。

顧問には、監督官庁である内務、陸・海軍、文部、拓務、厚生六省の各大臣はじめ全閣僚が名をつらね、林銑十郎、本庄繁といった軍人にまじって、吉岡弥生（東京女子医専）、井上秀（日本女子大）、安井哲（東京女子大）等、女子教育家たちの名前もある。理事の中には、羽仁説子、鮎貝ひで、河崎ナツ、山高しげり、村岡花子といった評論家たち……。

議事は、来賓祝辞にうつる。小泉厚生大臣のあと登壇した東条英機首相は、満場の女たちに向かって、概要、次のように言う。

「誇るべき大和民族の歴史は、婦人の力に負うところ大であり、男子が後顧の憂なく活躍することの出来るのは、貞順なる妻の犠牲的精神による。皇国未曾有の秋にあたって、伝統の日本婦徳の涵養

発揮に努め、その持場を通じて前線の将兵をして後顧の憂いなからしめるとともに、また国内戦時体制の強化に婦人の最大限の能力を発揮されんことを望む」

最後に、緊急動議により、前線の皇軍将兵に対して感謝の電報打電を決議、「天皇陛下万歳」を三唱して、穂積副会長閉会を宣言。ここに、「満二十歳未満の未婚者を除く日本婦人」(定款五条)は、樺太、朝鮮、台湾、南洋群島までをも含めて、大日本婦人会会員たることを義務づけられ、会員数二千余万、史上空前の女たちの大組織が誕生したのである。

正午前、靖国神社、明治神宮へ大日本婦人会創立の報告に向かう代表数名を残し、女たちは、盛装の裾を気にしつつ、冷雨降る東京の街に散っていった。

しかしここに至る道は、けっして平らではなかった。というよりも紆余曲折の連続であった。その原因は、一口にいえば、統合一元化に対する国防婦人会(以下国婦と略)の頑強な抵抗にあった。

婦人団体の統合問題が、最初に国会で問題になったのは、六年前、一九三六年五月の貴族院予算総会である。民間においては、それ以前からさまざまなかたちで論議されている。にもかかわらず、いっこうに実現されなかったのは、国婦と、その指導・監督にあたる軍の強力な反対による。ようやく四一年六月、閣議決定をみたが、それからなお、実現までに半年を要している。これも国婦の側の横ヤリのためだ。

一九〇一年(明治三四年)奥村五百子(いほこ)によって創立された老舗の愛国婦人会(以下愛婦と略)は、少なくとも三七年以後は、統合に積極的な姿勢をみせていたし、三一年春、「家庭教育振興」のために、文部省によって組織された大日本聯合婦人会（以下聯婦と略）は、もともと、統合に反対するほどの独自の姿勢と熱意を持っていたわけではない。

なぜ国婦は、統合一元化を、それほど頑強に拒みつづけたのか。

このことは、婦人団体の統合が、なぜそれほど問題になったのかを考えることでもある。

最終的には、愛婦、国婦、聯婦の三婦人団体の統合に帰着したが、聯婦は、いってみれば、アテ馬にすぎない。主たるねらいは、愛婦、国婦二団体を統合して両者の摩擦対立を解消しようということだ。もちろん、四〇年夏、新体制運動が起こり、あらゆる政党、団体、労働組合が滔々と大政翼賛会に流れこんでいく機運の中では、「国民の半分を占める婦人も、一億一心、皇運扶翼、大政翼賛のために団結すべし」といったタテマエ論が表面に出て来るけれども、底に流れるものは変わらない。

「満州事変」の翌三二年三月、大阪に誕生した国婦は、「非常時」のかけ声とともに全国にひろがり、急速に勢力を拡大するが、それは否応なしに、大先輩愛婦と摩擦対立を引き起こすことになった。

愛婦は、もともと底辺の女たちとは無縁だったが、会の事業内容も、日露戦争以後、平和が続いたこともあって軍人援護というよりは貧民救済や母子福祉等の社会事業団体の色あいを強めており、愛婦の会員であることが、一つのステータスシンボルとなる反面、「金出し団体」、「上流婦人の衣裳くらべの場」といった批判が一般にささやかれていた。

それに対して国婦は、そのスローガンは、「国防は台所から」であり、その制服は、主婦の仕事着であるかっぽう着である。このことは、対象が、女中を使う階層の女、「奥様」ではなくて、自ら台所に立って立ち働く「おかみさん」であることを示している。また、その活動内容が、金だけ出して知らん顔、というのではなくて、自らの手足を使った労力奉仕——出征兵士のためのお茶の接待や、洗たく、つくろいものなど——にあるということでもある。国婦が、一般主婦層のみでなく紡績女工や遊廓の女たちの間にも広まったのは、こうした、「金銭ではなくて、心と身体で」という姿勢をうち出したからだ。

こうしたちがいをもつ愛婦、国婦の対立は、国婦創立直後からあちこちで起こっているが、公けに論じられるようになるのは、国婦創立後約二年、三四年秋あたりからだ。このころすでに国婦は、会員数一〇〇万を突破し、三十余年の歴史をもつ愛婦を凌駕する勢いを示していた。これに対して愛婦も、三二年、前新潟県知事の有能な内務官僚、小原新三を事務総長に迎え、「金出し団体」からの脱皮をはかって、体質改善にのり出す。そして、新会員六〇万人獲得を目標に活動を開始したため、末端における愛婦、国婦の熾烈な会員獲得合戦が展開されることになる。

こうした両会の対立を、最初に正面切ってとり上げたのは、私の知るかぎり、雑誌『日本及日本人』(三四年一〇月第四週号)である。そのすぐあとを、福島四郎主宰の週刊誌『婦女新聞』(三四年一〇月一五日号)が追った。両誌は、ほぼ歩調をそろえて、数か月にわたって執拗にこの問題をとりあげているが、その内容は、もっぱら国婦批判であり、国婦不要論である。

——この非常時にあたり、軍人援護の必要性は充分認めるが、そのための団体としては、すでに愛婦がある。ただでさえ末端では、さまざまな会が入りみだれ、繁雑この上ないというのに、さらに「屋上屋を重ねる」必要がどこにあるか。愛婦のあり方には種々問題はあるが、他に国婦をつくるよりは、その体質改善に力を尽すべきである。

しかも、国婦の会員獲得にあたっては、軍による加入強制が行なわれているという。軍は政治に口出しすべきでないとされているのに、婦人団体の問題にまで口出しするとはもってのほかである――。

ここには、国婦批判に名をかりた軍部批判がある。『日本及日本人』誌上のこうした批判は、「頑骨子」という署名のもとになされているが、私はいま、この「頑骨子」が誰なのか知らない。また、このすぐあと、美濃部達吉の天皇機関説事件に対して、美濃部批判の急先鋒として論陣をはった〈右翼〉雑誌『日本及日本人』が、同時に、こうした軍部批判を数回にわたって掲載している理由もわからない。

しかしいずれにしろ、この時期、つまり、軍がいわゆる「陸軍パンフ」(『国防の本義と其強化の提唱』)を出して(三四年一〇月一〇日)、政治、経済、文化、教育のあらゆる面に口出ししはじめた時期に、こうした軍批判を展開したのは、やはり勇気ある姿勢というべきだろう。

こうした国婦不要論に対しては当然国婦の側から反論が出る。『日本及日本人』は、「正気生」なる者の反論を掲載している。(三四年一二月一五日号)

――さきに出された「陸軍パンフ」に見られるごとく、現代及び将来の戦争は、たんなる武力戦ではなく、思想戦、経済戦である。この「苛烈なる思想戦、経済戦において、真にこの国民戦争を闘い抜くべきこの戦線の戦士は、男子ではなくして婦人なのである」。この重要な役割をもつ婦人を、平時から訓練し、修養せしめるのが国婦の役割である。「国民の半数であり、戦時国内においてはむしろ過半数である婦人を、この国民国防の範囲外に置てよろしいと、誰が主張しうるか」――。

語気鋭く、こう国婦必要論を唱えた上で、「正気生」氏は、さまざまな例をあげて、国婦結成が軍の強要によるものではなく、女たち自身の自発性にもとづくものであることを述べたてている。

三五年二月一日号においても、「正気生」は、「金出し団体」愛婦のだらしなさをついて、一年間一円という高額の会費を町村婦人からとりたててこれ以上拡大をはかるのは考えもの、愛婦会員こそ、「一年十二銭を奮発して国婦にも入り来」ればよい、と会費の安さを強調して逆に愛婦不用論を唱えている。

ここまで言い切るのはそう多くはないが、三五年に入ると国婦の側の反論も激しくなる。三五年一月、直接国婦の指導に当る陸軍省恩賞課長中村明人が長い講演を行なって、国婦の必要性を説いているし、一一月には、各聯隊司令官に対して通牒を出して愛婦とのちがいを強調し、愛婦側の非難に惑わされることなく、結成に協力するよう要請している。

そして、在郷軍人会を動かし、町・村長を脅しつけ、町ぐるみ村ぐるみ、国婦加入をはからせている。やがてそれは、県支部結成問題にも及ぶ。

たとえば、貧しい山村地帯をかかえる長野県では、その地道な社会事業のおかげで、明治時代から愛婦が根をはっていた。しかし三四年、まず平野村（現・岡谷市）に国婦が誕生し、ついで上松町その他にも、ボツボツできはじめる。そして三五年三月一〇日、日露戦争三十周年の陸軍記念日を期して、県支部発会の動きが出る。

これに対して、もちろん愛婦は反対の声をあげる。その夫人が愛婦の県支部長である県知事も、批判的態度を表明する。しかし、松本聯隊区司令部は、国婦は、有産婦人中心の愛婦とは全くちがうものである、「愛婦の横槍など問題にせず」と突っぱね、県支部結成を強行している。

以後軍は、〈愛婦は有産婦人の金出し事業〉、〈国婦は一般大衆婦人の精神活動〉という論理で、両者の併立分業を説き、国婦不要論に対抗していく。

この愛婦、国婦の〈戦争〉は、国婦の勝ちに終った。三六年に入ると、国婦不要論はほぼかげをひそめる。『婦女新聞』社長・福島四郎が三六年四月の「社論」でいうように、いかに国婦不要を言ってみたところで、「赤ん坊は既に生まれてしまった。生まれてグングン発育しつつある」事実を認めざるを得ないからだ。

国婦が、さまざまな批判にもかかわらず、「グングン発育」したのは、たしかに軍の強権によるところが大きい。しかし、それだけではなく、女たち自身の自発的な、熱誠あふれる活動と民衆の支持があったことも事実だった。

そしてそれは、たんに、愛婦、国婦という婦人団体の勢力争いの問題ではなく、日本の社会全体における支配構造の変化をも示している。愛婦対国婦の争いは、いわば、日本の既成勢力対新興勢力の代理戦争であった。三六年をさかいに国婦が愛婦を凌駕していくのは、日本の支配構造の中心が、資本家や地主、その上にのっかった政党、官僚といった既成勢力から、〈革新〉勢力としての軍へ、大きく移行したことを示している。つまり、いわゆる軍国主義体制へ、ほぼ大勢が決したということだ。

もちろんそこには、二・二六事件等の軍事テロによる恐怖が働いている。しかし、一般民衆、とくにうちつづく恐慌のなかで展望を見失っていた底辺の民衆にとって、軍が、状況を切り拓く〈革新〉勢力とうつっていたことも見落としてはなるまい。たしかに、三六年、三七年の総選挙において、最後の無産政党、社会大衆党は飛躍的にその議席をのばしている。しかしこの時期の社会大衆党は、軍との癒着をかなり強めていたから、これを民衆の反軍国主義意識のあらわれ、とみることはできないだろう。

いま、かつての国婦の活動家たちを訪ね歩いて話を聞くと、国婦とその背後にあった軍への民衆の支持がすけてみえる。

これまで、女は家にあるべきもの、として、よき嫁、よき妻、よき母を心がけてきた女たちが、ある日突然、夫の職業や地位によって国婦の役員になる。その結果、昼となく夜となく家をあけ、ときには、何日も泊りがけで軍事施設を慰問したり、中央の総会に出席したりもする――。この思いがけない状況の変化にとまどい、家族との軋轢に悩んだ女たちも多かった。

しかし一方で、「兵隊さんのため」と意気に燃えて夜昼なく活動した日々を、「わが生涯の最良の思出」として胸に暖めている女たちも多いのだ。そして、「主人がよう協力してくれましたから……」と、亡夫への感謝に、眼をうるませる老女もかなりいる。

たしかに、今とは比較にならないほど女が閉ざされていたこの時期、女たちが家を外に活動できたのは、夫の理解と協力が大きかったろう。国婦の成立発展自体、夫たちの協力なくしては不可能であったともいえる。

国婦生みの親といわれる大阪の一主婦、安田せいの夫・久吉が、その社会的体験のすべてをあげて、妻の軍師役をつとめたことは前述のとおりである。

また大阪住吉区で分会長をつとめた片桐ヨシノさんの夫・為善は、いくつも映画館を経営する大興行主だったが、妻の国婦活動のために、新しい映画のフィルムを次々に貸し出した。さらにまた、大阪港区の山下ちよゑさんの夫は、自らが経営する土建会社のトラックを一台、妻の活動のために提供したという。

「どこそこを出征兵士が通過しはる、と聞いたら、すぐにとんで行けたんは、そのトラックのおかげ……」

と、ちよゑさんは言う。

また、ある医師夫人は、夫はいつも、

「わしは仕事があって出来んが、せめておまえは、兵隊さんのために働いてくれ」

と、こころよく送り出してくれた、と語ってくれた。

創立期の国婦の活動家の夫たちは、その多くが、第一次世界大戦の戦争景気で産をなした小経営者たちで、いうならば〈成り上がり者〉である。経営基盤の脆弱な〈成り上がり者〉にとって、妻の国婦活動を通じて軍とつながることは、一種の経営安定策であったろう。しかしそれだけでなく、裸一貫から身を起こし、必死に成り上がってきた彼ら自身の夢を、新興勢力の軍にかけている感もある。そしてまた、その軍の力によって、みるみる世界の強国にのし上がっていく日本、そこにも、彼ら自身の夢と重なる部分があったろう。

〈成り上がり者〉だけではない。ついに成り上がれなかった数多くの民衆の夢をも、この時期の軍は担っていたのではあるまいか。

国婦の愛婦に対する挑戦は、女たちだけではなく、〈成り上がり者〉、成り上がれなかったものの夢をかけて、争われたのだった。

婦人運動家たちの多くも、この段階では、国婦の活動に一つの夢を見ている。市川房枝らの婦選獲得同盟の機関誌『婦選』誌上の座談会において、金子（山高）しげりは、国婦の活動を女の社会参加とみて、〈婦選への一歩〉と評価しているし、官制教育に反発して、「児童の村小学校」の教師になった平田のぶも、余裕があれば愛婦、国婦の両方に入って活動すればいい、と発言している。（三五年一一月号「社会時評座談会」）

また平塚らいてうは、国婦の活動によって、女たちが、

「家庭と社会、国家との緊密な関係が分ったりして、新しい目で自分の家庭を見直すようになり、今までの家庭利己主義から脱け出るようになるでしょう」

と、積極的に評価している。（「戦時下の婦人問題を語る座談会」『文藝春秋』三八年一一月号）

国婦は、こうした女たち、男たちの意識的・無意識的〈革新〉への希望を背負って、燎原の火のように拡大していったのだ。

日中戦争開戦（三七年七月）以後、愛婦、国婦の争いは、ますます熾烈なものになる。会員獲得合戦の軍配は、すでに国婦に上がっていたが、銃後の奉仕合戦が熾烈化したのだ。日中戦争以後、愛婦の活動も、〈金出し社会事業〉から、労力奉仕的なものに大きく変化し、末端での活動にほとんどちがいがみられなくなったためである。出征兵士の見送りや、慰霊祭における玉串奉納の先陣争い、どちらが多く国防献金をしたか、どちらがたくさん廃品回収をしたか。愛婦が、軍用機「愛国号」を軍に献納すれば、国婦も「国防号」を贈る、という具合……。

「国防の方のお方は、そのへんのおかみさんですから、私らを妬んで、それは口汚いことをおっしゃいまして……」

当時、大阪港区で、愛婦の分会長をしていた池田ソノさんは言う。大阪港での出征兵士見送りにあたっての国婦との摩擦についてである。ソノさんによれば、兵隊さんが、国婦よりも愛婦の女たちが配るお茶の方を喜んだので、国婦の女たちがヤキモチをやいて仕方なかったのだという。

「それに対して、愛国の方は、みなさんお人柄がちがいますから……」

彼女は、大分県中津の旧家の出で、福沢諭吉と親戚筋にあたる。夫は、海軍の軍人だった。その彼女に言わせれば、同じ港区の国婦の分会長、さきの土建業者の夫に提供されたトラックで活躍した山下ちよゑさんは、「砂利屋のおかみさん」である。

そして、その「砂利屋のおかみさん」、ちよゑさんに言わせれば、ソノさんは、

「ハナがたこうて、スキがあったら私の上へ出よう出ようとして……。嫌われとりましたでエ」ということになる。

この二人、つい目と鼻の先に住んで、老人会などでたびたび顔を合わすにもかかわらず、いまだに戦争中の話はしたことがない。愛婦、国婦の争いはまことに根深いのだ。

こうした末端での争いに対し、三八年六月、両会はそれぞれ互いの「親和提携」について、会長名による通達を出している。しかしもちろん、一片の通達で問題が解決するはずはない。長期戦のなかで、女たちに対する戦時体制の要求が強まれば強まるほど、両会併立の矛盾は高まってくる。さらに、日中戦争以後、聯婦も同様の銃後活動を行なうようになったため、末端での繁雑さはさらに加わった。

とくに農村では、一人の女が二つ、あるいは三つの団体の役員を兼ねることも多く、ふえつづける仕事に、役員たちは悲鳴をあげている。

こうした状況のなかで、ようやく婦人運動家たちも両団体の統合に向かって動き出す。三九年八月、国民精神総動員委員会で、唯一の女性委員竹内茂代は、婦人団体統合を提起した。しかしこのときはほとんど議論されることもないまま、立消えになっている。

結局、愛婦、国婦の統合問題が、大ぴらに論議されるようになるのは、四〇年夏、新体制運動の高まりの中である。

八月一日、近衛新内閣は、「基本国策要綱」を発表したが、その中で、国内新政治体制の確立のために、「その職域に応じ国家に奉公することを基調とする新国民組織の確立」が謳われている。この「新国民組織」の中に、女は入るのか、入らないのか。市川房枝はじめ、婦人運動家たちの関心はそこに集中した。

そのとき引合いに出されたのは、近衛首相の側近で、新体制運動の立役者有馬頼寧(よりやす)の次の発言である。

「婦人の意志を現わす機関は、例えば婦人部という部門は作らぬまでも、何とか取り入れたいと思っている。ひところの参政権という意味をもっと広げて、お台所の声を政治に反映したい」(『東京朝日新聞』七月三〇日)

この発言をうけて、婦人団体の新しいあり方について、論議が沸騰する。その先陣を切ったのは、市川房枝を中心とする婦人時局研究会だった。

大正以来婦人参政権獲得に熱意を燃やしてきた市川房枝は、日中戦争開始以後婦人団体連盟を結成して戦争協力に傾斜していたが、三九年二月、指導的立場にある婦人の時局認識を高めるため、婦人時局研究会を結成していたのだった。

一九四〇年八月三一日、婦人時局研究会は、日比谷松本楼において、新体制婦人団体協議会を開き、「婦人組織大綱試案」を発表した。集まったのは愛婦、国婦、聯婦、矯風会、女教員会等一五団体約四〇人。

「試案」の概要は、次のようなものだった。

「婦人の組織は男子と対立すべきものではなくあくまでも万民翼賛、男女協力の実をあぐることを目標とすべきで、従って一般国民組織の中に織り込まれるべきである」という基本姿勢に立って、しかし、婦人独自の役割を果たすために一般国民組織とにらみ合わせ、全婦人を、職能に応じて次の三つの系統に組織する。

(イ)主婦の組織
(ロ)労働婦人及職業婦人の組織
(ハ)文化に関係する婦人組織

つまり、日本中の女を、その職能に応じて、主婦、職業婦人、文化人（医師、教師、ジャーナリスト、女優等）の三つに分けて組織化し、国民組織の中に婦人部を設けて、これらを統轄するというものである。未婚の娘については、これまでの女子青年団を生かす。

ここで問題になるのは、(イ)主婦の組織だ。当時、国民組織として、隣組、町内会の組織化が進められており、その実際の担い手は主婦であった。この隣組と、新たに組織さるべき主婦の組織との関連が問題になる。婦人時局研究会の「試案」では、この点に苦慮したらしく、隣組、町内会の主婦常会を、そのまま、新しくつくられる主婦の組織とダブらせる、つまり、最下部の一般主婦は、隣組と新婦人組織との二つの系列につながれることになるわけだ。

この婦人時局研究会の「試案」の特徴の一つは、主婦を、一つの職能として、職業婦人や文化人と対等に位置づけたことである。これは、『満州評論』主幹の橘樸などにも共通する主婦認識であり（橘「主婦の公的機能」『職域奉公論』所収）、あるいは、そのあたりからヒントを得たのかもしれない。いずれにしろ、戦時体制下、国民生活の担い手として、また〈人的資源〉の供給者として、主婦の公的機能が高まったためであろう。

「試案」のもう一つの特徴は、既成婦人団体の〈統合〉ではなく、〈再組織〉である点である。ここにある主婦、職業婦人、文化人の三系列の組織化は、既成の愛婦、国婦等の婦人団体を一たんすべて解消し、白紙の状況にかえした上で再組織することを意味している。この案によって、とりわけ女子労働者を数多くかかえていた国婦は、バラバラに解体されることになる。直接婦人団体の解散に言及することなく、結果的にそれをねらう――この「試案」は、ひょっとすればかなり高度な、政治的判断にもとづいているのかもしれない。

そのためかどうか、愛婦、国婦の二団体は、この「試案」に対して厳しい態度を示した。当日、各団体から代表者を出して検討をつづけてはどうかという意見に対して、両団体は態度を保留する一方、とくに国婦は、「今俄に解散せず――会員自戒せよ」（『大阪朝日新聞』九月一一日）との声明を出して、動揺する会員を戒めている。新体制運動の目的である高度国防体制づくりは、つとに国婦が目指していたことであり、今さらあわてることはない。世論に惑わされることなく、これまでどおり会務につとめよ――というわけだ。

婦人時局研究会の〈解散・再組織〉案に対しては、婦人運動家の間からも反論が出た。婦人同志会の吉岡弥生は、既成団体の解散・再組織ではなく、「まず統合から始めよ」と説く。

「現在、大きい組織を持ち、仕事をしている団体を重んじ、それに和して、一元化の漸進でゆきたい」(『婦女新聞』九月第四日曜号)。これは結局、愛婦、国婦の意向を尊重しつつ、一元化を目指そうということであろう。この趣旨にもとづいて、四〇年九月二〇日、婦人同志会は、「婦人団体統合協議会」を開催したが、かんじんの愛婦、国婦は出席せず、なんの具体策も提起されないまま、うやむやのうちに終っている。

こうした動きの中で、〈既成団体解散・再組織化〉を主張した市川房枝は、率先垂範するべく、九月二一日、自らの主催する婦選獲得同盟を解散した。ついで婦人参政同盟も解散、ここに十六年間の日本の婦人参政権運動は終熄した。

この年一二月、大政翼賛会第一回臨時中央協力会議において、ただ一人の婦人議員高良富子は、婦人団体を統合して翼賛会の中に婦人局を設置、一元的な婦人指導をはかれと要求した。これに対して、三輪寿壮翼賛会連絡部長は、婦人局設置は時期尚早、既存の婦人団体統合の方向で考えたい、と答えている。

明けて一九四一年。二月に入ると、婦人団体統合問題は、一挙に解決のきざしを見せる。二月一三日、衆議院において、斎藤直橘議員他五名が提案した「婦人団体統合に関する建議案」の審議が行なわれ、席上、国婦の指導にあたる陸軍省兵務局長田中隆吉が、統合に非常に積極的な姿勢を見せたのだ。建議案は満場一致で可決され、準備委員会設置が約束された。統合に難色を示していた陸軍の兵務局長が賛成を表明したからには、今度こそ……という期待が一般に広がった。

しかし結局、正式に婦人団体統合が閣議決定されたのは、四か月後の六月一〇日、準備委員会が発足したのは六月二五日である。二月から六月までの間、何があったのか。

また、準備委員会は、発足直後の六月末から精力的に活動を開始し、七月末には大綱が決定、八月一五日新団体の名称を「大日本婦人会」と決定し、下旬には定款も発表されている。聯婦は、統合をみこして機関誌『家庭』を四一年七月号をもって廃刊にし、愛婦は定款を改正して傘下の数多くの施設や財産の処分に着手した。秋には、大日本婦人会発会確実、と思われた。

しかし、冒頭に記したように、大日本婦人会の発会は、年を越して、四二年二月二日である。いったいなぜ、こんなにも遅れたのか。

この間、うわさがとびかい、憶測が入り乱れ……、しかし、誰も、正面切ってこれを問題にしない。残されている資料の中にも、奥歯にもののはさまったような発言がいくつかみえるだけである。

たとえば、『婦女新聞』。三四年秋から、国婦に対して歯に衣きせぬ批判を加えていた『婦女新聞』は、婦人団体統合問題についても、四〇年秋以来、毎号のようにとりあげ、忌憚のない意見を展開していた。四一年四月、同紙は、大政翼賛会の後援で「全国婦人翼賛協議会」開催を決定する。会期は六月七、八の両日、会場は、神田一ツ橋の教育会館と発表され、出席者の選考が始まっていた矢先、突如、その中止が声明される。

「……この協議会において該問題（婦人団体統合問題——引用者注）について論議されることは、大政翼賛会をはじめ、陸軍、厚生、文部の各省及び婦人団体当事者の間において平和に進捗しつつある該問題に波瀾を生ぜしめる如き複雑微妙なる事情あり。……最近に至り該問題が協議会において論議せらるることは、婦人界全体のために決して好ましき結果をもたらさないという恐れを十分ならしむる新たなる事態が生ずるに至った。……その詳細なる理由については後日或は発表の時機が到来するかもしれぬ。しかし今は沈黙を守ることが全婦人界のために有益なりと信ずるが故に、敢て発表を差控え、各位の御賢察に俟つこととする」（『婦女新聞』四一年四月第四日曜号。傍点引用者）

なんとも苦渋にみちた、奥歯にもののはさまった声明ではある。「各位の御賢察に俟つ」といわれても、当時の読者にも、かなりむずかしかったのではないか。

もう一つ。愛婦機関誌『愛国婦人』四一年一〇月号。これは、四一年八月、大日本婦人会ただちに発会かと思わせたにもかかわらず、停滞したことについての愛婦事務総長小原新三の発言である。

「……結成準備委員会は、当初予想だにしなかった理由の下に暗礁に乗り上げるとともに、全国四囲の状勢は前途が全く見透しのつかないものになったことを思わせるに十分なものであった。

……事は、……閣議の決定要綱中、我等が特に重要な事項として、深く信じ且つ取扱い来った事柄が統合の将に成らんとする直前、二たび閣議の決定に依って覆され、しかもその理由が全く不明であるという点に係ると同時に……従来の行懸りを棄て虚心坦懐、議を進めようとしたに拘らず、会議が回を重ねるに従ってこの点について幾多の疑惑を生ずるに至り、且つ全国地方に於ける状勢は等しく我等の期待を裏切るものがあり……」（傍点引用者）

この小原新三の発言の裏にあるものについては、別のところで明らかにされている。つまり、六月に婦人団体統合が閣議決定された時点で、新団体の監督指導は、中央においては、内務、文部、陸・海軍、厚生、拓務の六省、地方においては、地方長官（県知事等）。ただし国防訓練に関しては、軍（聯隊区司令官）が、地方長官と相談の上これを行なう、となっていた。ところが八月一九日の閣議において、地方における監督指導が、地方長官と軍の二本立に変更されたのである。大日本婦人会の発会が翌年までずれこんだのは、この変更に、小原の言にみられるように愛婦が反発をつよめたからである。

新団体の地方における監督指導が、地方長官であるか軍であるかは、愛婦、国婦の双方にとって、重大問題であった。愛婦は地方長官、国婦は軍、というのがこれまでの系列であったから、そのいずれが監督指導にあたるかは、愛婦、国婦のいずれが、新団体において主導権をとるかを決することになる。

六月の閣議で、地方の監督指導は地方長官と決定されていたにもかかわらず、八月になって軍との二本立に変更されたのは、もちろん、国婦の側の猛烈な反対のためである。

さきの『婦女新聞』の「全国婦人翼賛協議会」中止にも、国婦が関わっていよう。この協議会には、顧問として水野万寿子愛婦会長、三条西信子聯婦会長が名をつらねているが、武藤能婦子国婦会長の名はない。本人の拒否によるという。

四一年二月、「婦人団体統合に関する建議案」が満場一致で可決されたにもかかわらず、正式決定が六月までのびたのにも、国婦の画策が関わっていよう。

おそらく、この空白の四か月間、愛婦と国婦の、内務官僚と軍の暗闘が、熾烈に闘われていたにちがいない。それを具体的に示す資料は、今のところない。しかし、その闘いが、新団体の「目的」をめぐって、「事業内容」をめぐって、さらに、その「監督権」をめぐって、であったろうことは、推測できる。

この時期における愛婦、国婦の勝負は、それぞれ一勝一敗一引分け、というところか。つまり、「目的」については引分け、「事業内容」については国婦の勝ち。新団体においては、施設を伴う事業は行なわない、とされたが、これは、豊富な資金でさまざまな社会事業施設を有していた愛婦の活動を真っ向から否定するものだ。「監督権」については、先にみたように、愛婦の勝ち。

これは、愛婦の善戦である。軍をバックにした国婦を相手にタイにもちこんだのは、勝利、ともいえる。おそらく、四月、大政翼賛会において、内務官僚の巻返しによってこれまで新体制運動の立役者であった事務総長有馬頼寧等が辞職し、大きく機構が改革されたことと関係しているだろう。

だからこそ八月、ＡＢＣＤ包囲網の完成によって高まる国際緊張をバックに、軍の、国婦の巻返しがはかられるのである。

この国婦の巻返しに対して、『婦女新聞』社長、福島四郎は孤軍奮闘の反撃をしている。市川房枝等婦人運動家たちや文化人も沈黙をまもったままなのに、福島は、『婦女新聞』巻頭の社論において、数度にわたって、監督権変更に批判を加えている。そして、一〇月一六日、東条内閣成立するや、「東条首相に呈す」として、直接東条に向かってその責任を追及し、是正を要求している。

「……軍部が国防訓練以外のことまで世話をやき、婦人の全面的指導監督をする如きは、世界のどこの国にも例がなく、行政系統の上から考えても道理に合わないのみならず、軍部の当局者にとっては迷惑であろうことが、常識的に察せられるからであります。……

東条総理大臣閣下

前内閣（近衛内閣――引用者注）のこの過失は、陸相たる閣下が責任の大部分を負われなければならないと思われますがしかし私共は、其様なことを今咎め立てして、この重大時局を引受けて敢然と起たれた閣下の、尊い精神を僅かでも悩ますような愚は致しませぬ。……

閣下、婦人団体監督権に関する前内閣の過失を、是正し修正するのは、閣下が首相になられた今日を措いて、他にあろうとは思われません」（四一年一〇月第四日曜号）

しかしもちろん、この福島の直言はきかれない。一一月、地方の監督権については、国婦の要求通り、軍部との二本立が正式に決まり、大日本婦人会発足に向けて、歯車は急回転しはじめる。

そして――、『婦女新聞』は、四二年二月、自ら廃刊する。社長福島四郎の「自爆」の弁は、壮絶きわまりない。

「大日本婦人会が、二月二日にいよいよ発会式をあげるそうである。それを前にして、同会に忌憚なき評論を加えた婦女新聞が自爆の運命に陥ったのは、偶然ではあるが皮肉である。私は此期(このご)に臨んで、もう何もいわないが、ただ婦女新聞の遺言として『軍部は婦人団体から手を引くべきだ』という一語だけ叫んでおく。『鳥の将(まさ)に死なんとするや其声哀し。人の将に死なんとするや其言善し』と曾子は言ったが、私はそれに追加して『雑誌の将に廃刊せんとするや、其論正し』と言いたい」（四二年二月第一日曜号）

この時期、数多くの雑誌が廃刊に追いこまれたが、これほどの気魄に満ちた廃刊の辞を、私は知らない。この言は、廃刊が、強大な軍との闘いにおける壮烈な討死であることを語っている。

しかし、その福島四郎にして、一つ見誤っていることがある。

「軍部は婦人団体から手を引くべきだ」――この最後のことばは、正しい。しかし、新団体の地方監督権が変更されたのは、軍が婦人団体に介入した、というよりは、婦人団体が軍に介入したのである。つまり、主として関西の国婦の女たちが軍をつき上げ、閣議決定をひっくり返させたのである。

国婦発祥の地であり、最大の勢力と活力を誇る関西国婦の女たちは、六月、婦人団体統合が決定されるや、ただちに参事会を開いてこの問題を検討した。そこで出されたのは、政府案に対する不満の

—１—

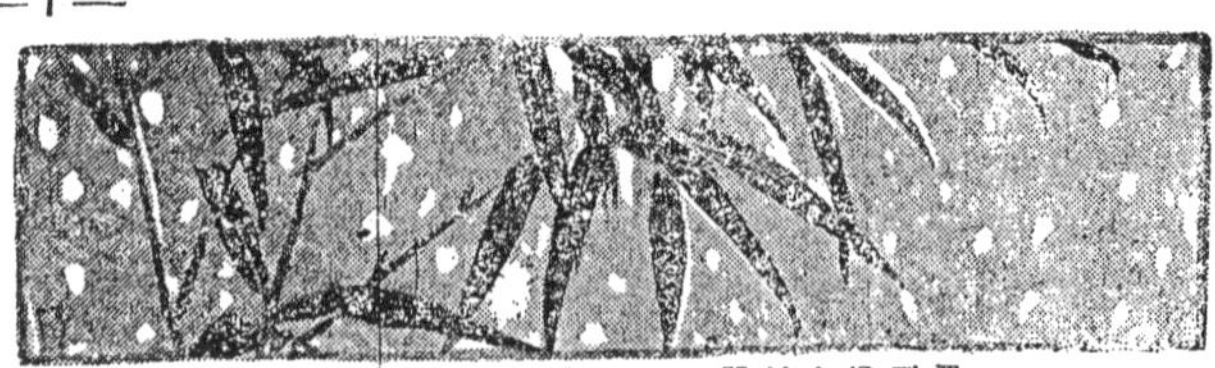

週刊婦女新聞　二月第三週（終刊號）

廢刊の辭

婦女新聞社長　福島四郎

本紙は前號に發表した通り、いよ〳〵本號を以て最終號とする。三月二十二日に、今一回最終號追錄を發行するが、それは本號の附錄とも見なすべきもので、婦女新聞の本體は今回限り消滅することになるのである。洵に殘り惜しく、明年古稀の齡に達せんとする私は、四十二年前、本紙創刊の辭を草した靑年時代を回想して、眞に感無量である。

本紙創刊の明治三十三年には津田英學塾、女子美術、東京女子醫專の前身女醫學校の創設があり、翌三十四年には、日本女子大學の開校と愛國婦人會の發會式が行はれた。即ち女子敎育が勃興せんとし、婦人の社會的進出を見んとする氣運が動いてゐた時代で、本紙の發行もその波の一つといふべきであつた。

當時の女學生の頭髮は銀杏返しと束髮とが半々位で制服はエビ茶袴であつた。之を今日の斷髮洋服姿と比較する時眞に隔世の感がある。

今の三越の前身三井吳服店が一人の女店員を初めて採用したのが魁となつて、銀行・會社・電話局・貯金局・鐵道局等が追々女子屬員を採用するやうになり、女子の職業が家庭以外に開拓せらるゝに至つたのも、本紙創刊後一二年の事である。思へば隨分長い過去であつた。

その長い歷史を閉ぢなければならなくなつた理由は、前號に明記してゐるに拘はらず、さながら軍部の壓迫にでも因るものゝ如く誤解された人が、少からずあつたらしいのは遺憾である。これは本紙が、婦人團體の統合に軍部が壓力を加ふるのを不當として、忌憚なき批評を加へたことからの推測であらうが、いかに軍部全盛の世の中でも、眞に國家の爲と信じて主張する正論を、暴力的に壓迫するやうな事が出來る筈のものでない。憲兵が數回來社したことは事實であるが、それは軍部の本筋から出た正式の命令でなかつたことを、私は確めて知つてゐる。しかし、今になつて其樣な事を詮議立てしてみても、徒らに世を騷がせるに過ぎないから、すべてを忘れることにし、唯本紙の廢刊が、前號所記の理由以外にないことを、軍部の名譽の爲に一言辯護しておく。

廢刊に際して私が愉快に感ずるのは、自分の一生をたゞ婦女新聞一つに投じて、他所見をしなかつたことゝ、この間、内に省みて疚しい事をしなかつた爲變へず、懼れず、權威を目して直言し得たことである。私は元來臆病な性質であるが、正義と信ずる事にはかなり大膽な所論を敢てした。しかし其時に天下の正義と信じたことが、後になつてそれ程の大問題でなかつたと判明したものもあり、それ等の事から、友人や恩人筋の人に恨まれたこともあつた。そして其所論が、實際に於ては何程の役にも立つてゐない場合が多かつた事を思ふと、結局「彼も一時、是も一時」の感なきを得ない。

たゞ今日廢刊に際して、私の最も遺憾に思ふのは、神國日本の威力が始めて宇内に輝かんとし、國民の半數を占むる婦人が大東亞共榮圈の建設に協力すべき際、婦女新聞がその名譽の陣營から退かねばならないことである。今のやうな時代にこそ、本紙が本當に働かねばならない筈だと思はれるに、味方の勝利を見ずして職に殉ずるのは、聊か心寂しい。同業諸君の飛躍を祈つてやまぬ。

こゝに謹んで、上は雲上より下は全國各地に散在せらるゝ愛讀者各位の、多年に亘る御高庇御支持に、心の底より御禮を申上げて、婦女新聞四十二年の生を終る。

◇終刊號目次◇

『週刊婦女新聞』の廃刊の辞（1942年２月第３週（第2174号）終刊号より）

数々である。

まず、新団体の名称としてあがっている「大日本婦人会」は軟弱である。高度国防国家建設のため日本婦人の意気を示すためには、「国防婦人会」こそが、ふさわしい。さらに、地方の指導監督は、地方長官では生ぬるい。「戦場に征くわが子に『こんど会うのは九段で』といい切る戦時婦人の活動をもりたてるには、軍部が最も適任である」(『朝日新聞・大阪版』四一年六月一八日)

この強硬な女たちの意見に押されて、関西国婦の指導にあたっていた石井嘉穂少将が国婦中央本部を説得、これをうけて本部では、東条陸軍大臣を動かして政府に圧力をかける——八月の地方監督権変更の舞台裏は、こういうことであったらしい。

国婦は、軍のカイライであった、国婦に集う九〇〇万の女たちは軍の操り人形であった——。全体としては、たしかにそうだ。しかし、自らの発意にもとづいて活動を開始し、心血を注いで国婦発展に尽した関西の女たちは、たんなる軍の操り人形ではなかった。とくに、国婦の生みの親、安田せい、三谷英子の二人は、ただ黙って軍の指導に従ってはいなかった。二人を中心にした関西本部の女たちは、三九年一一月、軍人風を吹かせる難波光造少将を総務理事の座から引きずりおろしている。また国婦解散後、関西本部があった国防婦人会館は、陸軍の偕行社に移管されることになったが、その使用のあり方をめぐって、安田せい等国婦理事はこと細かに注文をつけ、その一角に旧国婦会員の活動の場を確保しようと、軍と執拗な交渉をつづけている。

関西だけでなく全国的にみても、街頭へ街頭へと、噴出する女たちのエネルギーに、軍の方がタジタジとなっている感はある。出征兵士を見送らせ、陸軍病院を慰問させ、白一色のかっぽう着の軍団を巷にあふれさせることは、ある段階までは軍の望むところであった。男は国防色に、女は白一色に。これは軍にとって、己が支配権の確立を示すものである。

しかし白一色の女たちが、あまりにも街頭にあふれたとき、喜んでばかりはいられないことになる。男として、女がこんなに家を外に出歩くことを許していいのか。女は、つねに家にあって夫や子どもに尽すものとする「日本の家族制度の美風」を揺がしていいのか。

国婦機関誌『日本婦人』が、三九年末あたりから、さかんに「修身斉家」、「日本婦徳の伝統」を言いたてるのは、外へ外へと向かう女たちのエネルギーを、なんとか引きもどすためであったろう。四一年二月、にわかに統合に賛成し、「修身斉家奉公」をその目的に掲げる大日本婦人会に協力したのも、そのためだ。冒頭に引いた大日本婦人会発会式における東条首相の発言も、あくまでも「婦徳」を強調している。

いま、私の手元に、かすれた謄写印刷のコピーがある。四二年二月一二日、国婦解散にあたり、大阪で読み上げられた分会長のあいさつ文である。

「……さて皆様、私共の国防婦人会は本日を以て全国一斉に解散ということになり、白エプロン白ダスキの御姿でお目にかかれますのは、之れが最後でございます。今過ぎし、年の数々を思いますとき、いろいろのことが走馬灯のように次から次へと繰り返えされつきぬ思い出が、ひしひしと胸に迫って来るのを禁じ得ないのでございます。

私共は、この分会の生みの陣痛をよく存じております。又之れまで育て上げた数々の苦労もよく知っております。御主人を淋しく家庭に残して出ていただきました。袖にすがる愛児をふり切ってとび廻っていただきました。又或るときは乳呑子を背負って出動していただいたこともありました。乳母車を押し、リヤカーを曳いて不足資源の回収に奉仕していただきました。前線勇士の御苦労を忍びたとえささやかながらも私共の真心を御届けしたいと思ってモンペイ姿で甲斐々々しく慰問袋の山を築き上げて喜んだこともありました。

これらの事は、今日を限りに悉く思い出の種となり亦忍び草となって行き過ぎてしまうのであります。ほんとうに、おなごりおしい極みで何と申し上げてよろしいか只々感慨無量でございます。……

此を考え、彼れを思いますとき、私共ほど苦労をした団体も恐らく他にありますまい。然し亦私共国婦ほど光栄の集りもありません。私共の団体は会員の悉くが皆兵隊さんの気持ちで、之を其のまま銃後に移して働かせていただいたのであります。即ち働く団体であり、活動の団体でありました。そして其の間に自らを修養し自らを訓練し自らを鍛え上げて参りました。今日を限りにたとえ団体はなくなりましても私共には、強い強い魂と腕とそして何でもやり通すことの出来るという大きな信念を植え付けられました。此の魂を私は、白タスキ精神、国婦魂と申上げたいのであります。此の白ダスキ精神こそやがて全日本婦人の魂になり精神となり輝しい婦人報国挺身の姿となって表れることとかたく信じている次第でございます。……」

国婦の、とくに関西の国婦の活動家たちにとって、解散は不本意なものであった。軍をつき上げて大日本婦人会の地方の監督権を変更させてはみたが、新しい団体の中で働く気にはとてもなれない。国婦の活動家たちのほとんどは、新団体にソッポを向き、大日本婦人会本部からの再三の要請にもかかわらず、役員の人選は遅々としてはかどらない。

関西にかぎらず、大日本婦人会の地方本部が、その役員に人を得てようやく働きはじめたのは、夏以後のことだ。しかも三団体競い合っていたかつてのような活力はすっかりかげをひそめた。さきの婦人時局研究会の「試案」にあったように、大日本婦人会員は一方では隣組にもつながれており、それを通じての配給・防空演習などに追われたから、大日本婦人会の「皇国伝統の婦道」といったお念仏にかかずらわっているヒマはなかったのだろう。

国婦の創立者安田せいは、疎開先で敗戦を迎え、一九五二年二月三日、六十五歳の生涯を閉じた。孫を乳母車に乗せて散歩中、転んだケガがもとで破傷風にかかり、七転八倒の苦しみのすえの死だったという。

そのころ日本は、朝鮮戦争をテコに講和独立を果たし、同時に警察予備隊から保安隊創設へと、再軍備の道を歩みはじめたのだった。死の床のせいは、もはやこうした日本の動きを、「兵隊さんのために」と奔走したかつての日々に重ね合わせてみることもなかったろうか。

3章 それぞれの銃後

奥村五百子（いほこ）
〈軍国昭和〉の先導者

たぶん、いま五十歳以下の人で、「奥村五百子」の名を知っている人はいないだろう。しかし、「愛国婦人会」といえば、「ああ、昔うちのばあさんが、たすきかなんかかけてやってたあれだろう」と、かすかな嘲笑をこめて思い出す人が三人に一人はいる。その人のばあさんなり母親なりが関わっていたのは、たぶん、愛国婦人会が「兵隊さんは命がけ、私達はたすきがけ」という標語のもと、出征兵士の送迎や慰問袋の作製、鉄くず回収等々の〈銃後の守り〉に血道をあげていた時期のものだったろう。

愛国婦人会は、一九四二年（昭和一七年）、大日本婦人会に〈発展的解消〉を遂げるまで、半世紀近くにわたって、「大日本帝国」と歩みをともにした。したがって当然、「大日本帝国」の加害責任を共有する。奥村五百子はその愛国婦人会の創立者であった。

「明治三十四年の春、靖国神社の桜が咲くのももう間もない頃であった。九段坂上の東京偕行社で、軍人遺族救護の目的を以て設立せられた愛国婦人会の発会式が挙げられた。招かれて会する者百六十余名、多くは婦人であった。開会となると、切下髪の一人の老婦人が紹介されて祭壇に立った。大きく見張った其の眼、きっと結んだ其の口には、深い信念と堅い意志がうかがわれた。此の婦人は其の名を奥村五百子といって佐賀県唐津の人、愛国婦人会の主唱者である」

これは、一九三一年（昭和六年）制定の『高等小学修身書（女生用）』巻二、「公益世務」の項、奥村五百子に関する記述の冒頭の部分である。

この時、五百子五十七歳、切下げ髪の寡婦姿に質素な黒木綿の着物、キラを競った百六十余の貴婦人に向かって愛国婦人会加入を呼びかけて〈声涙下る〉名演説をしたという。

この発会式（会員奨励会）の日を契機に、愛国婦人会は、会長岩倉具視公爵夫人以下、理事、評議員に名士夫人をそろえ、また天下り事務官僚で機構を整え、急ピッチで会員獲得運動に乗り出す。

まず、内海内務大臣を動かして各府県知事をして入会呼びかけをさせ、また児玉陸軍大臣に働きかけて陸軍将官夫人の加入勧奨をさせるなどの上からの働きかけの一方で、評議員の一員たる五百子は、会員募集の地方遊説の途につく。キャッチフレーズは「半衿一かけを節約して愛国婦人会に」である。

その結果、一九〇一年（明治三四年）末には会員数一万三千余。翌年には「畏れ多くも閑院宮妃智恵子殿下を総裁に推戴」し、会はさらに発展を遂げる。しかし、何といっても急速な会勢の伸長を見たのは一九〇四～五年（明治三七～八年）の日露戦争時である。一九〇五年末には、会員は一挙に四十六万四千近くに増えている。この間、五百子は相変わらず、老軀を引っさげて全国遊説に東奔西走し、一九〇五年八月には、愛国婦人会を代表して出征兵士の慰問に、満州、韓国を歴訪。帰国報告会では、またまた熱弁をふるって、満場の貴婦人の紅涙をしぼった。

しかし、五百子の愛国婦人会における活動はほぼこの時に終わり、一九〇六年（明治三九年）七月、病気静養を理由に評議員を辞任、故郷唐津に隠退する。一説には、五百子の破天荒で一徹な性格が、一人歩き始めた会の厖大な官僚機構に合わず、隠退を余儀なくされたという。

隠退にあたっては、総裁宮殿下の「御台臨」を仰ぎ、九段偕行社において、盛大な送別会兼慰労会が催された。五百子は、近衛篤麿公より拝領の緋の打掛、伊東大将心づくしの白羽二重の袷、帯に小笠原子爵寄贈の守り刀というものものしいいでたちで臨んだ。

やがて宴もたけて、最後に総裁宮殿下の御所望に応えて立った五百子は、日の丸の軍扇を手に、「功なり名遂げて身を退くは……」と謡曲「舟弁慶」の舞を一さし、あとは感極まってよよと泣きくずれる――。

そして半年後、一九〇七年（明治四〇年）二月五日、気管支炎に心臓マヒを併発して永眠。行年六十三歳。愛国婦人会創立の功により「特旨を以て正七位に叙せらる」。

しかし五百子は、死んでのちも静かに眠るわけにはいかなかった。帝国主義コースに針路を定めた日本にとって、「奥村五百子」の利用価値が急速に高まったからだ。

日清戦争後、対露「臥薪嘗胆」をキャッチフレーズに、民衆の国家的関心を熱狂的に集めた日露戦争は終わった。しかし、巨大な白人帝国ロシアに勝利したからといって、民衆の暮しが眼にみえてよくなるわけではない。それどころか十万の戦死者とそれを上まわる傷病兵の群である。このことは、民衆のなかから数十万の一家の働き手が奪われたということだ。

このとき、軍人遺家族援護を目的とするボランティア団体愛国婦人会の存在は、政府にとって非常にありがたい。さらに、奥村五百子には、愛国婦人会の創立者としてだけではない利用価値がある。一つは、女たちのあいだに国家意識を植えつける上で。もう一つは、アジア侵略を推進する上で——。

明治二〇年代はじめから相ついで打ち出された国会開設、帝国憲法の発布、教育制度や地方制度の確立等々によって、この時期天皇制国家体制は揺るぎないものになっていた。民衆の国家意識も、二度の対外戦争を経て急速に高まってきている。

しかし、女たちのあいだでは、まだまだ充分とはいえない。教育勅語で「忠」と「孝」を強引に一致させ、子どもたちには「一旦緩急アレバ義勇公ニ奉ジ」ることこそ「臣民」の道と説ききかせていたが、母親たちにはチンプンカンプン、「国家」だの「天皇陛下」だのといわれても、ありがたくも何ともない。

前線の兵士の意識は、「天皇陛下万歳」よりは「おっ母さん」に傾きがちであったから、こうした女たちの存在を放置していては、志気にかかわる。このとき、「大義」のためには親兄弟をも討つといった武勇伝に満ちた奥村五百子の存在は、女たちの国家意識涵養のために意味をもつ。

また奥村五百子は、愛国婦人会創設以前、女の身ながら朝鮮に渡り、学校経営に乗り出している。朝鮮の植民地経営にのり出し、さらに大陸への侵略をねらう日本にとって、これも利用できる材料だ。

というわけで、明治末から一九四五年の敗戦までおびただしい数の五百子伝が書かれることになる。今回私が、国会図書館でざっと目を通しただけでも次のようなものがある。

○小林　一男著　一九〇二年（明治三五年）

○岩本　木外著　一九〇七年（明治四〇年）
○手島　益雄著　一九〇八年（明治四一年）
○大久保高明著（同右）
○渡辺　霞亭著　一九一五年（大正四年）
○小野賢一郎著　一九三〇年（昭和五年）
○吉村茂三郎著　一九四一年（昭和一六年）
○小笠原長生著　一九四二年（昭和一七年）
○三井邦太郎著　一九四四年（昭和一九年）
○神崎　清著（同右）

死の直後を別にすれば、刊行は昭和に入って、それも戦時体制の拡大深化につれて多くなっている。そして戦後はゼロ。

これは単行本だけであり、新聞、雑誌、昭和以後はラジオなど、マスメディアを通じて語られた五百子伝は枚挙にいとまがない。一九三一年から高等科女子の修身教科書に登場したことは、冒頭に記したとおりだ。そのいずれもが「勤王」と「朝鮮開拓」、それから「家族ばなれ」の三点で五百子を讃えあげているわけだ。

さらに、演劇や映画もある。一九二九年（昭和四年）、帝劇の一一月公演は「奥村五百子」だった。五百子に尾上梅幸、西郷隆盛と近衛篤麿に松本幸四郎といった豪華な顔ぶれで、愛国婦人会総裁東伏見宮周子はじめ、会長以下役員はもちろん、遠く五百子の郷里佐賀から大挙して見物に上京するなど、興行成績もよかったらしい（この年愛国婦人会の会員数、百五十万）。

芝居としての出来はあまりよくなかったらしく、新聞評などでも、帝劇当局の商業的センスを賞めてあるのが目につくくらい。しかし徳富蘇峰は、『大阪毎日』、『東京日日』の夕刊紙上で、この「五百子」劇をとりあげ、

「余をして忌憚なく云わしむれば、奥村五百子劇は、思想善導劇として誂え向きである。学者や、博士や、諸道学先生等の講演などよりは、確かに此の劇が有効と認めらるる」


と述べている。

この「思想善導劇」にいち早く目をつけたのが、商魂たくましく、すぐれて体制順応主義者であった主婦之友社社長・石川武美であって、脚色者小野賢一郎をして、一九二九年一一月号から十か月にわたって五百子伝を連載させている（先に記した一九三〇年の小野賢一郎著五百子伝はこの『主婦之友』の連載をまとめたもの）。

演劇といえば、一九三六年（昭和一一年）三月四日付『東京朝日』に次のような見出しがある。

――「奥村五百子」劇上演中止　面喰らった愛国婦人会――

内容は、愛国婦人会三十五周年を記念して、松竹の東京劇場三月公演に決定していた「奥村五百子」（川口松太郎作）が、初日の前日、「大義名分の為とはいえ、夫や子を捨て、一党をひきいての行動が面白くない」との理由で警視庁から上演停止命令をうけ、関係者一同大あわてをしているという

もの。

　これはどういうことだろう。今、『松竹七十年史』などをひっくり返してみても、東劇の一九三六年三月公演は新派大合同「国姓爺合戦」、「乃木将軍」とあるのみで、「奥村五百子」劇中止については一行も触れていない。また、『愛国婦人会四十年史』にも記載はない。だから劇の具体的内容や中止の詳しい事情はよくわからないが、一九三六年三月三日、つまり、二・二六事件勃発後一週間という厳戒令下の時期であったことが関係しているのではないか。

〈大義名分のためには妻も子も捨てる〉という叛乱軍をようやく鎮圧した時点で、帝都のド真ん中での「五百子」劇の上演は、寝た子を起こすようなもの。また、大衆の〈軽挙妄動〉を抑えるには「おっかさん」と「家」の重しをつけるのが一番、とは、すでに数々の筋金入り左翼を転向させた実績を持つ治安当局は充分御承知のはず。とすれば、この時期、「家族ばなれ」の五百子を持ち上げるわけにはいかない――。

　もしそうなら、「天皇陛下万歳」と「おっかさん」を、「家族ばなれ」と「家族ベッタリ」を使い分ける体制の御都合主義ということになる。

　一九四〇年（昭和一五年）、愛国婦人会創立四十周年記念の映画、「奥村五百子」はすんなりと上映できた。脚本・八木保太郎、監督・豊田四郎という文芸コンビに、新進の新劇女優・杉村春子を五百子役に配して、時あたかも「紀元二千六百年」七月、日比谷映画を封切りに全国で上映される。

　脚本を担当した八木保太郎氏の話によると、これは愛国婦人会報情課長・富安龍雄から映画化の話をもちかけられ、製作費として「二～三万もらったかな」とのこと。『東京朝日新聞』には「一説によると今度の封切には十万枚の入場券を愛婦が引受けたと伝えられる」とある。シナリオを読んでみると、五百子と夫彦五郎の離婚に至るいきさつに比重がかかっていて、「思想善導劇」としてはあまり歯切れがよくない。四年前の上演停止理由を勘案したのだろうか。

八木氏によれば、この映画製作に当たっては、窪川（佐多）稲子、長谷川時雨、神近市子といった当時著名な女性文化人に協力を乞い、とくに、長崎出身の神近市子は、五百子と郷里が近いということもあって、非常に熱心に協力してくれたという。八木氏の唐津取材にも同行して便宜をはかってくれ、製作費の足りない分も彼女の斡旋で借りられたとか。

だとすれば、彼女の戦中の生き方が、「愛国婦人会や国防婦人会が活躍をはじめ、かつて婦人の地位向上を叫んだ人たちが進んで戦争に協力したが、私は見向きもしなかった」（『神近市子自伝』一二二頁）というばかりでもなかったらしい。

もちろん、「五百子」映画製作に協力したからといって、神近氏が愛国婦人会や戦争に協力的だったとはいえない。単に郷土の先輩として、五百子に親近感を抱いていたのかもしれないし、八木氏との人間的なつながりがあったのかもしれない。しかし私には、時代にまるっきり背を向けることがいかにむずかしいかを示す一つの例と見た方が教訓的である。

ともかくも、こうして敗戦までの半世紀近く、奥村五百子は、軍国日本の対女性「思想善導」の目玉商品として機能したのだった。

さて、ここで、伝記等によって奥村五百子の生涯をふり返ってみよう。

奥村五百子は一八四五年（弘化二年）、肥前唐津の真宗東本願寺系の寺院、高徳寺に生まれた。この高徳寺は、秀吉の朝鮮攻略に先立つ天正一三年（一五八五年）、開祖浄信が渡韓して釜山の地に建立したのに始まるという。高徳寺が「釜山海」なる号を持つのはそのためだ。このことは、五百子の朝鮮開拓の志が、単なる思いつきではなく、高徳寺の伝統に深く根ざしていることを示す材料として、各伝記が力をこめて記している。

五百子の父は、この高徳寺第十二代・了寛。母は唐津藩士山田円太夫の娘・浅子。父了寛は公卿二条家の一族であったが、幕藩体制のもと、生活不如意であった公卿のならいに従って、九歳のとき、はるばる西下して高徳寺に養子入りした。したがって、身は西海の貧乏寺の住職ではあっても、つねに皇室の藩屏としての公卿の出自を忘れず、したがって尊皇の志厚く、五百子は幼いころより、勤王の志士を助けて働く父の姿を見て育った。

「私の親父は、婦人たりとも国民には違いないから、決して国家と云う事を忘れてはならぬと幼少の時から私に申付けました。そうして幼少の時から軍書本を読ませられまして、人たるものは仁義の道に明らかでなければいかぬ、又自分の子供を仕付けるにも人道に放（ママ）れたことをせぬように、国家を重んじて国民たる義務を忘れてはならぬと常に訓戒せられて居りました。（中略）是れからは、天皇陛下に命を捧げて働くようにせなくてはならぬ、兄の円心は相続人だに依って何うすることも出来ぬが、貴様は他家へ縁付く者であるから戦争に就ての仕事は貴様に申付ける、兄より先きに斃れろと斯う云いまするで、終始其心掛で働き、兄円心と共に遊戯をするにも弓を彎（ひ）き、十三歳

の時から撃剣を習いまして、婦人らしき教えは余り受けませなんだ」(『奥村五百子言行録』手島益雄著、一九〇八年)

このことばには、後年の国家主義的粉飾が感じられなくはないが、しかしともかく、一般庶民の家庭とはかなりちがった雰囲気の中で、また当時一般の女子とはおよそちがった教育を受けて育ったことはたしかだろう。

幼いころの逸話としては次のようなものがある。——七歳ごろより、唐津の神官戸川氏の手習い塾に通っていたが、ある日、「寿」という字の草書体を書いていて、紙いっぱいに書いてしまったので最後の点を打つ余白がなくなった。しかし五百子はあわてずさわがず、大きく筆をあげて机の上にべったりと点を打った。「奥村さんは幼少のころから、常人と異った点がほの見えて居た様でございます」と幼なじみの一人は語っている。

また十四歳のとき、京大阪に憧れて家出したが、まさに舟出せんとするとき父がかけつけて連れもどそうとした。すると五百子は舟べりにしがみつき、「どうしても帰れというなら首を切って持って行って下さい、首と胴がつながっている間は絶対に帰らない」とがんばり、さすがの父も折れたという。あるいは、十九歳のとき、尊王攘夷運動に関係する父の使いで、男装して長州に行き、兵卒を叱りとばして馬関の関を突破したという武勇伝もある。このころには、父や兄の影響を受けて、五百子自身、いっぱしの志士気どりで〈国事〉に奔走していたらしい。

二十二歳のとき、同宗の福成寺住職・大友法忍と結婚。しかし二年後には死別して、再び高徳寺にもどる。この間、父・了寛は死に、時代は明治を迎える。

しかし、維新の大業は成っても、これまでつねにセットにして理解していた〈尊王・攘夷〉の、〈攘夷〉をいつの間にやらふり落としてしゃにむに近代国家の体裁を整えようとする新政府のやり方に、不満を抱くやからは多い。やがて、二十四歳の若後家五百子は、〈近代化〉バスに乗り遅れ、帰るにふるさとなき攘夷派の不平士族の仲間に身を投じてゆく。

「私は其後諸々方々を歩いて居ったんですが、どうかして外国人の首を斬ってやろうという考えでやって居りました」（前出）

二十六歳のとき、仲間の一人、鯉淵彦五郎と二度目の結婚をする。この彦五郎はもと水戸藩士、藤田東湖の影響で勤王運動に身を投じ、諸国を放浪して〈横議・横行〉を事としていた男らしい。

二人は平戸に出て新居をかまえるが、そこではじめて、五百子は生活というものに直面した。子どもも生まれ、〈天下国家〉だけではメシは食えないとわかったからだ。五百子は、たくましい生活力を発揮して、船問屋をまわって針仕事をもらったり、赤ん坊をおぶって絹糸や茶の行商をするなど、必死に生活と闘ったらしい。

しかし、夫・彦五郎は、太公望のあけくれ。行商に出ても、からっきし〈士族の商法〉で、たまに嬉しそうな顔をして帰ってきたと思ったら、商品を川に落として乾かしている間にいい漢詩が出来たなどというありさまだ。

そこへ一八七七年（明治一〇年）西南の役。時来たれり、というわけで彦五郎も勇みたち、五百子ともども西郷方へ身を投じようとするが、これは、苦労して集めた武器弾薬をあっさりだましとられるというお粗末な一幕でケリ。後年五百子は、西郷方に加担しようとした自分を「若気のいたり」と述懐していたという。

この西郷軍の敗北は、彦五郎には大きなショックだったらしく、彼は以後、二度と再び〈天下国家〉に関心を示すことなく、かといって地道な生活人に変身するわけでもなく、五百子に養われながら、一人ぽつねんと本を読んだり絵を描いたりといった日々を過ごすようになった。

この夫の姿は、〈天下国家〉好きの五百子にとっても、〈生活者〉五百子にとっても我慢できないものだったろう。そのころは生まれたばかりの長男勢一を含め、子どもは三人になっていた。彦五郎が、〈志〉が入れられない悶々のうちに世をスネているのなら、五百子はけっして、〈よく出来た浪人の妻〉の役を演ずるのはいやではなかったにちがいない。しかしその〈志〉どころか、浮世のいっさいを捨て、したがって五百子一人に浮世の苦労を背負わせて〈悟りの境地〉に入られたのではたまらない。

というわけで、五百子のイライラはつのり、やがて二人は離婚する。いとも淡々とした別れ方だったという。この時、五百子四十三歳。四十三歳になって三人の子を連れて淡々と夫と別れるという女もただ者ではないが、彦五郎という人物も、挫折人間の一つのタイプとしては面白い。

離婚後、唐津に帰った五百子は、生き返ったようになって、またぞろ、〈天下国家〉のために家をあけるようになる。一八九〇年（明治二三年）国会開設に伴う第一回の総選挙で、民権派の天野為之を推して奔走し、対立候補の運動員と乱闘を演じたり、松浦橋の架橋や唐津開港のために有力者を説いてまわったり、といったありさま。小さな茶販売店を営んで生計を立てていたが、それは長女の敏子任せ、それどころかささやかな売上げを持ち出して敏子に泣かれたこともあったという。

この間、旧唐津藩主の御曹子・小笠原長生子爵の知遇を得たのは、その後の五百子の〈国家〉活動に大きな意味をもった。知遇を得たきっかけには、また五百子らしい逸話が残っている。ふつうではなかなかお目通りできない唐津の殿さまに会うために五百子は鬼の面をかぶり、唐津名物「やつし」踊りで三味の音もにぎやかに繰りこんだというのだ。この時以来、五百子と若き小笠原長生はすっかり意気投合したようだ。彼は五百子生存中はその最大の庇護者になり、死後は「奥村五百子」専売特許所の趣きを呈した。


さて、一八九七年（明治三〇年）、いよいよ五百子は渡韓して、やがて光州の地に「奥村実業学校」を創設することになる。これは「思想善導者」奥村五百子のハイライトでもある。

五百子の渡韓の事情には、兄円心――東本願寺――近衛篤麿という線がからんでいる。一八七七年（明治一〇年）、円心は東本願寺の布教師として朝鮮に渡り、釜山に大谷派本願寺釜山別院を開いている。西郷隆盛は葬っても、征韓論そのものには反対でなかった明治政府は、江華島事件を引き起こして強引に朝鮮を開国させたが、進出の先がけとして仏教布教を思い立ったらしく、時の外務卿寺島宗則が大久保利通を介して本願寺に韓国布教の打診をしたという。西欧諸国のキリスト教布教の〈実績〉に学んだのであろうか。

なぜ東本願寺に白羽の矢が立ったのかはわからない。明治政府の重鎮をなした長州閥と真宗の関係が深かったこと、また真宗が民衆布教に関して伝統を有していたこと、あるいは、江戸時代にも国交を保っていた朝鮮の使節が、正徳元年以来、つねに東本願寺を日本滞在の宿としていたことなどが関係しているのかもしれない。打診を受けた東本願寺が円心を起用した理由も、これまた明らかではない。各伝記では、高徳寺の三百年前の朝鮮との因縁により、ということになっているが、どうだろう。ただ、五百子同様、円心が血の気の多い人物であったことはたしかのようだ。

とにかく円心は、一八八四年（明治一七年）の甲申の変で日本軍の推す金玉均らの独立党が破れるまで、釜山を中心に布教に努めていたらしい。その後は本山の寺務局にいて時期を待っていたが、日清戦争が終わり、韓国が日本の膝下に入るや、再び渡韓の志を立てる。

一八九七年（明治三〇年）六月、円心は五百子ともども本山に出頭して韓国布教を進言し、いれられるところとなった。円心、五百子の進言をまつまでもなく、本山としても考えていたことであったろうし、政府筋にも、これを喜ぶ太い流れがあった。

この間の事情を、一八九八年（明治三一年）、帰国後円心が本山に提出した『報告書』は次のように伝えている。

「――国と法とは皮と毛の如く、日と韓とは唇と歯の如し、両々相俟って完全具備す。熟慮るに東邦の形成日々益々非にして、今や韓国の常態云うを忍びざらんとす、此秋に際して我王法為本・忠君愛国の教を以て彼国民誘導啓発するは実に我教の本旨にして、国に報い法を護る所以、（中略）於是韓国布教の議起る。即昨年六月十四日奉命東上し、当局大臣及要路知名の士を訪うて意見を叩き且つ保護を求む。諸公大に之を賛し、且つ従来僧侶の無気力卑屈を痛罵し、以て今回の挙を壮とし、各々意見を開陳して前途を督励さる」

「我王法為本・忠君愛国の教」などと、今からみると、「政教分離」もへったくれもない文章だが、これが明治の宗教者の常だったのか、それとも東本願寺の特殊性なのか。

それはともかく、この円心の「挙を壮」とした「要路知名の士」の中には、貴族院議長近衛篤麿、外務大臣大隈重信がいた。近衛篤麿は円心の来訪後、次のような手紙を東本願寺法主大谷光瑩に送っている。

「――抑々近来は西洋の諸国、頻に東洋の事に注意致候様に相成、今日にして百年の計をなさざれば、遂に挽回致難きに至るかと被存候。就ては東邦の先進国たる我国の如き、卒先して他を誘導致事必要と被存候のみならず、近来兎角清韓両国共、我国に対し面白からぬ感情を和らげ、東邦諸国唇歯輔車の交を為すに至らしむる事は、独り当局者の尽力のみにては六ケ敷、如斯場合には宗教と教育の力を借り候事、最も必要に有之候事と被存候」（一八九七年六月二一日付）

つまり――最近西欧諸国がしきりにアジアをうかがっているが、これを放置していては大変なことになる。東洋の先進国日本が乗りだすためにも、また、清韓両国の日本に対する悪感情を和らげ友好関係を保つためにも、宗教と教育の力をかりてからめ手から攻めるのが一番だ――というわけで、東本願寺の企図に満腔の賛意を表わし、今後ともその方針を貫徹するように励ましている。近衛が「東亜同文会」を作り、玄洋社の頭山満（とうやまみつる）らと「国民同盟会」を作ったのも同じ意図によるものだろう。

しかし、同時に書いた在韓の友人に円心を紹介する文章には、

「――朝野共（ちょうやとも）何分活気無之（これなく）、事にする処は種々の醜聞のみ、実にあき果て申候、併し（しかし）我々青年者にして仙人隊の厭世主義も余り面白からぬ次第故、時には驚世的の大法螺（おおぼら）を吹き可申（もうすべき）やに存候」

という前書がついている。

「驚世的の大法螺」というのは、インテリ近衛の一種のテレかくしとも思えるが、まんざら本心を示していないわけでもなかろう。貴公子の「驚世的の大法螺」の材料にされた韓国民衆こそいい迷惑である。

ともかくも、近衛、大隈といった大立者の支持を受け、紹介状をふところにした円心は意気ようようと韓国に渡り、光州の地に布教の拠点を定める。そこに、円心に遅れること三か月、五百子が訪ねて行ったわけだ。

この時の五百子の滞在は約一か月の短期間であったが、「矚目踏地、鶏林（韓国のこと――引用者注）の風物一として感慨に入らざるはなく、従って我国勢上体面上不可言（いうべからざる）之慨事のみ多く、一行も往々熱涙に堪えられ」なかったと、この旅行の感想を某氏に書き送っている。

五百子には、韓国の民衆は結局、まったく見えなかった。「われわれは国を取るものにあらずして、彼の国を強めてヤル者なり。すなわち、われわれは日本人なれども、身を朝鮮人の位置に置き、その

国力を増す者なり」という、民権派大井憲太郎の〈主観的善意〉（結局、朝鮮の民衆には迷惑なものだが）のかけらすらここにはない。韓国民衆の悲惨な状態は、アジアの先進国日本の「国勢上体面上」の不都合であるばかりだ。

したがって翌一八九八年（明治三一年）、再び渡韓して光州の地に実業学校を経営するに当たって、創設資金一万八千円を外務大臣大隈に仰ぎ、月々外務省の機密費から三百円の維持費を受けることに何の矛盾も感じないどころか、かえって「大日本帝国」の国家的事業を担っているという使命感をふくらませるだけだった。

この五百子の〈国家的事業〉に韓国民衆が好意的であるはずはなく、生徒募集に「わらじを脱ぐ暇もなく」かけずりまわっても見向きもされないどころか、たちまち「無頼党」の襲撃に脅(おびや)かされるようになる。当時、光州のある全羅南道あたりにも反日義兵運動が散発していたらしい。

五百子は「無頼党」対策として、門に提示を出したり、現地警官の巡検を特派してもらったりしているがまだ安心できず、

「依て出張日本警官と合議の上、更に臨時出張二名応援方願出、併せ銃器五挺、弾薬二百発、併送願出致候処、今晩正に来着相成、一同安堵仕候」（一八九八年一一月一九日付近衛宛）

といった状態だった。これでは韓国民衆との心の交流ができるはずはない。

しかも、この「無頼党」を「露国の尻押より来り候様」としかとらえられなかったのでは絶望的で

ある。この危機に加えてこの一一月、資金源であった大隈内閣が倒れ、総理山県、外務青木という藩閥官僚内閣が登場する。

「此顔振の内閣にては到底対韓政策等の確定強堅なるは夢にも六ケ敷、且つ又或は今後忽ち当実業学校維持上にも一大苦悶、否全然廃滅の悲運に可立到乎と奉存候」、ついては「召連れ候子分の者共の処置方」にも困るから続けるなり引き上げるなり善後策を協議して指示を与えてくれと近衛に泣きついている。

結局、この五百子の〈国家的事業〉は渡韓後一年足らずで挫折し、一八九八年（明治三一年）暮か九九年早々には引き上げたらしい。

しかし帰国した五百子には、別の〈国家的〉使命が用意されていた。今度は、東本願寺から、南清布教の先陣として清国貴婦人界と交流して来いというものであった。布教の体裁はとっているが、男子ではとてもむずかしい中国婦人との交流をはかり、家庭の内側から清国の内情を探ろうとするものだったらしい。日露対決を目前にして、清国要人の動向を知ることは焦眉の問題だったにちがいない。一九〇〇年（明治三三年）一月から半年にわたり、中国南部を歴訪した五百子一行は、北京に入ろうとして、ちょうど火の手をあげた義和団事件に遭遇する。当時日本ではこれを「北清事変」と称したが、華北の民間宗教白蓮教を奉ずる義和団が列強の帝国主義的侵略に抗して武装峰起した事件である。このとき、義和団の襲撃をうけて破壊された天津の日本領事館のありさま、そこでの領事夫人のめざましい活躍にいたく心を動かされた五百子は、帰国後要路を説きまわり、「北清事変」派遣の日本軍慰問に、東本願寺連枝大谷勝信をかつぎ出すことに成功する。

この義和団の蜂起は、列強八か国連合軍により二か月余りで鎮圧されてしまったが、日本は連合軍三万三〇〇〇のうち、三分の二の多数の兵力を提供して、「極東の憲兵」の名をほしいままにしていた。連枝一行とともにこの「極東の憲兵」の歴戦の跡をたどった結果が、翌一九〇一年、愛国婦人会の創設となったわけである。

冒頭にかかげた『高等小学修身書』は、愛国婦人会発会式の日の五百子の演説の大要を記しているが、ここでは、速記録によってその肉声の一端に触れてみよう。

まず五百子は、北清事変出兵兵士慰問団に加わって戦地をたどる途中見聞した日本軍兵士の苦労の模様を語る。

「一体支那のあの辺は雨が降らないから酷(ひど)い炎天には水は一滴も飲めない、のみならず黍畑をはたき倒して往こうと思っても道路がないから何も通らんでございましょう。お前さん方この東京で雪が降ってさえ道がなくなって物や車が通りますまい。けれども支那や朝鮮の道路はどうしてそんなもんじゃございません。そうして砂ほこりが沢山起つ、(中略)左様な中を炎天に軍器を持ち運ぶのは非常に困難ですがその上に食物がないから大抵血を吐いてしまう。(中略)先刻も申す通りで糧食が届かんから生の高粱(コウリヤン)とうもろこしをポケットに入れ、それを噛じりながら兵士達が合戦をして死んでくれたのでございますぞよ。

貴婦人方、日本の御婦人たる人はどうかよくこれを聴いて戴きたい。斬(こ)う云う忠死を遂げて呉(く)れる方々があればこそ日本婦人と言って外国人に指もさされずに居られるのです。天皇陛下の御恩は申すに及ばず陸海軍の方々が忠死を遂げて呉れなければ我日本婦人は一日も安穏にしては居られませんぞッ。これを私は北京から太沽（ターク―）まで戦死者の墓参をしつつ、帰ったならば、我が日本婦人の方々に告げてどうかこの戦死者の遺族に襦袢（じゅばん）の衿一つずつ義捐（ぎえん）してもらい、『貴方方（あなたがた）の死んで呉れたのは決して無駄ではない、名誉の戦死である』と言って慰めたならば、たましいも満足されるのであろうから、私の命のあらん限り、私の息の続く限りは何年でもこれを唱えてこの会を大きくしたいと云う希望を抱いて帰って参った」

ここで五百子の話は一転して、朝鮮民衆の悲惨な状況にうつり、やがて〈日本讃歌〉となる。

「御同前様は運好くもこの日本に生れたから斯うして安楽にして居られるのである。皆さん方これで国恩の広大なることを思わなければならんぞ。不幸にしてそのような国に生れたならば実にお話にもならぬような酷い目にあう所であります。然（しか）るに国は小さいが三千年来天皇陛下の御稜威（みいつ）の下に生れたればこそ、外国婦人に対し日本婦人だと威張って交際をするも指一本さす者がないのです。（中略）

私はそれ故学校へ行くと話します。従来は子供に爺婆の話をなすったろうが、今後これを全廃にして我国民は格外なる国に生まれて居るから、その恩の広大なことを知らせて貰わなければならん。皆さん子供の教師として母親より近い者はございますまい。学校の教師は朝九時から三時までしか子供に付くことは出来ない。その余の時間は母親の側にのみ居るのです。故に母親が格外なる君ありと云うことを教えなければならん。これは第二の母となる方に願って置くのみならず、苟くも日本婦人たる人の耳には入れて置きたいのです」

この五百子の演説は、これに先立って出された華族女学校長下田歌子の起草になる「愛国婦人会設立趣意書」の内容とかなりの食いちがいを見せている。「趣意書」では、「吾が皇国の御楯となる軍人たち」の功に報いるためには、「生計困難なる遺族の救助こそ、最も先にすべきものならめ」、政府でもいろいろ対策を講じてはいるが、「救いの手には限りありて、救われ人は数限りなし」、したがって「博愛に富み、慈善を体せる巾幗（女性——引用者注）社会の力を協せて」遺族援護に尽くそうではないか、といっているのみである。

「博愛」とか「慈善」などという文字が散見するのは〈銃後〉の厳しさがよくわかっていなかった当時の貴婦人としてはやむを得ないと、太平洋戦争勃発後の五百子伝作者は述べているが、「趣意書」が、明治という時代の制約を負っているとするならば、五百子の演説は、この後の労働者階級の目覚めや大正デモクラシーの時代を一足とびにとびこえて、〈軍国昭和〉に直結するひびきを持っている。

第一、女性のとらえ方にしても、下田歌子の「博愛に富み、慈善を体せる」に対して五百子のは「真逆の時に遁げる様では日本婦人と言われませんぞッ」である。これらはいずれも体制の押しつけた「婦徳」の二系列を、それぞれ体しているにすぎないが、後者は昭和一〇年代、戦局厳しくなるにつれて耳にタコができるほどくり返された言葉である。

先の修身教科書が、満州事変の起こった一九三一年（昭和六年）、改訂にあたって、いささか唐突な形で、「公益世務」の項に五百子を割り込ませた意味もこれで理解できる気がする。これまでこの教科書が「公益世務」の項でとり上げたのは、石橋をかけ替えた「佐太郎」であり、風砂の害を防いだ「栗田定之丞」、久留米がすりの織機を改良した「牛島のし」であった。つまり、それまで体制は、「公益世務」を〈富国強兵〉の〈富国〉のレベルでとらえていたのであろう。

しかしいまや五百子の出番が来た。女性史研究家の高群逸枝（たかむれいつえ）は、「大東亜戦」に当たり「五百子の霊は今こそ天（あま）がけってわれらを導くであろう」（『日本婦人』一九四三年九月号）と述べている。

さて――、たしかに奥村五百子は、スケールの大きい面白い人物ではある。その生涯は、尊皇攘夷から大日本帝国のアジア侵略の先兵へ、そして〈銃後の女〉の組織化と、軍国昭和を先取り先導して波瀾に満ちている。

五百子の生きた時代は、ちょうど幕末維新から天皇制国家体制確立期という歴史の激動期に重なる。こうした激動期にはつねに時代をかけ抜ける風雲児が出現するものだが、女の身で、となるとやはり多くはない。

維新にあたっては、水戸の黒沢登幾子、福岡の野村望東尼が勤王女性として知られており、明治以後は、「民権三羽烏」といわれた清水豊子（古在紫琴）、岸田俊子（中島湘烟）、景山（福田）英子等がいる。

しかし五百子のように、一貫してベッタリ「勤王」で「功成り名遂げ」た女はいない。五百子の

「勤王」=天皇崇拝の強さは、さきの発言からもうかがえるが、それは、維新の元勲のタテマエ=「勤王」、ホンネ=天皇利用という使い分けを持たないベッタリ「勤王」であったようだ。

このベッタリ性は、二流志士が〈使い分け〉勤王の志士に利用された如くに、近衛等に利用される。なぜ五百子がベッタリ「勤王」であったかは、その公卿の出、父親の教育もあずかっているだろうが、それよりも、五百子自身、権威に弱く強者に憧れる庶民の一典型にすぎなかったからだと、私には思える。

権威に弱く、強者に憧れる庶民は、けっして弱い庶民を認めない。朝鮮の民衆が見えなかったと同様、五百子には日本の民衆も見えなかった。民衆はつねに、教化すべき〈愚民〉であった。有名な五百子の会員募集の地方行脚にしても、下から民心を掘り起こす辻説法の類ではけっしてない。行く先々、汽車を降りると知事以下地方名士の面々が勢揃いして出迎えているというありさまで、五百子自身、「地方役人に物を頼むには中央の上官から天降りの紹介を持ってくるに限る」などと放言して、地方長官のヘソを曲げさせたこともあった。したがって、愛国婦人会には、総裁はじめ名誉会員に皇族妃を総動員することになる。

それ以上に特徴的なのは、その「家族ばなれ」の点だ。西南戦争への加担をめぐって、意見の対立した兄を、刺客を放って殺そうとしたという逸話の真偽はともかくとしても、夫や子どもに足をすくわれていないところはみごとなばかりだ。

思い通りにならない夫とはさばさばと離婚し、子どもたちは、自分の国家活動のために徹底的に利用している。家の役に立たない長男は、小学校を卒業するとすぐ神戸に丁稚奉公に出したが、長女敏子には五百子の留守、茶販売の店を守らせ、家事いっさいをとりしきらせる。次女光子には郷土に養蚕業を起こすべく、富岡に送って製糸業を学ばせ、朝鮮の実業学校経営にはその夫ともども参加させている。この娘たちが、二人ながら夫と別れた（光子はのち母のもとを出て復縁）のは、五百子の国家狂いに大きな原因があったらしい。

明治後期から強まった良妻賢母教育のなかで、女が全体として家に閉じこめられていった状況からみれば、奥村五百子は女性解放の先駆者とみることもできる。しかし彼女の活動は、女たちを天皇制国家につなぎとめ、〈銃後の女〉への道をひらくものであった。

いったい、五百子という女は、その全生涯において、具体的な人間を、そのままの姿で愛したことがあったのだろうか、という思いがしきりにする。小笠原長生などは、武勇伝的逸話ばかりに包まれた五百子が、血も涙もある人間であったことを証明しようとして、「国家のために泣き、孝子節婦のために泣き」などとやたらに言っているが、ここで流された五百子の涙は、具体的な生身の人間に対してではなくて「孝子節婦」なる名に対してであり、「国家」は生身の人間一人一人が営々として支え合うものとしてではなくて、「国家」という観念そのものではなかったか。

五百子は、「君死にたまふことなかれ」と絶叫すべき対象は、ついに一人も持たなかった。女性の愛国心が、わが家族→わが村→わが国というふうに、愛情の対象を拡大させた結果であるとするならば、その愛国心はちょっと油断すれば、たちまち「君死にたまふことなかれ」に転化する危険をはらんでいる。

総力戦段階に入った軍国昭和において、そのような危険の全くない五百子がもてはやされたのも無理はない。したがってまた、敗戦によって「軍国日本」が「平和ニッポン」に生まれかわったとたん、あっさり見捨てられたのも無理はない。

しかし、このあまりの落差は気にかかる。戦時中、大日本婦人会の機関誌『日本婦人』においてその名「愛国奥村五百子」を顕彰した高群逸枝も、その大作『女性の歴史』(一九五八年)において、その名を挙げることすらしていないし、村上信彦の『明治女性史』全四巻(一九六九—七二年)にも見当たらない。女性をつねに体制の被害者と見、そこからの解放の道すじを描くのが女性史の正統とするならば、体制の目玉商品であった奥村五百子などは、名を記す余地すらないのかもしれない。

しかし、「臭いものにフタ」をしていては歴史の真実はひらかれない。歴史の教訓を生かす道もまた、遠のくばかりだろう。

高群逸枝
その皇国史観をめぐって

高群逸枝の著作をはじめて手にしたのは、一九六〇年代はじめ、『招婿婚の研究』だったと思う。

東洋史専攻の学生時代から文化人類学が気になっていた私は、古本屋でみつけるたびに戦時中に出されたバッハオーフェンの『母権論』やブリュフォーの『招婿婚』を買いこんでいたが、出版社に就職して東京に出てからは、都立大の文化人類学の夜の講座をのぞいたりしていた。「孤独の学究」高群逸枝の名は、そうしたなかで知ったのだった。初ボーナスをもらうと早速、講談社版『招婿婚の研究』を買い求めた。

しかし結局この本は、いまだにつんどくのままだ。新米編集者としての右往左往の日々は、とてもこの大部な専門書をひらく余裕を与えなかった。というよりは、しょせんは私の文化人類学に対する関心が、いいかげんなものにすぎなかったということだろう。都立大の聴講もせいぜい二、三回で終っている。

次に高群に出会ったのは、それから十年後、七〇年代初めである。結婚、出産、退職。また学生になったものの、いわゆる学園紛争で中途退学、パートタイマー――などと試行錯誤をくり返したあげく、ようやく〈銃後史〉の面白さを発見して国会図書館に通いつめているときだった。手あたり次第戦時中の婦人雑誌を読みあさるなかで、大日本婦人会機関誌『日本婦人』連載の高群の文章にぶつかったのだ。

これには仰天した。当時はリブ運動がさかんな時期で、高群は、女性史研究家というよりは、女の〈産む性〉に根ざした新しい解放思想の提起者として、女たちのあいだで一種偶像視されていた。その高群が、戦時中天皇制イデオロギーの鼓吹者であったとは――。

私が女の視点による天皇制見直しの必要性を感じるようになったのは、この高群との出会いがきっかけだった。

*

愛国婦人会、大日本国防婦人会、大日本聯合婦人会の三婦人団体が統合して、会員数二〇〇〇万を誇る大日本婦人会が誕生したのは、一九四二年二月、日本中が「大東亜戦争」の「赫々たる戦果」に酔っていた時期である。『日本婦人』はこの大日本婦人会の機関誌として、四二年一一月号から創刊されている。

テレビのない当時、婦人雑誌は女たちの重要な情報源であったが、四〇年から四一年にかけての情報統制で婦人雑誌は五四種から一六種に激減、さらに四三年から四四年には、『婦人公論』『婦人画報』等も廃刊に追いこまれ、四五年段階で残っていた雑誌は『主婦之友』、『婦人倶楽部』、『新女苑』の三誌に、この『日本婦人』のみ（『婦人之友』は生活雑誌として生き残った）。なかでも『日本婦人』は、日本の女性必読の書として最大の部数を誇っていた。四四年七月号から、用紙事情により会の下部組織である班（三〇万）に一冊配布になるが、班内に回覧されたので、何百万という女が、この雑誌に触れたことになる。

この『日本婦人』に、高群逸枝は毎号読切連載の歴史随筆を寄稿しているのだ。創刊の一九四二年一一月号から翌年一〇月号までの一年間は、「尊し神功皇后」（四三年八月号）、「大楠公夫人」（同年五月号）、「愛国奥村五百子」（同年十月号）といったように、史上（？）有名な女性をとりあげ、いかに彼女たちが高度国防体制に即応し、皇国伝統の婦道に則り修身斉家奉公の実を挙げたかを述べている。この連載は四四年七月、『日本女性伝』としてまとめられ、文松堂から刊行された。

四三年一一月号からは、「軍事と女性」（四三年一一月号）、「神国護持」（四四年四月号）、「神ごころ」（同年八月号）といったタイトルのもとに、日本婦道のあるべき姿を説いている。

高群の自伝『火の国の女の日記』には、寄稿は終戦直前の廃刊まで続いたとある。私は今のところ、四五年一月号までしか見ていないが、大日本婦人会の解散（四五年六月）まで機関誌が発刊されていたとすれば、連載は二年半以上、少なくとも三〇回は寄稿しているはずだ。

このうち、戦後、全集その他に収録されたのは四四年三月号の「ひな祭」だけである。それ以外のものは、戦後の時代に耐え得ないものと、高群および夫であり全集の編者である橋本憲三に判断されたためであろう。

しかし、その「ひな祭」にしても、現在全集所載のものは、『日本婦人』のものに比べるとわずかながら改変のあとがある。『日本婦人』当時の皇室関係に対する仰々しい敬語を省いてあるのはまあ

いいとして、次に示す文末の部分はどうだろう。全集第九巻および『愛と孤独と』では、

「しかしわが国ぶりとして、祭りが遊びとなり、遊びが祭りとならずにはすまないものがあるようで、単なる遊び、単なる祭りではものたらないらしい。ひな祭もその本能に導かれ、遊びであるとともに次第に祭りの気分を深めて荘厳されていったものであろう」（傍点引用者）

これが初出の『日本婦人』では、

「しかしわが国ぶりとして、祭りが遊びとなり、遊びが祭りとならずにはすまないものがある。単なる遊び、単なる祭りではものたらない。雛祭もその本能に導かれて、遊びであるとともに次第に敬虔な祭りの気分を深め、その対象とする雛もいつか所謂内裏雛となって荘厳されて行った。ここに期せずしてわが国の家の敬虔な本源の姿が顕現され、女児教育にそれが大きな意味をもつものとなった。

ただ江戸期の雛祭は贅沢に堕したところに一大欠点があった。今後はこれを訂正し大東亜戦を機として、いよいよかたちを簡素に精神を深めていくことが望ましい」（傍点引用者）

傍点の部分が戦後再録にあたって、改変または削除された部分である。この両者を比べてすぐ気がつくのは、『日本婦人』当時のものに色濃くある皇室中心主義的部分が省かれていることだ。対象と

する雛が内裏雛になることによって祭りとして荘厳され、それによって「わが国の家の敬虔な本源の姿が顕現され」るなどということは、『女性の歴史』等高群の戦後の著作や、雑誌『婦人戦線』等戦前の著作活動からはとても考えられないことだ。

また、次に示す「かげ膳」(四四年七月号)も、理解に苦しむものだ。

これは「日本婦道記」と称する一連のもののうちの一つであるが、かげ膳の風習を古来からの日本婦道の真髄として高く評価する。論の展開はこうだ。

古来より「家内でもっとも肉親愛のつよいのは女たちである。その肉親愛は、当然、郷土愛、祖国愛に拡大する。これらを貫くものは、彼女らの血族守護の烈々たる魂でなければならない」。したがって女が、ただただ、旅枕にある夫や恋人の無事息災を祈るためのかげ膳では意味がない。旅先にある夫がその「本務を全うすることを第一要件とする」。しかるに時代が下るに従ってその第一要件を忘れ、前線にある夫への綿々たる恋情からのみ行なわれるようになってしまった。「女性の公への無関心と恋情中心」によるものに堕落してしまった。

「日露の戦役であったか、『君死にたまふことなかれ』とか、『女ごころにとがありや』などと歌った女性があったが、平時ならばかかる痴愚もいくらか許せるとしても、国難にあたり、なおかつ痴愚であるのは日本女性ではないのである」。いまこそかげ膳本来の精神をとりもどさねばならない——と高群は文を結んでいる。

戦後書かれた『女性の歴史』において、「君死にたまふことなかれ」の与謝野晶子、「女ごころにとがありや」と歌った大塚楠緒子を、「男性支配の戦争狂の社会への反感をたたきつけており」と評価している高群が、である。

また高群は、その自伝『火の国の女の日記』によれば、四三年二月、法事で国元へ帰った夫憲三を思う切々たる「留守日記」を記しているが、そこには、旅先の夫のために毎日かげ膳をすえ、「お茶ものんだ。夫にもはいといってついでやり、それを私がのんだ」といった記述がある。この日記にあらわれている高群は、夫の肌身のぬくもりをもとめる初々しいエロスに満ちていて、うつくしい。しかし高群自身のことばをかりれば、これこそ「女性の公への無関心と恋情中心」の見本だろう。

国元へ旅だったわが夫に対しては、ひたすら無事を祈る彼女が、戦場に夫を送りだした妻たちに対しては、夫が兵士としての本務を全うすること、つまり中国人やアメリカ人やを殺し、夫自らも殺されることを願えというのか。

それにしても、なぜ高群は、『日本婦人』に寄稿したのだろう。それについて、『火の国の女の日記』第四部には次のように説明されている。

「八月二十三日（一九四二年――引用者）には、大日本婦人会の人がきて、十一月創刊の機関誌『日本婦人』のために伝記的『日本女性史』の特別寄稿をもとめられた。いちどは例によって断ったようだったが、けっきょく〈これは私も会員の一人である婦人会の機関誌だから承認〉させられてしまった」

この部分は高群の死後、夫憲三によって書きつがれた部分だが、〈 〉の中はおそらく高群自身の日記からの引用だろう。そしてこの文章は、「この『日本婦人』の寄稿（十五枚）は二十年終戦直前の廃刊までつづき、私たちの家計はその間毎月の稿料百五十円でほぼまかなわれ、他の雑文も書かないですみ、研究に停滞をもたらさなかったことは思いがけない幸運だったとしなければならないだろう」とつづく。

当時軍需工場の工員の賃金が約一五〇円。これで一家四、五人が暮らしていたから、たしかに稿料一五〇円あれば、夫婦二人の暮らしにはじゅうぶんだったろう。

一か月十五枚の原稿を書いただけで夫婦二人が暮らせるとはまことに羨ましい話だが、おカミ直属団体の財政の潤沢さと、高群がそれまでに得ていた学者としての高い声価によるものだろう。

彼女はこの時までに、『母系制の研究』、『大日本女性人名辞書』等により、日本女性史研究の第一人者として自他ともに許す存在になっており、知名人による「高群逸枝著作後援会」の発足をはじめ、服部奉公会、啓明会の二つの研究助成団体から研究助成金を与えられている。高群によれば、助成金を与えられたのは、服部奉公会では一三七件中、啓明会では七件中、彼女がただ一人の女性であったというから、女性史の分野に限らず、女性研究者の第一人者とみなされていたわけだ。

全集等戦後の著作集から、この『日本婦人』連載のものがほとんど排除されているところからみて、これらの文章が高群夫婦にとって都合が悪いものであったのはたしかだが、それに対する反省は、この記述からはまったくうかがえない。逆に「研究のため」として合理化する姿勢が目立つ。

これは高群自身によるものではなく、夫憲三のことばだが、高群自身も「これは私も会員の一人である婦人会の機関誌だから承諾」と気楽なものだ。ここからは、当時の戦時体制批判の視点は、まったく感じとれない。すでにこのとき、高群逸枝は当時の皇国史観を全面肯定し、戦時体制協力を女たちに呼びかけることに、何の違和感もなかったのだろう。

大正から昭和のはじめにかけて、アナキストとして、また女性解放論者として筆鋒するどく体制批判の論陣をはっていた高群が、なぜこんなことになってしまったのか。

高群の戦後編まれた著作集や全集から省かれているのは、『日本婦人』連載のものだけではない。一九三一年、畢生の女性史研究にとり組むべく森の家にこもったのちも、高群は新聞・雑誌等に、かなりの量の社会批評的文章を書いている。

それらのなかには、〈十五年戦争＝侵略戦争＝悪〉という自明の前提から出発した戦後派とはちがって、十五年戦争下を刻々の〈現在〉として生きた一人の女の、苦渋に満ちた軌跡がある。それをたどることによって、高群の、女がおとしめられずにのびやかに生きうる社会への切実な願いが、次第に〈皇国史観〉にからめとられていく過程が浮かびあがってくる。

高群逸枝が、その中心になっていた『婦人戦線』を廃刊し、森の家にこもったのは一九三一年七月だった。その三か月足らずのち、九月一八日、関東軍は柳条湖事件を引き起こし、いわゆる「満州事変」が勃発している。これは日本のあからさまな大陸侵略の開始であり、四五年八月まで続く長い十五年戦争の幕開けであったが、それを高群はどう受けとめたのだろうか。

森の家にこもったのちの高群が、その廃刊（一九四二年）まで継続的に筆を執ったのは福島四郎主宰の週刊誌『婦女新聞』であった。その寄稿は「満州事変」の直後からはじまっているが、三一年における十回の寄稿の中には、「満州事変」を真正面からとり上げた文章は見当たらない。わずかに一一月中旬に、「北満の空は血なまぐさいというが、此処の静けさはどうだろう。人類は平和を望んでいる。限りなく望んでいる。ああどうかしてそれを来らせたいものである」(「平和と休息」)と記しているのと、「年末の祝福」(一二月二四日)の末尾の部分がそれに触れるものである。

「年末の祝福」では、高群は楽しげな筆致で子どものころの大晦日の思い出を記し、年忘れや新年の御馳走を楽しみに何の悲壮感もなく年末を過ごす日本人の楽天性に触れたあと、唐突に日本と「ロシヤ」の比較にうつる。そして「真の新しい思想は『ロシヤ』からではなく、『日本』から生れるべきである。日本人の伝統的な明るい性格に加えるに、現在の国際的な特殊な日本の立場は、非常に意味のあるものがある。それは非常に予言的である。私は日本に生れたことを喜ぶ」。

約一か月前の「平和と休息」にみられた絶対的な平和への願いは、ここでは、日本の立場を擁護し、「満州事変」に新しい世界秩序建設への契機をみようとする姿勢にかわっている。

翌三二年になると、「満州事変」やファシズムを正面からとりあげた文章が散見されるようになるが、その手はじめが「平和と婦人」(一月三一日、二月七日)である。ここで高群は、「満州事変」に対する各婦人団体の態度のあいまいさ、対応の鈍さを批判し、戦争肯定をうち出している。

高群の批判の対象になっているのは、「帝国主義戦争反対」をいう「無産婦人」と、「母性の立場から」平和を呼びかけた婦選獲得同盟等「二三のいはゆるブルジョア婦人団体」である。無産婦人については、一九二九年の東支鉄道をめぐる中ソ紛争を引き合いに出しつつ、その「帝国主義戦争反対」と「階級主義戦争肯定」のあいだの矛盾をつく。

「無産婦人は帝国主義戦争には反対であるというけれども、階級主義戦争には反対ではないであろう。現にロシヤが東支鉄道の権益を守るために出兵したことがあるが、東支鉄道の権益は、ロシヤ無産者のための権益であり、そのための戦争はこれまたロシヤ無産者のための戦争であるというので是認されたのである。

処が満州権益もまた、いずれ国内の資本家を克服して、覇権を握るという見透しの上に立つ時には、取りも直さず日本無産者の権益でもあり得る。……こうなると、資本家のための戦争が同時に無産者のための戦争でもあるという論理も成立つのであって、従って無産婦人の戦争反対もあやしいもので、現に彼女達の陣営では『日本は満州権益を抛棄すべきか否か』ということが現実問題として取上げられた時、非常な動揺が起ったといわれている」

たしかに当時、左翼陣営内において「満州事変」の評価をめぐって混乱があり、無産政党右派の社会民衆党は、日本の〈生存権〉のためには満蒙確保は必要として、事実上「満州事変」肯定を打ち出していた（一九三二年一一月）。高群がこれを書いた三二年一月下旬には、赤松克麿一派の国家社会主義路線が明確になって党大会は大揺れに揺れている。また労農派の牙城である全国労農大衆党の中にも、「満州事変は帝国主義戦争にあらず、満州権益を資本家の手から労働者農民の手に奪還して、二百万失業者の救済を」といった趣旨の呼びかけが起っていた。

こうした男たちの動きに伴って、無産婦人団体内部にも動揺が起る。右派社会民衆党の婦人部といえる赤松明子らの社会民衆婦人同盟は、三一年一二月一一日「満蒙問題に関する声明書」を出し、「満蒙権益をブルジョア的管理より奪って、これを搾取なき国家管理に移すこと」等を条件に、日本の侵略を肯定している。

昭和恐慌下、首切り、賃下げ等によって追いつめられた紡績女工たちのあいだで活動していた社会民衆婦人同盟は、「満蒙権益」に日本の失業者救済をみたのだった。これはたしかに階級的無産運動の堕落である。中国民衆の犠牲によって日本の労働者救済をはかることは、許されるべきことではない。

しかし高群は、これを肯定するのだ。しかも、失業労働者の苦境という〈現実〉によってではなく、マルクス主義の「弁証法思想として、階級闘争を原理としている建前」といった抽象的観念を引き合いに出し、自らの戦争肯定の論拠とする。

「だから無産婦人の戦争反対は明日にも戦争賛成となるであろうし、有産婦人の『母性の立場』にしても、やがては『一太郎やあい』となるべきことが、それ自身としては正しいのである。

私は戦争を必ずしもいわゆる反動とは思わない。また古今の弁証法者と同じく戦争の必然性をも信ずるし、進んで戦争のもたらす文化史的意義も認める」

たしかに「戦争反対」は、それほど単純なことではない。「戦争」と名のつくものすべて、民族解放戦争をも含めて反対するのか、それとも不正義の戦争（帝国主義戦争＝侵略戦争）にだけ反対するのか。これはつねに問題になるところだが、このときの高群は、非常に傍観者的立場から、正義・不正義を問うことなく戦争肯定を打ち出しているわけだ。

しかし、『わが高群逸枝』（橋本憲三・堀場清子、朝日新聞社）によれば、同じ三二年の春から夏ごろと推定される「婦人の立場からファッショを語る——平塚らいてう氏に与える——」では、戦争について「賛成することは絶対できない。その動機は極めて簡単である。（略）即ち感情的です」と断言しているという。

森の家にこもった高群が、女性史研究にとり組むにあたってまず手がかりにしたのは本居宣長の『古事記伝』であった。おそらく、このときの高群は、宣長のいう「からごころ＝さかしらごころ」の否定、つまり「善悪是非」で物事を腑分けすることなく「自然＝自ずから成るもの」としてすべてを肯定する自然思想と、自らの実感にもとづく戦争否定のあいだを揺れ動いていたのだろう。宣長の自然思想によれば、戦争もまた必然、として肯定する他なくなるのだ。

『火の国の女の日記』には、森の家での初期の生活を語るにあたり、次のような記述がある。

「森の中は平和だったが、また、残酷劇の世界でもあった。茶の間のお縁の下をのぞくと、蟻地獄の穴がならんでいて蟻がすべり落ちると、静まりかえっていた穴の底がとつぜん動いてたちまち蟻は魔の手にだきこまれて土の中に沈んでしまう。掘りかえしてみると灰色の醜い虫がころがり出る。

Kがつくった道すじには蜘蛛が白い網を張って、蟬や玉虫やかなぶんぶんなどをがんじがらめにひっくくっている。眼をらんらんと光らせた褐色の大蜘蛛や妖しい縞をもった肢の長い女郎蜘蛛はおそろしい。
百舌鳥がたべたらしいかれんな青い小鳥の羽がちらばり、食いのこしの小さな頭がいたましくころがっていたり、蛙の生ま身が枯れ枝につきさされているのをみたりすることもある。雛をつれた小寿鶏を猫めが追っかけていることもあり、夜は樹の上に眠っている鳥たちを蛇がおそうのか時ならぬ悲鳴をきかされたりする」

それまでもそれ以後も、あれほどうつくしく自然を語っている高群が、三十年近く前の森の光景について、これほど生々しく自然の〈残酷劇〉を語っているのは、当時の高群には、そこに〈人の世〉の残酷劇が、二重うつしになって見えていたからではないか。このとき〈人の世〉では、恐慌によって追いつめられた娘たちや農民の徒手空拳の起ち上がりは、徹底的な弾圧の前に惨敗に惨敗を重ねていたし、大陸へ向かう軍靴のひびきは、ますます高まりつつあった。しかし高群は、結局宣長的自然観によって、この残酷劇を肯定する。

「愛とはゆるすことではなく肯定することだ、と私はこの森の住民たちを観察して思った。百舌鳥や蜘蛛や蛇や蟻地獄たちの残虐行為はけっして私にはゆるせない。それらの現場をみると、私はそれを阻止せずにはいられない。しかし、人間をも含めて、すべての生命は、他の生命をおびやかすことなしには生存しえないことが肯定される。だからもし私が、それらのもろもろの生命たちを愛するというのならば、つまり、それらの生命たちの残虐行為をも含めて肯定する以外にないのだろう」

しかし、ファシズムに対する共感は明らかにみてとれる。さきの「婦人の立場からファッショを語る」では、「今日ファッショと呼ばれている形態が、その根底に民族をもっていることで、私はファッショに惹かれるものがあります」と述べている。またファシズムの多産奨励にも、「必然的に婦人解放を援助する」と共感を寄せている。

このころから高群は、欧米流の女性の地位向上を目指す「女権主義」に対して、自らの女性解放論を「母性主義」と称するようになるが、ナチス等の多産奨励に、自らの「母性主義」を重ね合わせたわけだ。

同じころ書かれた「ファッショ化の傾向をこう観る」（『人の噂』三二年五月号）では、さらに強い筆致でその「民族主義」を評価し、プロレタリア・インターナショナリズム批判を展開している。

「ファッシズムは民族支配の尖端にあって、世界の諸民族と対立するものであり、我々の立場は民族そのものの内部にあって、世界の諸民族と一致するものです。ファッシズムの傾向は賛否を通り越したもの、即ち必然の傾向だと信じます。超民族のインターナショナリズムの如きは、空想的、観念的存在以外のものではなく、早晩完全に精算されるでしょう」

ただ、ここで気がつくのは、高群はその「民族主義」の点でファシズムを高く評価しているが、ナチズムそのものを評価しているのではないということだ。「世界の諸民族と対立するもの」としてのナチス流ファシズムに対して、「我々の立場」、つまり日本のそれを「世界の諸民族と一致するもの」として分けて考えている。

これは二年後に書かれた「日本精神に就いて」(『婦女新聞』三四年八月一二日)で、より明確に打ちだされている。

「民族主義にも二つの種類がある。一つは民族を固守するものであり、他の一つは民族を解放せんとするものである。この両者は、共に民族の現在を立場としているけれど一方は、飽くまで自己民族の永続を希望するに反し、他方は世界諸民族の融合を目的としている。
興味あることは、この両者とも一種優越の感情を基礎としていることで、一方は例えば独逸のナチスの如く、アリアン種の白人の血統を優秀であるとし、黒人、蒙古族等の血統を排している。然し、一方黒人、蒙古族等の立場では、民族に優劣はなく、のみならず現在区々に分れている民族が混和合一する時代がくると信ぜられ、世界の家族化が要望されている」

この二つの民族主義のうち、「世界民族の融合」、「家族化」を目指すのが「日本精神」であるとするわけだ。これは高群の「母性主義」や、「近代的自我」によって「個」を主張するのではなく、融和的共同体社会を理想とする姿勢に発するものだが、世界民族の「家族化」を日本の「歴史的使命」

とするとき、「八紘一宇」と、まったく同じ構造になる。

「八紘一宇」、――「八紘（あめのした）」＝世界を一つの「宇（いえ）」とする――は、神武天皇の即位にあたっての言として『日本書記』に記されているものだが、一九四〇年あたりから「大東亜共栄圏」を合理化する理念として高唱されたものだ。高群はすでにこのとき、それを先導しているわけだ。

こうした高群の姿勢は、神道への急傾斜とともに強まっている。『古事記伝』への没頭が神道への傾斜につながるのは当然の成行きであり、三一年一二月の「神道と自由恋愛」（『婦女新聞』）でもそれは明らかにみてとれる。しかしこの段階では、神道を「云いかえれば『原始』とか、『自然』とかいうようなもの」と述べているように、神道への傾倒はまず「自然教」としてのそれであり、未見ではあるが、『中外日報』に書いた「自然教発生の機運」（三一年一一月）も、同様の趣旨に基ずくものではないかと思う。女が女なるが故におとしめられず、あるがままの自然性をいだいてのびやかに生きうる社会に対する高群の希求からみて、これはうなずけるものである。

しかしそれが、当時の日本をめぐる厳しい国際環境の中で、宣長のいう「からごころ＝さかしらごころ」に対置する「日本精神」として称揚されるとき、かなり危険なものとなる。このとき高群には、宣長のいう「からごころ」は、単に中国思想（儒教思想）だけでなく日本生まれではないすべての思想――西欧的近代合理主義やマルクス主義――を指すことばとして意識されていただろう。三二年三月、「偉大なる物質は偉大なる精神と一致するという信念のもとに、いま私は世の一切の唯物主義思想に対して、至高なる精神主義への信仰を高潮しようとしている」（「師の恩」『婦女新聞』）と書いているのをみるとき、危険の兆候はかなり明らかだ。

この「至高なる精神主義」としての神道への傾斜はますます強められ、三四年八月の「月下に死、宗教、其他を思う」では、仏教をも「唯物思想」として斥け、「神道には教養ともいうべきものはないが、その代り会得がある。それは生の会得、（略）熾んな生の驀進であるが故に、死線をも突破するものである」と強い筆致で記している。

三三年の三原山での自殺者だけで男八〇四人、女一四〇人という異常な状況の中で、高群自身も必死になにかに耐えながら、その閉塞状況の突破口を神道に求めようとする姿勢がうかがえる。その次の「日本精神に就いて」では、文末に、「要するに日本の民族精神は、世界の諸民族への愛の上にきずかれ、世界の諸悪を否定するもので、なければならぬ。これが畢竟するに日本精神である」（傍点引用者）と記している。

これを三二年六月の「敵を愛し、悪をゆるすことが愛であろうか。否々、愛には敵はない。悪もない。どんなに悪と見えることでも、愛の見方で見れば、却って善でさえあることも多い」（「愛の見方」『婦女新聞』）とくらべてみるとき、二年あまりの間の高群の変化は明らかだ。後者では、一つの価値基準から善悪を決定する（それは宣長のいう「からごころ」である）のではなく、存在するものすべてを肯定する「自然教」的思考がうかがえるが、前者には、一つの立場――日本の立場――から善悪を判断し、「諸悪を否定する」ことをよしとしている。このとき高群は、「皇国史観」に向けて大きく踏み出しているといえよう。

＊

昭和一〇年代に入ると、高群の寄稿は、女性史家、古代史家としてのものが多くなっているが、しかしそれと同時に、日中戦争開始後の総動員体制の中で、女たちに自覚を促し体制参加を呼びかけることばも目立ってくる。女性史家としての発言も、結局はそれを根拠づけるためのものとなっている。一九三七年末の「転機に立つ婦人」（『婦女新聞』三七年一二月二六日）は、その手はじめというべき文章である。ここで高群は「日本婦人団体連盟」に言及しているが、これは、日中戦争開始後すぐに結成された国民精神総動員連盟への女の参加が、愛国婦人会等の官製団体のみであることを遺憾として、市川房枝らが音頭をとって結成したものである（三七年九月）。これには、婦選獲得同盟、矯風会、女教員会等、女たちの自主的団体八団体が加入したが、総動員体制の強化とともに、この婦団連から戦時体制協力の活動家が輩出し、そういう形での女の〈地位の向上〉と〈女性解放〉に貢献したのであった。この団体の結成を、高群が好意的にみていることはたしかである。

翌三八年の「日本精神と女性研究」（『女性展望』三八年五月号）では、古代においては、女も男と同等に要職に登用されていることをあげ、戦時体制への女の登用に積極的でない政府を暗に批判している。ここでは高群の〈日本精神〉は、かつてあった〈自然〉や〈愛〉の精神としてのそれから、かつて「女権主義」として批判した社会的地位における男女平等というふうに重点をうつしている。

したがって高群は、当時臨時教育審議会で問題になっていた青年学校義務化＝義務教育の二年延長や、女子の高等教育機関設置について、積極的な姿勢をみせている。三八年八月『都新聞』に書いた

「日本女性の本質」では、「女性の品性は、ある意味では、今日ほど堕落してゐることはあるまい」と、まず女たちに批判の矛先を向け、その「堕落」を示すものとして「不良外人や満支人」に「貞操の安売」をする女や「娘子軍の出陣」をあげる。そしてそれを、「国威の汚辱」としてことば激しく糾弾している。この糾弾の姿勢と、その「堕落」の原因を「大和撫子としての女性の教養の没落」に求めて女子高等教育を要求する姿勢は、戦前、戦後の高群を知るものには異様にうつる。

このとき「国威の汚辱」をいうなら、南京陥落（三七年一二月）にあたって、数万の中国の女たちを強姦、輪姦、虐殺し、多数の朝鮮人女性を慰安婦として徴発していた〈皇軍〉そのものについていうべきであったろう。そして少なくとも朝鮮人慰安婦の存在については、そのときの高群が知らないはずはなかった。高群が「世田谷より」と題して連続寄稿している三七年末の『婦女新聞』には、〈朝鮮ピー〉についての志垣寛の報告が載っているからだ。三四年一一月にも高群は、「貞操教育を改革せよ」（『婦女新聞』）を書いて、貞操教育による「娘の身売り」防止を説いているが、そのときは、貞操教育は女たちに対してよりもその「需要者」たる男にこそ必要であると説いていたのだった。

一九四〇年四月の「新支那建設と日本婦人」（『女性展望』）でも、〈国威〉的観点から、「日本の醜業婦」と「日本婦人の教養」を問題にしているので、日中戦争以後の高群は、〈自然〉や〈愛〉の思想としての〈日本精神〉の上に、より強く〈国威〉的な発想が加わり、その〈国威発揚〉に女たちも参画することを切実に願っていたのであろう。

四〇年一二月の『女性展望』のアンケート「女子国民服への要望」において、山川菊栄、平塚らいてう、村岡花子、円地文子ら二十人の女たちの中で、ただ一人、陸軍の軍服の色であるカーキ色を希望しているのも、その願いの故か――。

＊

〈日本精神〉に〈国威〉的な発想が加われば、ファナティックな〈皇国史観〉が導き出されるのは当然といえる。高群の古代史への探究は、本居宣長を導き手として始められたのであったから、当然宣長の天皇観、〈皇国〉観の影響を受けているはずだが、四〇年までの高群には、宣長の『直毘霊（なおびのみたま）』にみられるような直接的な〈皇国〉賛美は見られない。

三七年一二月の「出征」（『婦女新聞』）に、近所の人の出征を見送ったことを記したあとで、「勅なればいともかしこし冬去りて、春来たりせば帰りませ君」と万葉風の歌を記しているのが彼女の天皇観の一端をのぞかせているが、三八年、三九年は、古代史研究者として天皇の事蹟に触れるときも、当然敬語は使っているが、それほど仰々しいものではない。

それが一九四〇年、つまり「紀元二千六百年」が明けると、元旦の『朝日新聞』で、「畏（かしこ）くも伊勢の大神宮は、皇祖として、また国の御祖（みおや）として、天照大神の長（とこし）えに神鎮まりますところ」（「倭姫命の御功業」）というふうに語りはじめ、「紀元二千六百年」を讃え上げる。

「紀元二千六百年の盛世にあう。万葉の詩人は、

みたみわれ生けるしるしありあめつちの栄ゆるときにあへらく思へば

と歌ったが、さらに私どもは、千年を下って、ここにその同じ幸をことほぐのである。

しかもこのとき、祖国はかつてなき大事業の第一期的完成を、この年にして果さんかに見える。ただに祈らないではいられない」(「迎年祀世」『女性二千六百年史』、初出は『婦女新聞』四〇年一月)

この文章は、内閣紀元二千六百年祝典事務局の次の文章と、構造としては全く同じである。

「我が国は本年を以て世界史上燦たる光輝を放つ紀元二千六百年を迎えたのである。
　御民われ生けるしるしあり天地の栄ゆる時にあへらく思へば
と天平の昔、聖恩の宏大無辺に感涙した万葉歌人海犬養岡麿(あまのいぬかいのおかまろ)のこの感激が、昭和の聖代に生を享けた国民の血汐に脈博(う)つのである」(「紀元二千六百年祝典に就いて」)

「紀元二千六百年」の大キャンペーンは、泥沼の日中戦争に倦んだ民衆に活を入れるべく企画されたものであった。これがかなり成功したらしいことは、この年生れの多くの子どもが「紀」の字をもつことでも知れる。そしてそれは「孤独の学究」高群にも大きな影響を与えたのであったらしい。

そして次にあらわれるのが『日本婦人』連載の歴史随筆であった。

何をもって〈皇国史観〉というかは、必ずしも明らかではないのだが、さしあたりそれを、次のように考えておこう。

「記紀」にあらわれる建国神話を歴史的事実とし、万世一系の天皇が連綿としてこれを治め、一君万民、その統治原理が支配―服従の関係ではなく家族的情に結ばれていること。それを世界に比類なき価値として、その観点から日本の歴史を裁断する、そしてそれを〈八紘為宇〉に見られるように単に日本のみではなく世界に広めるべき価値だとする――。

そういった歴史観を〈皇国史観〉とするならば、『日本婦人』にあらわれている高群の姿勢は、そこから大きくはずれることはない。『日本婦人』の高群の文章でそれを再構成するなら、「天孫は、天照大神の御像(みかた)の宝鏡を奉じて九州に降臨したまい、土地の豪族をことむけまつらわせたまい、神武天皇は大和にすませられ、御建国」（「斎王倭姫命」四三年一〇月号）、以来「わが国は皇室の御もと、この精神（家族心――引用者注）をもって、遂に今日見るような世界唯一の家族国家を固成したのであるが、個人の物欲や征服欲、外来思想の影響等により、時に明朗を欠いた期間」（「たをやめ」四四年一一月号）もあった。しかし、「家族心は、日本国体のよって立つ原理であり、遂に世界救済の福音たるべきものである」、「それを阻害するものに対してわが聖戦はおこされる」（同）。

ただ高群においては、拠って立つところはあくまで女の立場であり、女が〈女訓〉的なものにがんじがらめにされて〈私〉生活だけに「跼蹐(きょくせき)」させられることのない社会への願いは明らかに読みとれる。しかしそれも、「今次の聖戦を、神武御肇国の八紘為宇の聖戦となす」（「尊し神功皇后」四三年八月号）という姿勢がある限り、民族、階級、性を三位一体とする真の〈解放〉に逆行するものとなるのは当然であった。

時代の閉塞感から〈日本精神〉への回帰、やがて翼賛体制への積極的な加担は、十五年戦争下、日本知識人の多くが辿った道であるが、高群の場合、それが、民衆運動がまだ昂揚期にあった一九三〇年代初め、直接的な厳しい弾圧等の体験を一度もすることなく行なわれたところに特徴がある。それはおそらく高群が、〈女の解放〉を〈近代の超克〉に重ね合わせ、精魂傾けて追求した結果であろうと思うとき、無惨の思いはどうしようもない。

高群逸枝の十五年戦争下の軌跡は、この息苦しい〈近代〉のかなたに解放を模索するものが陥りやすい陥穽を示唆している。また戦後世代に、天皇制の根深さを実感させるものでもある。

エコロジーとの関わりで〈女の解放(フェミニズム)〉が模索され、新たな日本学(ジャパノロジー)の興隆が云々されるいま、十五年戦争下の高群の軌跡をもういちどふり返っておくことは、ぜひとも必要なことだと思われる。

八木秋子

屹立する精神

おばあちゃんと孫ほども年が開いているのにもかかわらず、八木秋子と相京範昭（あいきょうのりあき）氏は心友ともいうべき間がらである。二人の会話を聞いていると、私は、ほほえましいよりは妬ましくなってしまう。八木秋子が、本に埋もれた一人暮しのアパートから、みかん箱一つに私物を制限されて老人ホームの雑居部屋に入ることになったとき、絶望と混乱にある八木秋子に書くことをすすめ、個人通信『あるはなく』発行に踏みきらせたのは、相京氏である。最近の『八木秋子著作集』（JCA出版）の刊行も、相京氏の力による。おかげで私も、戦前の婦人雑誌で名を知るのみだった八木秋子に会うことができたのだった。

その相京氏が、あるとき私に北斎の「鶫図」を示して言った。

「これ、八木さんに似てると思いませんか」

見れば――高い山の切り立った頂に、一羽の鶫が黒々と立っている。首をちぢめ背を丸め、羽は痛々しく乱れているけれど、両の脚はがっきりと山頂の巌をつかみ、くちばしはあたりの雲を切り裂いて天に向けられている――そんな図であったと思う。

それまで私は、ひそかに八木秋子に、彼女が木曾出身であることも影響してか、暗い谷間から天に向かってそそり立つ一本の檜をイメージしていたのだったが、そういわれてみるとこの「鵜図」の方が、はるかに八木秋子を表わしているようにも思える。第一、鵜の首から背にかけての線は、いま八十三歳の八木秋子が、背のかがまりにもかかわらずつねに頭をシャンともたげ、まっすぐ前方を見つめている姿そのままである。

北斎はどんな思いで、水に潜りつづけ搾られつづけて生を終わるはずの鵜を山頂に立たせたのだろうか、というのも興味あるのだが、それはともかく、山頂に立つ鵜を八木秋子に重ねてみるとき、それは、なおも高い大空に向かって、二度ともどらぬ飛翔に今まさに飛び立とうとしているようにもみえ、また、がっしりと地を抱いて天と地の接点を確認しているようでもある——。

八木秋子には、〈屹立〉ということばこそがふさわしい。そしてその点にこそ、私の限りない傾倒もあり、また反発もあるようなのだ。

*

八木秋子は一八九五年（明治二八年）生まれであるから、現在八十三歳である（一九七八年現在）。この長い彼女の生涯には、『女人芸術』や『婦人戦線』に精力的に筆を執り、作家・評論家としてかなりの名を知られた時期がある。また〈アナキズム革命の闘士〉として、実践活動に挺身した時期がある。その結果、二度にわたって三年近くの獄中生活も経験した。いずれも秋子の三十代半ばから四十代にかけて、日本に大恐慌とファシズム化の嵐が吹き荒れていた時代である。

しかし、八木秋子が〈屹立する女〉であるゆえんは、これらの文筆活動や実践活動にあるのではなく、また獄中生活にあるのでもない。その精神のかたちにおいてそうなのであり、それは社会的活動のいかんにかかわらず、八木秋子の生涯に貫かれている。

いま、その精神のかたちを、『八木秋子著作集Ⅰ　近代の〈負〉を背負う女』によってたどってみよう。

八木秋子がジャーナリズムに登場した早い時期の文章に「優れた女性」（『婦人公論』一九二七年一月号）という短文がある。この中で秋子は、優れた女性としてマルセル・マルチネの「夜」の女主人公マリエットをあげ、ロープシン『蒼ざめた馬』の主人公ジョージのことばをひく。ジョージは愛を哀願するエルナに向かっていう。

「ある女達は忠実な人の妻であったり、熱烈な恋人であったり、誠の深い友達であったりする。しかし彼女等は、優れたタイプの女——生れながらに女王である女——とは較べものにならんよ。そういう優れた女は誰にも彼女の心を与えやしない。彼女の愛は選ばれた一人に与えるすばらしい贈物なんだ」

私は「夜」のマリエットについては、八木秋子が記す以上のことは知らない。しかしこのジョージのことばが引かれていることで、八木秋子の求めるものは充分うかがえるように思う。「生れながらに女王である女」——このことばに秋子が託したものは、つねに自分以外に主人を持たない女、思想においても行動においてもつねに自分自身である女、である。それは、その五年前に書かれた「婦人の解放」（『種蒔く人』一九二三年二月号）の延長線上にある。そこで秋子は、婦人の解放にとって、「あらゆる思想の根本である自我の追求」の必要を説き、女の「自我の追求」の不徹底さ、臆病さをことば激しく論難している。

「自己を容赦なく掘り下げて、確実なる自我の姿を発見せんとする努力ほど真剣な苦しみはないであろう。女性の多くはその恐しさに堪えないで、つとめて避けようとする、そして大抵はよい加減な所で妥協してしまうのである。深刻さが足りないのだ」

こういうとき、実は彼女は自分自身を語っていたのだ。このとき秋子は、苦しい葛藤のすえに「婦人にとって絶えがたき恩愛の絆」と「経済的庇護」を断ち切って、夫と子どもを捨て、精神的にも経済的にも自立の第一歩を踏み出したばかりであった。彼女の文章が息せき切ったひびきを持つのも無理はない。

「生れながらにして女王である女」とは、この厳しい「自我の追求」の結果として獲得される精神のかたちであったろう。この二つの文章が、それ以後の文章に較べてかなりひとりよがりで不安定なのは、彼女自身が、厳しい「自我の追求」の過程をまだ充分にぬけ切っていなかったせいではないだろうか。

『女人芸術』一九二八年（昭和三年）一〇月号の「北海道の旅」以後の文章は、がらりと趣をかえている。つねに自分自身でありうる人間だけがもついきいきした好奇心で、まわりの人間や事物に暖かい関心を寄せ、それをたしかな筆致で文章にしている。

「親爺は、四里ばかり先の留萌の海に夜釣りに出かけるのだという。ボロボロの詰衿の冬服を着け、冬のオーヴァの年代ものを羽織って、その上手拭で頬かむりだ。親爺さんは私の膝の上に眠っていた小猫を受取ると、いきなり風呂敷の上に座らせて、手早く包んでしまった。『なあに、こいつが近所のひよこを食べて仕様がねえのです。こん畜生は、これから汽車の窓から棄てられるんですよ、は、は、はは……』と笑う」

『女人芸術』一九二九年（昭和四年）二月号には、彼女自身が書いた「略歴」が載っている。

「南信州の木曾に生れました。

檜山が屏風のように鼻のさきへせまって、昼間も暗いような渓谷の中で——七人目だったので、名前も生み飽きたというわけで、こんなふうについた。陽のめを見た時からずっとこういう存在だったのです。学問も小学校をすませただけ——

結婚で足を踏みはずして世間へさまよい出ました。

それからは女中をしたり、新聞記者になったり、辛くも生きてきたのですが仕事といっては本誌の昨年十二月号に創作一篇ものした位のほかは、いうべき何ももちません。

私は誰よりも自分の故郷を愛しています。いつまでも田舎もので土が恋しいのですが、都会の生活は知らない間に私の眼つきをこんなふうに悪くしてしまいました。
　こつこつと歩いてゆきたい――」

　この一見非常に謙遜な文章は、内に恃むものを持つ人間にしてはじめて書ける文章である。このとき秋子三十三歳。長い苦渋の日々を経て、その〈屹立する精神〉はすでにかっきりとした像を結んでいた。

　その屹立する精神でもって世の中を見わたすとき、秋子にどうしてもがまんならないものがある。それは、ひとびとを、自我の追求どころか肉体の維持すらおぼつかない困窮に追いこんでいる体制のありようであり、もっとがまんならないのは、人々の〈自立〉を阻害する形で、〈革命〉を語る文化人である。

　秋子にとっては、民衆一人一人の自発性、創造性を花開かせないような革命は革命の名に値しない。「神宮裏断片」（『女人芸術』一九三〇年三月号）に描かれている飲んだくれの「覚さん」やその覚さんにつかみかかる「おかみさん」、また「留置場点描」（同四月号）の「五十歳の淫売」等々、それら十銭二十銭の金に泣き笑いつかみ合いのケンカをくり返す人々が、一文にもならないどころか命さえ失う厳しい闘いに、家の前のドブ掃除をする気安さで起ち上がり、そして陽焼けした額を寄せ合って、みんなが食えるようにするにはどうすればいいかと生産と分配の知恵をしぼる――彼女が考える革命がそういったものであるとき、革命十年を経たソ連のプロレタリア独裁＝中央集権制は、革命とはほど遠いどころか、〈反革命〉とすらうつる。

したがって、〈唯一の社会主義国ソ連〉に依拠して日本の革命を語る文化人を許しがたいのは当然だが、それ以前に、彼女の屹立する精神には、その自己欺瞞に満ちた追従的な態度（と彼女には見える）が鼻持ちならない。

よく知られるように、一九二九年七月号から三〇年一月号まで、『女人芸術』誌上で展開された女たちによるアナ・ボル論争は、八木秋子の藤森成吉への公開状（「曇り日の独白」）がきっかけになっている。そこで彼女が問題にしたのは、作家としての藤森の〈態度〉であった。

「足早に素通りしてゆくプロレタリア感情の行進曲」（「文芸時評」『女人芸術』三〇年一月号）の中で、「観念的ロマンティストの哀しい騎士の姿で舞台の上に、大衆の背後から追いすがってゆく一人の俳優になっている」藤森の姿勢を、まずやり玉にあげたのであった。

この論争の全体像については、秋山清氏によるすぐれた紹介がある（『自由おんな論争』、『アナキズム文学史』等）ので割愛するが、論争はやがて文学者の態度の問題をはなれて〈革命〉の問題に移行し、プロレタリア独裁の是非をめぐって熾烈に争われる。ここでも八木秋子の精神のかたちはいかんなく発揮され、「国家の死滅に至る一過程として」プロレタリア独裁を認めるボル派の論に対して、彼女は、プロ独を経て達成される無権力社会での人間の自由は〈奴隷の自由〉であると反論する。

「民衆が権力の支配に慣れ、奴隷の服従を服従と意識しなくなった状態、いいかえれば人間の自由意志が完全に磨滅して苦痛を苦痛と知らぬ文字通り眠りこんだ状態」であると彼女はいう。八木秋子にとって、人間の自由は現在ただ今、刻々の選択の中にこそあり、自ら選びとった瞬間瞬間の連なりが人間の自立を保障する。明日の〈自由〉のために今日の〈抑圧〉を受け入れるかぎり、〈自由〉は永遠に遠のくばかりである——。

マルクス主義の〈科学的社会主義〉なる点も、人間の「自発的、創造的意志」を第一に考える八木秋子には容認しがたい点であった。マルクス主義の生産段階による〈歴史的必然〉は、彼女には「人間の意志を除外した……宿命的現象」(「凡人の抗議」)とうつる。

しかしマルキシズム側よりする〈非科学的〉というアナキズム批判には、クロポトキンの『相互扶助論』を引用してやっきになって反論している。マルクス主義は「単に経済関係の推移によって社会の諸相を理解しようとする狭隘な歴史観」であるが、アナキズムは、もっと「全面的な観方」に立っている、したがってアナキズムの方がより〈科学的〉である、と秋子は言おうとしているようだ。つまり八木秋子は、〈科学的〉であることに高い価値をおいていたのだ。

一九二九年、日本に立ち寄った飛行船ツェッペリン号を迎えた八木秋子は、その感激を次のように記している。

「見よ、北東の空、雲煙のかなたに一点、真珠の小さい粒が——はっきり眸にはいった。よろこびのこえが、いちどに湧きおこった。

わたしはこの瞬間の感激が今も瞭(は)っきりと鼓動のように胸に生きている。蜻蛉(とんぼ)のような歓迎飛行機十機を周囲にまつらせて、悠々と空を圧し近づいてきた銀灰色の偉容を、明朗として音楽的な爆音を——それはあまりにも均整された線のふくらみ、機械の美観とする正確と諧調——あまりにも、

それは大きかった」（「ツェ伯号：女人芸術・連盟」『女人芸術』一九二九年一〇月号）

はじめて空飛ぶ巨大な機械を目のあたりにした感動が、目に見えるような文章である。八木秋子が、これほど生まのかたちで感激をあらわにした文章はめずらしい。そして彼女は書いている。

「将来は科学の世界であろう。そして、世界は、時間と空間と国境に対する観念をすべて置きかえなくてはならない必要を感じるにちがいない。だが之等（これら）の輝かしい科学の将来はあらゆる国際間の欲望や闘いの使命を失って、世界民衆の日常の現実となるであろう」

その後の歴史と重ね合わせるとき、感慨なしには読めない文章である。八木秋子を感激させた科学の精華は、こののち「国際間の欲望や闘いの使命」を完全に果たし、その結果ひとびとは、「明朗として音楽的な爆音」に逃げまどうことになったのだった。

しかしこれをもって、八木秋子もまた、時代の子であったと結論づけていいかどうか。現在よりもずっと、科学が民衆にとって、輝かしいイメージを持ち得た時代の子であったと――。もちろん時代の雰囲気にまるきり無縁ではなかろうし、「ウクライナ・コムミュン」（『婦人戦線』一九二九年三月、四月号）のマフノの弁にあるように、いわゆる知識人の「社会学」的饒舌につくづく愛想をつかしていたということもあろう。

しかし、八木秋子の〈科学〉評価の第一のゆえんは、彼女の精神のかたちにある。もちろん彼女のいう科学は、国家や資本に飼われた専門家によるものではなく、名もない民衆一人一人の創造性と協同の結果としてのものであり、民衆の生活に直接資するものである。しかし、ツェッペリン号にミリタリズムの臭いや「資本の威力の競争の現れ」を感じつつも、手放しの感激を味わうのは、〈科学する心〉が〈真理探求の心〉である点において、人間の限界を突破する創造性の点において、彼女の屹立する精神が共鳴するからだ。ましてそれが、発生以来、地をはって生き死にをくり返してきた人類の、大空への飛翔に向けられるとあれば、八木秋子の精神は、手放しでともに天翔ってしまうのである。

*

八木秋子の精神のかたちを、その著作集によってたどれるのは一九三二年（昭和七年）のはじめまでである。しかも発表されているものでみる限り、一九三〇年の前半で彼女の旺盛な著作活動はプッツリ途絶えた感がある。『八木秋子著作集Ⅰ』には三一年はじめに発表されたものとして「薪の火を焚く」（『黒色戦線』）や「満州新国家建設とは」（『農村青年』）があるが、ともにアナキズム運動内の雑誌に発表されたものであり、とくに後者は、無署名の檄文の如きものである。少部数とはいえ『女人芸術』という一般ジャーナリズムに毎号のように筆をとっていた八木秋子の、この突然の沈黙は何故なのか。

また、一九三〇年三月、「強権否定！　男性清算！　女性新生！」を掲げて高群逸枝らとともに発刊した『婦人戦線』にも三号までしか書いていないのはどうしたわけなのか。後年八木秋子は、それを次のように説明している。

「なぜわたしが『婦人戦線』にあまり書かなかったのか、いろいろ考えてみたのですが、あのころわたしは『女人芸術』誌上でアナ・ボル論争をつづけながらそれと同時にアナキズム運動として農村運動をしていたんです。それは『農村青年社運動』っていうんですが、長谷川時雨さん（『女人芸術』の主宰者――引用者注）の了解を得て――彼女はあのころ、アナキズム運動にずい分力を入れてくれていたと思います。そうでなければ、わたしが、あれほど信州へいったり茨城へいったり大阪方面へ行って同志をたずねて連絡や協議をしにゆく、あんな緊張した自由な行動はとれなかったと思います。何しろ潜行するのだから。

農村青年社運動は、既存のアナキストによるテロリズムを否定するわけではないが、そのためにも新しいコンミュンを農村に作り、自主と自給のコンミュンの連帯を拡げることによって、農村の同志がアナキズム革命運動とともに起ち上る、というのがわたしたちの主張だった。運動の目標をそこにしぼった。この主張がすっかり自連（自由連合）や黒連（黒色青年連盟）をおこらせてしまったし、わたしたちのほうはわたしたちで、あの人たちのことを存在アナキストだとか観念アナキストだとか悪口をいったものですけれど、すっかり対立しちゃって。

――そういういきさつがあったために、わたしは農青の人たちから横やりが出て、あなたは『婦人戦線』なんかに書く必要がないというような意見が出たんじゃなかったか、と思っています。そのうちに、わたしは農青運動で逮捕された、一度、二度――」（座談会『婦人戦線』同人のころ」『高群この説明は、間にやや不自然な形で、農村青年社運動についての長い解説があるために、『婦人戦線』になぜ書かなかったかの説明としてはわかりやすいものではない。それだけに八木秋子の、農村青年社運動についてぜひとも語っておきたいという熱意がうかがえるのだが、とにかく、アナキスト達の間に対立があって、彼女の仲間のアナキストたち〈農青の人たち〉から『婦人戦線』への寄稿を批判された結果、筆を絶ったと秋子は説明している。そして当時をふり返って、そういった仲間のアナキストたちを「考え方がせまい」と批判している。

そのころのアナキスト達の雰囲気や対立の様相についてはよくはわからないのだが、凋落を意識するが故にいっそう思想の純粋を謳い、いたずらに否定を重ね合うという傾向があったのではなかろうか。とくに〈純正無政府主義〉を掲げる人々は、直接的な反権力行動ではない日常的な労働運動や文化活動を、革命運動の本筋ではないとして激しく非難したと聞く。彼女の仲間の「農青の人たち」もそうであったのだろう。

しかし、たとえ仲間の「農青の人たち」がそうであったとしても、書くという行為の中に自己を噴出させ、またそのことによっていっそうその屹立する精神をたしかなものにしつつあった八木秋子が、そのために筆を絶ったとは思えない。やはり、彼女自身の主体的な選択としてもあったのだろう。

八木秋子の精神のかたちは、執筆活動によって自己を表現するよりも、まず自己の内実を生きようとする。書くことに限らず自己表現の欲求は、往々にして悪魔を呼び出してしまうものだが、悪魔を道づれにしても自己表現を追求するには、彼女の精神はあまりに〈神〉に向けられていた。

後年の八木秋子は、生きることと書くこと（必ずしも発表を前提にしない）を、彼女の意識の中で和解させた、というよりももっと積極的に、書くこと即生きること、とするようになったと思われるのだが、当時、大恐慌に喘ぐ都市や農村のありようは、机の前に坐って文章をものする生活を、民衆に対する裏切りと意識させただろう。とくに故郷長野県の惨状は、いても立ってもいられない思いに彼女を駆り立てたろうと思う。それにアナ・ボル論争を経て、不毛なことばのやりとりにうんざりし、レーニンならずとも、革命を語るよりは、革命を生きる方が……と思ったにちがいない。

八木秋子は、いかに革命を生きたか。

『資料・農村青年社運動史』によれば、農村青年社運動発足の経緯は次のように記されている。


「昭和六年二月十二日、星野・宮崎・鈴木が目白文化村の八木の家にあつまって、『結局その日の協議はアナキズム革命を目的として、農村を中心に、アナキズム思想を啓蒙し、農民に自給自足、自治協同を現実生活に反映せしめつつ、将来、協同社会たる自由コンミュンを建設するために行動することに一決し、その後、同月二十日頃、社名を農村青年社と決定、機関誌を〈農村青年〉とすることなどを決定した』」（『　』内はメンバー鈴木靖之の陳述の引用）

ここに見られるように農青運動（農村青年社運動）の開始は一九三一年二月であり、「アナ・ボル論争をつづけながら」という先の座談会での発言は八木秋子の記憶ちがいである。彼女が筆を絶った三〇年前半から農青運動で地方行脚をするようになる三一年はじめまでの間、八木秋子は全く〈文化運動〉を忌避していたわけではなくて、実はアナキスト達による「解放劇場」に重要な役で出演している。アメリカのサッコ、バンゼッティ事件に主題をとった「ボストン」の知事夫人役である。脚本・演出を担当したアナキスト文学者飯田豊二に頼みこまれて、「最初はいやいやだったけど、そのうち面白くなってしまって……」といま八木秋子は笑っていう。

私は、芝居をすることに、彼女がどんな「面白さ」を発見したのか大いに興味がある――つまり、つねに自分自身であり、あくまで主体的な人間として世界を見てきた八木秋子が、はじめて肉体を含めてまるごと他者である自分、見られる存在としての自分自身にどんな思いを抱いたのか大いに興味がある――のだが、ここでそれに立ち入る余裕はない。

先に引いた『資料・農村青年社運動史』にかえれば――ここで宮崎とあるのは、当時、八木秋子の愛人であり、同居者であった宮崎晃である。秋子と宮崎の出会いについては、「農村青年社事件」を報ずる号外を総合すると、大正末期、社会的関心を深めていた秋子が、大新聞社（『東京日日新聞』）の記者でありながら直接労働者との交流を求める中でアナキスト宮崎と出会い、お互いの生きる姿勢に共通するものを見出したということらしい。

新聞によっては「昭和三年結婚」とも書かれているが、「結婚」はともかく、一九二八年（昭和三年）以後の彼女の文章が、それ以前のものに較べて、格段にたしかな姿勢をうかがわせるものになっているのは、あるいはそのころ、宮崎との共同生活に入り、そこに自己の位置を見出し得たせいかもしれない。〈アナキスト・八木秋子〉の成長に宮崎が力をかしたことは秋子自身が認めているし、「柿をもってきた父」（『女人芸術』一九二八年一二月号）、「黙る」（同、一九二九年四月号）等の創作の中には、宮崎とその家族が登場している。

それはともかく、一九三一年二月以後、八木秋子は、彼女自身のことばによれば「長い傍観者の立場から行動へとふみ切って」（『あるはなく』4号）、農村青年社の有力な一員として、農民に直接アナキズム革命を呼びかけることになる。農青運動が目指したものや運動の中で彼女が担った役割については、先に引いたものでそのおおよそはうかがい知れよう。

結局農村青年社は、三二年九月に解散したが、同年の一月から四月にかけて、秋子を含めて在京のメンバーはほとんど逮捕されているので、実際に活動した期間は一年足らずである。しかしこの短期間の活動の中で秋子が得たものは大きい。

このときはじめて、彼女は、農村の実態に触れると同時に農民の実像に目を開いたのではなかったか。信州出身とはいえ、秋子自身は農民の出ではない。郡役所書記の父の薄給では子沢山の家計は苦しかったが、口減らしを兼ねて娘を女工に出す貧農の家庭とはおのずからちがうものがあった。少女時代の秋子は、クリスチャンの姉たちの間で、ひたすら己の内を見つめて過ごしている。

農村と農民を知らない点では、農青社の他のメンバーも秋子と大同小異、いやもっとひどかったにちがいない。だからこそ、自給自足のコンミュン建設を農民に呼びかけ得たのだともいえる。宮崎晃が、農青運動の基礎文献ともいうべき『農民に訴ふ』で、肥料を買うな、桑をやめて米を作れと農民に呼びかけたとき、彼が化学肥料をいっさい使わない農業の大変さや、折角育てた桑を切り倒す農民の心情、桑畑を水田に仕立て直す苦労を、充分に知っていたとは思えない。また、農民の卑小さと偉大さを、実像として認識していたとは思えない。
秋子は、農村を歩いてみてはじめて、そのことに気がついたのではないか。三一年九月に書かれた詩「薪の火を焚く」には次のような一節がある。

だがあなたは想像するだろうか
農民をしばる因習と伝統の力と貪欲と
奴隷観念のさびついた鉄のくさりが
どれほど太く重たく固いかを
そしてあなたは知るだろうか
村に激しい労働で生きる少数の同志達が
圧制者の鋭い刃と眼のひかりの下に
鎖を断ち切れとうち鳴らす鐘のひびきを
理論や叫喚でなく事実の建設のために
生命をかけた闘いの決意とすがたを

半年あまりの農村行脚で、秋子が充分に農村の実態を認識しえたとは思えないが、少なくとも、農民として生きつつ「圧制者」と闘っている農村の「少数の同志達」と、徒食を合理化しつつ「理論や叫喚」にあけくれる都会のアナキストの差は明らかに見えたにちがいない。のち、農青社事件の刑期を終えた秋子が満州に行ったのは、この時の開眼が大きく関わっている。農業に生きたことがないものが農民に革命を語るなどおこがましい。一人の農婦となって満州の土に生きたい――これはかなり危険な発想ともいえるが、八木秋子が自己否定の末に選びとったものとしては納得できるものである。

しかしだからといって、農青運動が目指したものまで彼女は否定したのではなかった。屹立する八木秋子の精神が描く〈自由の社会〉像として、それはいまも脈々と彼女の中に生きている。そしてだからこそ、自分たちの運動に関わる姿勢を否定したのであった。

＊

秋子たちは、必ずしも勝利の確信を抱いて農青運動に入ったのではなかった。ファシズムに向けて急旋回する一九三一年（昭和六年）という時期、まさに秋子のいうように、知識人における「プロレタリア感情の行進曲」は「足早に素通り」する兆を見せはじめていたし、民衆は困窮の極にあって疲労の色を濃くしていた。だから彼女たちは、運動の敗北と投獄の危険は充分覚悟していたはずだが、それにしても実際のそれは、思いがけない無様なかたちで訪れたのだった。

秋子の一度めの逮捕は三二年四月、罪名は「贓物牙保（ぞうぶつがほ）」――平ったくいえば、盗品の処分である。活動資金に窮した同志たちは、それまでに何度か窃盗行為を重ねており、その盗品を秋子が質入れしていたのであった。最初彼女は、それと知らずに質屋通いをしていたのであったが、ハッと気づいたときはもう遅かった。

この窃盗事件で、宮崎はじめ在京のメンバーはほとんど逮捕され、東京の活動は停止した。そして逮捕を免れていた主要メンバーの一人から、農青運動の農村偏重主義を自己批判する解散声明が出されたのである。農青社の呼びかけに応じて、農村では今も困難な闘いが続けられているというのに――。一人先に出獄した秋子は、それを知って切歯扼腕したが、運動を再建することはできなかった。

そして三年以上も経った三五年の暮れ、八木秋子は再び逮捕される。今度は「一府十二県にまたがる大暴動計画の首魁」としてである。このとき、全国で三百人以上が検挙され、三十余名が起訴処分をうけた。これがいわゆる「農青社事件」である。秋子たちの活動の実態は、農民に自立を呼びかける啓蒙運動であったのに、しかもとっくに解体しているのに、この時期になってこれほどの逮捕者を出した背景には、地方検事の功名心とともに、体制に批判的などんな小さな意志をも徹底的に叩きつぶそうという権力の意向が働いている。そして、事件をいやが上にもセンセーショナルなものにするには、ただ一人の女である秋子の存在は、かっこうの材料であったろう。

したがって農青運動の中での秋子の役割は、極端なフレームアップをうけた。秋子のこれまでの経歴と年齢（起訴されたものの中で最年長）、毅然たる態度等々が相まって、彼女を指導者と目させたのかもしれない。

しかし実際は、自宅に同志が集まるときは、彼女はただ一人の女ということで食事の支度や見張り役に追われ、協議の場に参加していないことも往々にしてあった。宮崎や他の同志たちも、それを当然のこととしていたのだ。

三二年の窃盗事件のとき、一足先に逮捕された宮崎から、秋子のもとにこんな便りが届いた。「わが暗き半生に、至上の内助者たりしおまえに熱き涙とともに感謝のことばをおくる」（傍点引用者）

三十二歳の男が、生活をともにした三十七歳の女にこんな便りを送るところに、宮崎の人がらと秋子との関係がうかがえるが、それと同時に、宮崎には八木秋子が、「至上の内助者」と意識されていたことがわかる。

公判の席上、宮崎はじめ同志たちは、過剰な役割のでっち上げによる過剰な罰から秋子を救おうと、必死の努力をしている。とくに宮崎は、最終陳述に立って次のようにいう。

「秋子を運動にひきずりこみ、再び獄につなぐようなことになったのは自分の責任である。もし彼女が同意するならば、自分の正統な妻として彼女を救い、共々に後半生を人間らしく過したい――」

（『信濃毎日新聞』一九三七年三月一三日）

このとき、八木秋子の〈屹立する精神〉に火が点じられた――と私は思う。それまで秋子は、彼女自身必ずしも批判がなかったわけではない運動の首謀者にでっち上げられて、精神的に疲れきっていただろう。権力のフレームアップに向き合ったとき、ひとがとる態度には二つある。あくまで権力の欺瞞を暴き罪を軽くしようとするのが一つ、もう一つは仮構をそのままにして重罪を背負い、そのことによって自己を意義づけようとする――これは〈革命家〉にときに見られる態度である。

しかし秋子には、罪を軽くするために権力の欺瞞を暴くことに何の熱意も感じられなかったし、かといって、権力の仮構をかりて己の存在を意義づける自己欺瞞と英雄主義は、彼女の最も忌むところであった。

したがって一回めの陳述での秋子は、知らないものは知らない、やらないことはやらない、信じようと信じまいとどうぞご勝手に、という態度である。

しかし宮崎のこの発言を聞いてからはちがった。秋子の屹立する精神はめらめらと燃え上がる。宮崎のあと、最終陳述に立った秋子は言う。

「農青社解散以来、平和な家庭を営んでいた人々を、このいまわしい法廷に引きずり出した責任は私にもある。宮崎は私に責任を感じて救ってくれるといったが私はそんなことは考えていない。一緒になって、宮崎の後半生を束縛したくはない――」（同三月一四日）

主体的であるということは主観的であることではない。主観においてはいかに善意に満ちた行為であっても、他者に害を与えたならそれを認め、責任を引き受ける。また、たとえ知らないでやったことであっても、いやいややらされたことであっても、自分の行為は行為としてその責任を引き受けることであろう。

――これが主体的人間のなすべきことであろう。

八木秋子が屹立するゆえんは、彼女がつねに迷わずたじろがず生きたということではない。悩み苦しみ、迷いたじろぎ、しかし最後の土壇場において、つねに自己を、あくまで主体的人間として立たしめるところに八木秋子の真価はある。このときまさに八木秋子は、主体的人間として屹立し、それによって宮崎の〈男意識〉と権力の欺瞞を痛撃したのであった。

「この罪を清算した暁には私自身にさえ訣別してプロレタリヤの一女性に還る決心をもっている」

――このとき八木秋子はこうもいった。そして彼女はその後の四十年を、そのことば通りに生きたのだった。

さて――、最初に、おこがましくも私は、八木秋子の屹立する精神に対して傾倒と反発があると書いた。傾倒のゆえんは以上の通りである。反発は――あえていえば、八木秋子は、精神においてあまりに屹立しているという点にある。八木秋子の意識の中では、おそらく精神と肉体は画然と分かたれている。そしておそらく、肉体はつねに精神の支配下にあるものであり、またあるべきものである。肉体が圧倒的な力で精神を席巻することを、ありうることとは認めても、自分のこととしてはけっして許せないだろう。

この場合肉体というのは、肉体そのものだけでなく、肉体を維持するに必要なもろもろのことも含む。毎日食わねばならず、排泄せねばならない肉体を維持するための雑々として何の変哲もない日常生活を、他人の分まで背負って地をはう者たちに、八木秋子はつねに暖かい眼を注いでいるが、しかしけっしてそれを生きようとはしなかった。肉体は地をはう者たちとともにあっても、彼女の精神は、つねにそこから屹立していた。一九二二年（大正一〇年）、二十六歳の八木秋子が夫と子どもを置いて家を出たとき、彼女はそのことを、自分の生きる姿勢として選びとったのではなかったか。

最近相京範昭氏によって出されている『八木秋子通信・あるはなく』4号には、父親との対話（それはまさに〈神との対話〉である）のかたちで、自分の生の軌跡についての感慨が記されている。私はそれが、彼女が敬愛してやまない父親とではなく、母親――貧乏が口惜しくて心を冷たく閉ざし、すぐヒステリーを起こしたという母親――との対話で記されたならば、という思いを拭えない。地をはう肉体からけっして精神だけを飛翔させ得ないものたちの心の内奥に分け入って、対話を成立させたならば――。

これは、いま八十三歳の八木秋子にけっして無理な注文ではなく、彼女はすでに、老人ホームの

「死にいたる一条路を正確に、無駄なく、歩みつづける最終訓練の日を送りつつ」（『近代の〈負〉を背負う女』あとがき）そのことを考えつづけているように、思われてならない。

北斎の「鵜図」にかえっていえば、私はいま、山頂に立つ八木秋子の精神の行方を、地の底から息をひそめてみつめている。

（一九七八年八月）

（付記）

「八木さんが亡くなりました」——相京範昭氏からこの電話をもらったのは、一九八三年五月初めだった。息を引きとったのは、四月三〇日の午前零時を一、二分過ぎたときだったという。「さすが八木さん、天皇誕生日なんかに死んでたまるかとがんばったんですね」と相京氏は言っていた。相京氏はいま、八木秋子をめぐるさまざまな人の声を集めて『パシナ』を刊行している。

（一九八六年九月）

長谷川テル
矛盾を生きぬいたエスペランティスト

ほんとうによく似ている――。

わたしは眼の前の女性の顔をまじまじと見つめた。もう少し頬を下ぶくれにして眼元を鋭くすれば、写真でみる長谷川テルにそっくりだ。

劉暁蘭。一九四六年生まれ。日中戦争直前に中国に渡り、日本の侵略戦争に抗して闘ったエスペランティスト長谷川テルと、中国人男性劉仁のあいだの長女。彼女が生まれて一年後テルは亡くなり、父劉仁もテルのあとを追うように一か月後死亡したので、暁蘭は、中国革命烈士の子女のための施設で育てられた。彼女が母テルの人となりやその活動について知ったのは、三十歳をすぎてからである。

その暁蘭はいま、母の国日本で、かつて母が学び放校された奈良女子大学に聴講生として籍を置いている。母の国のことばと文化、ひとびとの生活を知るために日本の文学と歴史を学ぶのだという。

幼いころから、孤独のうちに本に親しみ、ドストエフスキーやトルストイを読みふけったという暁蘭は、日本に来てからむさぼるように日本の小説を読んでいる。わたしが訪ねたときは、手当り次第図書館から借り出したうちの一冊、石坂洋次郎の『若い人』を読んでいた。そして、

「日本の文学は、なんだか……、小さいですね」

と笑って言う。

たしかに石坂洋次郎とドストエフスキーをくらべるのは、そもそも無理だ。それにしても、ドストエフスキーやトルストイに匹敵する日本の作家はだれだろう？　あわてて考えてみたが思いつかず、わたしは野上弥生子の『迷路』をすすめてみた。母テルが日本を脱出したころ、日本のインテリたちがどんな状況にあったのか、雰囲気がつかめるのではないかと思ったからだ。

今度来るときお持ちしましょう——などと言いながら、そのままになっている。

じつはわたしは、劉暁蘭の澄んだ眼がこわい。かつて母を「売国奴」とののしり、父と彼女の祖国中国を侵略した日本。そして戦後、暁蘭のような日中混血はもちろん、両親とも日本人の子どもたちをも中国社会に育てさせ、ひたすら経済大国への道を突走ってきた日本。その一員であるわたし——。母テルに似てするどい感性をもった暁蘭の眼に、いまの日本や日本人は、どう映っているのだろうか。

四十余年前の一九四五年九月七日、日本降伏の喜びにわく中国にあって、長谷川テルは日本の今後に危惧を表明している。

「わたしが特に中国人民に向かって申し述べたいのは、日本ファシストは根底において、中日戦争の失敗を認めていないことである。見よ、八月十五日の天皇の詔勅、鈴木内閣の布告文、これらは近々四年間の『大東亜戦争』だけを取り上げているではないか。かれらは八年来中国人民に加えた大きな血債を抹殺しているのだ」(「緑川英子に関する回想」『みどりの五月』)

そしてこうした日本ファシスト＝支配者のもとで、依然として黙りこくったままの「日本人民」にほとばしるようないらだちをぶつけている。残念ながら、戦後の日本の軌跡は、このテルの危惧が必ずしも杞憂ではなかったことを示しているようだ。

一九三七年日本をあとにしたテルの胸には、当時黙りこまされていく一方の日本人に対する絶望があったろう。五十年後のいま、その娘劉暁蘭は、希望を抱いて日本に別れを告げることができるだろうか。

*

長谷川テル。中国名緑川英子。エスペラント名ヴェルダ・マーヨ(みどりの五月)。

この名はわたしにとって、〈希望の星〉だった。

十余年前、十五年戦争下の〈銃後の女〉の姿をもとめて、わたしは国会図書館に通いつめていた。しかし資料をあさればあさるほど、わたしの気持はしずむ一方だった。これまで尊敬していた女流作家、婦人運動家たちの戦中の発言を見るたびに、「○○よ、お前もか」と、シーザーのごとき嘆きをくり返していたからだ。

そんなとき、長谷川テルに出会った。テルが一九四一年中国で刊行した『嵐のなかのささやき』の翻訳(高杉一郎訳、新評論社、一九五四年)でだったと思う。

「この戦争に中国が勝利することは、たんに中国民族の勝利を意味するだけでなく、日本を含むすべての極東の被圧迫民族の勝利を意味するのです。それは全アジア、そして全人類の明日への鍵です」

このテルの、日本のエスペランティストへの手紙が、日中戦争のさなか、一九三七年九月に書かれたことを知ったとき、わたしは目を見はった。

「おのぞみとあれば、どうぞわたしを裏切ものと呼んで下さって結構です。わたしはすこしもおそれません。むしろわたしは他民族の国土を侵略するばかりか、なんの罪もない無力な難民のうえに、この世の地獄をもたらして平然としている人びとと、おなじ民族であることを恥かしくおもいます。ほんとうの愛国主義は、人類の進歩とけっして対立するものではありません。もしそうでなければ、それは愛国主義ではなく、排外主義なのです」

テルがこう書いたとき、日本国内では「暴支膺懲（ぼうしようちょう）」のかけ声のもとに、まさに排外主義の嵐が吹き荒れていた。

テルが上海に着いて二か月余りのちの七月七日、盧溝橋において火をふいた日中両軍の衝突は、八月中旬ついに全面戦争に発展し、日本軍による上海上陸作戦が開始された。上海は連日、日本軍の猛爆撃にさらされていたのだ。

そして日本国内では、国民精神総動員運動が開始され、それまでかろうじて〈反戦〉の姿勢を保っていた市川房枝ら婦人運動家たちも、九月末には、婦人団体連盟を結成して戦争協力に急傾斜する。そして三か月後の一二月には、南京陥落を祝っての提灯行列に、国を挙げてわき返ることになる。そこにわが〈皇軍〉によっていかなる残虐行為が行なわれたかなど知る由もなく――。

このあと、日本国内の挙国一致的侵略体制は固められ、敗戦までの八年間、公刊されているもののなかに戦争批判の文字を見出すことは、まずない。

それだけに、テルの発言は衝撃だった。当時日本人のなかに、これほどつよい反戦の意志表示をした人がいたのか！　しかも女性のなかに――。

これに対しては、中国人と結婚して中国にいたからこそできたのだ――という反論があるだろう。しかし当時、テルのような思いで中国人と結婚し、中国に渡った日本人が他に何人いたろうか。

中国に渡る日本人はたくさんいた。女も数多くいた。そして中国人と結婚する日本女性もけっこう多かった。

一九三一年の「満州事変」勃発後、「満州」（中国東北部）には二三万の日本人がいたが、その約半数一一万余は女だった。翌年、日本のカイライ国家「満州国」が成立すると、この数は急激に膨張する。同時に「満州」に限らず中国大陸全域への日本女性の進出が活発化する。

彼女たちの「進出」は、日本の侵略拡大にともなって、「日本人」の特権を利用してのものだった。個々の女についてみれば、それぞれに事情をかかえており、日本社会にはじき出されてやむなく進出した女たちも多かった。しかしそれでも彼女たちは、「日本人」だった。

それに対してテルは、そうした「日本人」を否定し、日本の侵略を阻止するためにこそ中国に渡ったのだった。劉仁との結婚も、たんに男と女としてではなく、そうした闘いの同志としてのそれでもあった。

また二人の日本脱出は、それ自体が闘いでもあったのだ。当時日本から中国に行くにはパスポートもビザもいらなかった（そのこと自体当時の日中関係を象徴している）が、日本の警察は在日中国人、とくに反日意識のつよい東北部からの留学生には監視の眼を光らせていた。テルにもまた、すでに左翼活動のかどによる逮捕歴がある。

劉仁の仲間の中国人留学生の援助によって、二人はべつべつに、いちばん安全だとされるカナダ航路のクィーン号で上海に向かう。テルが横浜を出航したのは、一九三七年四月一五日だった。

二人の脱出を助けた中国人エスペランティスト葉君健は、二人が無事上海に到着したことを知ったときの喜びを次のように書いている。


「わたしたちは重荷をおろしたようにホッとしただけでなく、日本の秘密警察と軍国主義に打撃を与えたように感じた」（「緑川英子に関する回想」『みどりの五月』）

しかし日本脱出に成功したからといって、テルがただちに中国社会に受け入れられたわけではない。テル自身がどう否定していようとも、中国の人々にとっては、テルはやっぱり「日本人」だ。人々の上に火の雨を降らせている日本の一員だ。

日本軍の猛爆下、テルは煮えたぎる心をおさえて上海の租界に身をひそめていたが、一一月下旬、ついに日本占領下に入った上海を逃れ、難民の群れにまじって、南へ向かう。しかし彼女は、ただ戦火に追われて逃げたのではなかった。戦う中国の人びととともにありたいという熱い願いにつき動かされて、抗日運動の中心漢口へ行こうとしたのだ。

しかし、上海から香港、香港から広東という長い船旅の途中、中国難民の群れの中にあって、彼女は自分が彼らの上に血の雨を降らせた侵略者の一員であることを身にしみて感じないわけにはいかない。

マライ生まれの華僑の娘というのがテルの触れこみだ。したがって中国語を話せない。しかしもし、彼女が日本人であることが知れたら……。彼女の胸の中の中国の人びとに対する熱い想いは、これら日本軍のために家族を殺され家を焼かれたひとびとの心には、けっして届くことはないだろう。そしてひとびとの日本人に対する憎悪は、日本人を妻に持つ劉仁をも容赦しはしないだろう。テルにはそのことがよくわかる。そして、無理もないと思う。しかしやはり孤独と不安に満ちた苦しい旅であった。

「三百の難民の苦悩と涙、不安と希望をのせて船は南へ南へとすべっていく。船の両側に黒と白の飛沫をとばせながら。

朝がすぎてひるになる。しかしなにひとつかわったことはない。おなじことのくりかえしである。

どの時間も二倍のながさに、いや数倍のながさにさえ感じられる」（『嵐のなかのささやき』）

丸窓が一つだけしかない船底の船室は、昼間電灯をつけても薄暗く、息苦しい。その上、荒れ狂う波が直接窓にたたきつける。それ以上にテルを苦しめたのは、中国人ばかりの同室者のあいだで感じる孤独だった。

「学生たちがレコードをかけている。中国古典劇のなかの金属的な歌声がわたしの耳にするどくつきささる。穴蔵のくらい部屋のなかには煙草の煙がたちこめて、息づまるようであり、吐き気をもよおしそうである。（略）レコードの奇怪な音の連続がわたしには理解できない言葉といっしょになって、あるいは高くあるいは低く軋ったり、カチカチ言ったりする。誰れもかれも、劉仁までが、ときどきあれこれと賞めたり批評したりしながら楽しんで聴いている。わたしは孤独感におそわれる。わたしだけが仲間はずれである」（『嵐のなかのささやき』）

この不安と孤独の中で、夫劉仁さえも遠い存在になってしまう。

私さえいなければ、劉仁はもっと自由でいられるのだ——。そう思うと、よけいに孤独はつのる。その屈折した思いは、同国人の学生たちと楽しげに音楽を聞いている劉仁にむかって爆発する。そんなテルに劉仁は怒って言う。

「病臥中のあまやかされた娘が、自分と健康な恋人とのあいだにある距離について不平をいうようなものだよ」

たぶんテルは、この難民船のなかではじめて、中国と日本、中国人劉仁と日本人である自分との間のどうしようもない裂け目を実感したのだろう。テルと劉仁は日本で出会い、エスペラントという国際語の運動を通じて愛し合うようになった。二人のあいだにはエスペラントという共通語があり、それで二人は、じゅうぶんに意思を通じ合い、愛をたしかめ合うことができた。同国人のなかには見出しえなかった〈同志〉を劉仁のなかに見出したからこそ、テルは祖国を捨て、はるばる海を渡って来たのだった。

しかしやっぱり、劉仁は中国人であり、テルは日本人だ。テルにとっては頭痛と吐気を催させるだけの「奇怪な音の連続」が、劉仁にとっては快い「音楽」であるということ、これはテルが、どのように頭で否定しようとも、劉仁とはちがった文化的土壌に育った日本人だということだ。

当り前だ。二十余年間べつべつの国に生まれ育った男女には、それぞれべつの国の〈文化〉が刻印されている。しかしこの当り前のことは、日本での運動グループにおける同志としての短い逢瀬や、上海での二人だけの生活では見えなかった。しかしこの難民船での中国人との雑居生活は、否応なしにそれを突きつける。これはテルにとってつらいことだった。

劉仁との口論のあと、テルは寝しずまった船室を脱け出して甲板に上ってゆく。月も星もない真っ暗やみに、波だけが白い歯をむきだしてテルを脅かす。

しかし彼女は、やっぱり負けはしない。エンジンの音と波音を聞きながら、なぜだか「かるい笑いがわたしのお腹のなかをころがってゆく」。そして再び、劉仁のまだ怒っている、しかし不安そうな顔とむき合ったテルは、もはや「病臥中のあまやかされた娘」ではない。自らのひきさかれた立場を、避けることなくわが手にしっかかと引き受ける覚悟を、お腹の中をころがる笑いとともにあらためて全身にみなぎらせていただろう。

テルの真価はここにある。そしてテルと劉仁が、またとない同志として、愛し合う夫婦として生涯を共にし、「日中友好のかけ橋」となることができたのは、そのためだ。つまり〈他者〉を他者として認めること、他者と自分との間の裂け目を直視すること——。真の同志愛、真の夫婦愛、また真の「日中友好」＝国際連帯は、まずそこからしかはじまらない。〈愛〉の名において裂け目に眼をふさぎ、ア・プリオリに〈一体化〉を前提することは、互いの抑圧につながる。たぶんテルは、荒れ狂う波をみながら、「お腹のなかをころがるかるい笑い」とともにあらためてそれがわかったのだ。

それはまた、引き裂かれた自分の立場を直視することでもある。テルは、日本人にして中国人、侵略者にして被侵略者、愛国主義者にして国際主義者という、一見矛盾に満ちた自分の立場を、しっかりと見据え、その矛盾を積極的に生きようとする。

その矛盾は、当時中国人と結婚していた日本人のだれにもあった。しかしテルのように、積極的にその矛盾を生きたものはいない。中国人の妻となっていた日本女性の大部分は、日本人として帰国するか、あるいは中立都市香港に避難してひたすら戦争の終るのを待っていた。テルは、「あの同胞のひとりにはなるまいと心に誓った」。

また日本人妻のあるものは、「中国人の妻だから中国人として」対日放送に従事する。テルもまた、一九三八年九月、ようやく辿りついた闘う中国の中心漢口で、国民党中央宣伝部国際宣伝処対日科の一員として抗日放送に従事する。しかしテルは「中国人の妻だから中国人として」ではなく、あくまでも日本人として、しかも闘う中国の一員として日本軍兵士に戦いをやめるよう呼びかけたのだ。

その年一一月一一日、日本の『都新聞』に、「嬌声売国奴の正体はこれ」と、テルだけが憎々しげに書きたてられたのはそのためだろう。この記事によって、日本のテルの家族は苦境に追いこまれ、父は東京市の職を辞している。

こうしたテルの姿勢は、国際主義を標榜するエスペランティストなら当然、とひとはいうだろうか。しかし当時何人のエスペランティストが、思想においても行動においても、国際主義者であり、かつ愛国主義者でありえただろうか。ある者はサロンの中だけの国際主義者となり、ある者は愛国主義者として侵略戦争のお先棒をかついだ。ベトナム戦争に抗議して焼身自殺を遂げた由比忠之進でさえ、当時「満州」の地にあって、「紀元二千六百年」記念行事にもっとも積極的に呼応したというではないか（田中貞美「満州エスペラント運動史」——『反体制エスペラント運動史』三二四頁より）。

また、「エスペラントをもって中国解放のために」の旗を高くかかげる中国エスペランティストのあいだにいたからだ、というひとがいるかもしれない。しかしテルが中国エスペランティストのうちにあり得たのは、日本における自覚的な選択と、中国に渡ってから追放・幽閉をものともせずに追い求めた結果である。

なんとか闘う中国の中心漢口へ行こうと苦しい船旅を続けたテルたちは、広東で動きがとれなくなる。金もなく手づるもない敵国人の女づれがどうやって漢口へ行けばいいのか——。援助を求めて二人は、日本から帰国したばかりの郭沫若を訪ねる。

郭、Uという中国人官吏、それから劉仁、日本人を妻にもつこの三人の男が一堂に会して会話はとどこおりがちだった。劉仁からそれまでのいきさつを聞き終った郭沫若は、

「悲劇だね」

とただひとこと。

ことばを失って郭のもとを辞した劉仁は、帰りみち言った。

「悲劇だって? いやぼくたちにとってはそれは悲劇ではない」

このことばはテル自身のものでもあったろう。自らの意志でこの「悲劇」を選びとったテルにとって、悲劇は、字義通りの悲劇ではなかったはずだ。

こののちテルは、日本軍によって傷つき、飢え、野良犬のようにさまよいつつ、なおかつ民族の誇りを失わない中国の人びとと、「隣国の抑圧された民族を討ちに出かけ、いたずらに自分自身がたおれていく」祖国日本の人びとの双方を、しっかりと見すえつつ自らの行動を選びとってゆく。

*

小柄でぽっちゃり太り、やさしい声をしたテルのうちにあるこの強さはどこから来るのか。

テルの父は群馬県出身、苦学して東京市の技師となった人である。郷里を出たのは、自ら捨てたか、またははみ出さざるを得なかったのか。とにかく、山梨県の名勝猿橋の近くでダム工事に従事していた一九一二年(大正元年)、長女ユキにつづいてテルが生まれた。男の子を欲しがっていた父は、この次女の誕生に大いにがっかりしたという。

小学校時代のテルは、父の転任につれて何度か転校をくり返したが、一九二三年、東京府立第三高女（現・駒場高校）に入学する。彼女は無口でとっつきが悪く、そのくせ負けず嫌いで、何かにつけて権威をふりまわす父に対しては、反抗的な娘であった。

東京の府立第三高女を出ると、両親には何の相談もなく奈良女高師に進んだ。東京女子大にも合格したが、親元を離れたいという気持が強かったのだろう。しかし奈良での学生生活は、テルにはなじめなかったようだ。昭和の一ケタ時代、世はすでに暗黒にむかっていた。学校の中にも「思想善導」と称する厳しいしめつけがはじまっていた。この中でテルは、孤独と倦怠と憂愁にのたうっている。

「学校に行くのがいやでしょうがない。クラスの人の顔をみていると、自分が腐ってしまいそうな気がするの。キリキリと首をしめてやりたい。自分の頭でも他人のでも。カルモチンを百五十粒のんで、旅の宿で生きかえったクラスの人のことをおもったら、死にたくもなります。この頭の労働をなげうって、なにか、はつらつとした運動に飛びこみたくもなるけど、出来そうにもないし、勇気もないし……」（一九三一年四月）

「現代の物質文明の生み出したユウウツ、インテリ階級の、ことに若人のもつ世紀末的なアンニユイ……それを切りぬける劇薬はどこにあるかって——ある人はあの都会の刺激のありそうな刹那的な享楽に没頭し、ある人は健全らしいスポーツに身も心も任せきっているでしょうし、ただれるような肉の生活に入ったとて、あなたが満足するはずもなし、さりとて結局は幻滅なものであることを忘れ去ることのできる理想主義的分子の濃厚な人には、左翼の実際運動に入ることを進（ママ）めてもいいけれど、そうなるにはあまりにあなたは冷却している蒼白いインテリになりすぎてるし……どうしたってしょうもないでしょうよ。おそらく死ぬのもいやだったら、済度の方法は皆無です。ただ死ぬお手伝いならいつでもして差上げます……心ってものが決してムキ出シにならないものでしょうけれども、いつもどんなところまで行っても幕は除かれないでしょうし、自分自身にすら他人のような気がするし、都会も憂うつ、田園も憂うつ、生活することに疲れたあとのニヒリスチックな感情、まっくら闇のなかに目を見開いて何かを探し出そうとしている」（三二年三月）（利根光一『テルの生涯』より）

テルがこんな手紙を友人に書き送っていたころ、世の中には労働争議や小作争議等、昭和恐慌によって追いつめられた人々の徒手空拳の起ち上がりがあった。そしてインテリたちは、激烈なことばで〈革命〉を呼びかけていた。その一方、三S・三ロ時代、つまり、スポーツ・セックス・スクリーンの三つのSにうつつをぬかす若者がおり、エロ・グロ・テロの三つのロが世をさわがせていた。

三二年三月のテルの手紙の最後は、こうである。

「万万万一、好意がおありでしたら、ピストル一挺ご持参の上、わたしの胸をプスンとうって下さい」

五・一五事件が起こったのは、この二か月足らず後のことであった。

孤独、倦怠、憂愁――それ自体は青春にありがちなことではある。しかし、この青春の苦悩にまともにぶつかり、それにつき合いきるものは少ない。たいていの若ものは、この苦悩から逃れるべく、あるものはスポーツや肉欲に生命の燃焼を求め、あるものは神の前にひざまずき、あるものは左翼運動にとびこむことで己れの存在を確認しようとする。苦悩そのものに居直ることでそれを超越しようとするものもある。しかしテルはそのいずれでもなかった。

この青春の苦悩にまともにつき合い、もがきあがいたあげく、やがてテルは自らの力で何かをつかんだようだ。この年の六月に書かれた姉への手紙には、次のような一節が見える。

「このごろ、自分では物の見方が前よりも、ずっとずっと中庸的になったと思うんです。少女らしい浪漫チシズムも脱却して、あらゆるものを第三者的に批判的に見得る眼――しかも場合に応じて熱情を発し得る自信もじゅうぶんあります」

あらゆるものを第三者的に批判的に見得る目をもち、しかも場合に応じて熱情を発し得る自信もじゅうぶんある、とは、何ともしたたかな自恃のことばではないか。

テルが関西のエスペランティストや労農組合に連絡をとり、社会的な関心をみせはじめたのはこのころからである。

しかしようやく芽生えたテルの積極的姿勢は、たちまちたたきつぶされる。八月末の関西左翼団体一斉検挙のあおりを受けて、九月はじめ、級友の長戸恭とともに逮捕拘留。テルは起訴を免れたが、奈良女高師は「アカ学生」として二人を放校処分にした。

再び東京に帰ったテルは、「不名誉」なことをしでかした娘として家族にもて余されつつ、黙々とエスペラントとの関わりを深めていく。

なぜテルはエスペラントを選んだのか。これについてテル自身は、何も語っていない。ひとが何かに入ってゆくきっかけは、ほんのささいな偶然による場合も多い。テルについていえば、たまたま姉がエスペラントを習っていたということが大きいだろう。しかしその偶然を自らの選択とするかどうかには、その人間の総体が関わってくる。「いまの社会に満足できないと同時に、いわゆる左翼運動者の態度に不満を感じている」というテルのことばは、彼女がエスペラントを自らの存在をかけるものとして選んだことと無縁ではあるまい。

国家や民族や階級やに一元的に同化することを肯んじないテルの醒めた感覚は、それらをすべて包むものとして、「人類」「国際」語の運動に、ようやく自らを見出したのではないか。しかしもちろん、蒸溜水のような「人類」や「国際」に何の意味もないことをテルはよく知っていた。だからこそ彼女は、もっとも階級的であり、かつもっとも民族主義的であった中国の闘うひとびとととともにあることを選んだのではないか。

テルが中国に渡ったのは、もちろん中国人留学生劉仁を愛して結婚したからにちがいないのだが、この二人の結びつきには、たんなる男女の愛をこえた二人の主体的な意志の働きが感じられる。

二人の結婚式は家族にも友人にも全く知らせず、二人で健康診断を受け、記念写真を撮っただけという。何ともクールな結婚式ではないか。健康診断を受けて結婚式にかえるなどはあまりに「科学的」すぎて、いささか鼻白む思いもする。

しかし、クールであることは必ずしも愛情の浅さを意味しない。テルの自伝ともいえる『闘う中国にて』の中に、また小文をまとめた『嵐のなかのささやき』に付された劉仁のまえがきの文章に、お互いに対する深い愛情が抑えた筆致の中ににじみでている。

たぶん長谷川テルは、ことばの最良の意味における「近代人」だったのだ。姉ユキが少女時代のテルを評して言った「反抗的で強情な娘」の姿は、当時、圧倒的に社会が要求する「素直でおとなしい娘」に対して、自らの「近代的自我」を必死に守ろうとする防衛の姿だったのだろう。「自我」を守りぬくことによって、はじめて「他者」もみえてくる。真の「近代人」とは、一元的に「近代的自我」に固執するのではなく、それに対立する「他者」の存在を認め、その裂け目にたじろがないつよい精神を不可欠のものとする。

そうした精神を確立しないまま、戦時下日本は、「大和魂」による「近代の超克」を呼号したのだった。「近代」を経由しない「近代の超克」が、いかに無残な結果をもたらしたかは、すでに歴史が証明している。

「近代人」長谷川テルは、こうした「近代の超克」が日本社会をおおう直前日本を脱出し、海の彼方からそれに対する警鐘を鳴らしつづけた。結果的にみれば、テルの警鐘は当時の日本民衆には届かなかった。しかし、あんな時代においてもそうした日本人が存在したということ――しかも女性のなかに――を知ることは、人間の可能性について希望を抱かせる。

その希望は、一方では、自分の怠惰を時代状況のせいにしてはいけないという叱咤の声でもある。

4章 銃後のくらし

わがあこがれの顛末

にわとりを飼いはじめて、そろそろ四年になる。たかだか十羽程度だが、せせこましい新興住宅地のことゆえ、近所迷惑な話である。

なぜこんな物好きをはじめたかといえば、じつはこれが山川菊栄の影響なのだ。戦時下のあの思想統制厳しい時代、湘南の農村に移り住んでうずら飼いをしつつ、『わが住む村』、『武家の女性』を書いた山川に、私はずっと青くさいあこがれを抱いていたのだ。私にとって山川は、あの時期、時代に迎合することもっとも少なく生きた人、であり、それを可能にしたのがうずら飼いであった。

しかし、私のあこがれはしりすぼみに終った。私には過疎の村に移り住んで大規模養鶏をはじめる度胸も条件もなく、結局、隣近所に気兼ねしつつ、いっこうに玉子を産まないトリたちにムダ飯を食われている。

それでも、山川のうずら飼いの大変さは少しは実感できたかと思う。十羽のにわとりでも大変なのに、山川は、千羽以上の、しかもうずらである。茶色の羽がもこもこしたうずらは、ペット屋の店先で見ているかぎりはかわいいものだが、たくさん飼うとなるとたいへんである。ケンカもはげしくて、鳴きたてながら互いに頭の毛をつっつき合ったりする。いつだったか、十羽ほどくれるという人がいたが、そのギャーギャー鳴きたてるのにへきえきして、断わったことがある。

そのうずらを、千羽以上も世話した上に、物乞いのようにあしらわれながら山川は玉子を売り歩き、掛け金の回収にも歩いたという。言い出しっぺである夫・均の指導協力はもちろんあったろうが、その均が人民戦線事件で検挙されてのちは、ほとんど一人でやっていたのではないか。

それ以上に気になるのは、東京に生れ育ち、すぐれて合理的な生活感覚の持主である山川の、村での暮しである。彼女が移り住んだ村は、江戸時代以来、一人のヨソ者も入ったことがないという。まして、均の検挙事件等もあり、アカ・山川家をみる村人の眼があたたかいものであったとは思われない。

そのあたりについては、山川はなにも語っていない。『わが住む村』等をみても、村人をみる山川の眼は、あくまで冷静な観察者のそれである。そして、けっして冷たくはない。因襲から抜け切れない暮しのあり方や、食糧不足をいいことに調子づく農民の姿を記すときも、その口調は淡々として、しかもユーモアにみちている。

農民に対してだけではない。おびただしい女性論のたぐいをみても、山川が、大衆の女たちを冷たく批判している文章を私はついぞ見かけたことがない。それは、いわゆる「有閑夫人」に対しても同様である。

一九四〇年夏あたりから、「ぜいたくマダム」「買溜夫人」に対する批判が高まったが、これに対して山川は、こうした女たちに目くじらを立てる前に、男たちによるもっと大きなムダや不正を追及すべきことをいい、女の社会的視野を狭める教育のあり方を問題にする。同じころ、宮本百合子が、「ぜいたく夫人」をことば激しく非難しているのにくらべ、山川の発言のおだやかさが印象に残った。

しかし、非大衆の女に対しては、山川の口調は一転して辛辣をきわめる。とくに、国民精神総動員運動への協力をうたって市川房枝らが結成した婦人団体連盟の活動家たちに対しては手厳しい。「精動のチンドン屋、旅費稼ぎの講演屋という悪口が言われている」、「中には政府との協力を気負って、もはやただの女、ただの人民ではなくなったかの様に鼻息の荒いのもあるとかで……」「……という悪口が言われている」「……とかで」というように、例によって慎重な言いまわしながら、これはキツいことばである。十年ほど前、一九三九年の『東京朝日新聞』のコラムでこの批判を目にしたとき、まこと私は溜飲の下がる思いをしたものだが、言われた側にとっては、こんなイヤな女はないだろう。

山川の皮肉に満ちた辛辣な口調は、もちろん権力者である男たちや政府に対しても向けられている。一九三九年秋から深刻化した米不足に抜本的な手をうとうとしない政府に対して、「大変だ大変だとおどかしたり、ナニ大丈夫だ、あわてるなと気休めをいったり、国民を迷わせるひまに、万一に備えて、早く必需品の切符制度でも実行して……」などと、『読売新聞』紙上で言っているが、こうしたズケズケした物言いは、山川の他には見当らない。文筆だけを生活の基盤にしないものの強みであろうか。

それやこれやで、山川のうずら飼いに対する私のあこがれはかきたてられたわけだが、しかし考えてみれば、山川がいくら皮肉をとばしてみたところで、当然のことながら、戦時体制は小揺ぎもみせはしない。それどころか、政府の不手際や政策の不備を舌鋒するどく衝けばつくほど、かえって戦時体制強化に資する結果になっている場合も少なくない。

さきに引いた『読売』の記事も、その一つである。ここで山川は、「必需品の切符制度でも実行して……」といっているが、これは、そのあとはじまった砂糖・マッチの切符制や食糧・衣料等の全面的配給統制を、かなり早い段階で促すものであった。配給統制の実施によって、民衆は暮しの根底から国家につなぎとめられたのであったから、この山川の発言は、私は肯定するわけにはいかない。

あの山川にしてなぜ？　と思う。みえすぎるほど視える眼をもって、時代の先を見通していた山川に、配給統制の実施が民衆に何をもたらすかわからなかったはずはなかろうに――。

この時期、山川の〈先を見る眼〉を曇らせたものは、同性の女たちが追いこまれている状況に対する怒りではなかったか、という気がする。

米不足ときけば、家族に食わせるために、闇買いや買溜に東奔西走し、その結果、「買溜マダム」などとレッテルをはられ、政府の無策の責任を転嫁される女たち。あるいは、政府のかけ声のままに、けなげに代用食や代用品に工夫をこらす女たち。

この女たちに、最低の生活必需品を保障し、国家や社会に眼をひらかせるためには、台所を国家に直結させる配給統制が望ましい――。こう山川は、考えたのではあるまいか。

女をおとしめる構造に対する山川の怒りには、私は素直に共感できる。そこには、女としての山川自身の生身の怒りがある。しかし配給統制についていえば、山川の意図とはうらはらに、女たちの国家に対する客観的な眼をひらくよりは、暮しの根底から国家への従属を生んだ。

この山川の誤算の原因は、つまりは山川が、女ではあっても、大衆ではなかったからではないか。大衆の女たちとはまるきり切れた地点に立っている山川には、彼女らの抱く国家観は、理解にあまるものだった。大衆の女たちの多くにとって、国家とは所与のもの、地震がこようが嵐が吹こうが、ひたすら耐えるしかない自然現象のごときものであったから——。

やはり山川は、〈選ばれたるもの〉である。大衆の愚かさに批判の刃を向けることがないのは、つまりは山川が、大衆ではないからであろう。彼女にとって、いうならば大衆は、つねに指導・教育さるべき〈愚民〉である。愚民のおろかさを批判したってはじまらない。問題は、それをどう指導し、どう教育するか、である。

大衆ではないからこそ、大衆のうごめく大都会を早々と見捨て、しかも、因襲にみちたムラ社会の圧力に押しつぶされることなく、〈時代〉に超然と生き得たのであろうと思う。

だとすれば、大衆である私が、どれほどあこがれてみたところでどうなるものでもない。逆立ちしたって、真似できることではない。わがあこがれのしりすぼみの真因は、どうやらこんなところにあったようである。

台所と国家
統制経済が女たちにもたらしたもの

子どものころ、私は兄に対してなにかにつけ劣等感を持っていた。しかし一つだけ、自慢できることがあった。虫歯がないこと、これである。はれ上がった頬を押えて痛がる兄に、私はよく、ヒーンと歯をむき出していやがらせをしたものだ。

そんなとき母は、私をたしなめるでもなく、ひとり言のように言った。

「兄さんのときはまだよかったけど、あんたの小さいときは、甘いもんなんてなにもなかったからね……」

兄は「支那事変」がはじまる前年の一九三六年(昭和一一年)生れ、私は一九四〇年(昭和一五年)生れ。私の生れた年は、「紀元二千六百年」で国中がわき、したがって私の名前も「紀」の字がつけられたと聞いていたが、しかし一方では、子どもにお菓子の一つも食べさせられない状況が進行していたらしい。

年表をくってみると、私が生れる一カ月半前に、六大都市では砂糖は配給制になり、私が生れた直後にはお菓子の統制がはじまっている。虫歯のない私の幸福は、虫歯にもなれない不幸でもあったことを知る。
「満州事変」から九年目、日中全面戦争四年目、そして太平洋戦争一年前のこの年、戦争は、民衆の日常生活のなかに一段とそのかげを濃くしたようにみえる。なぜそうだったのか。またどのようにして、戦争は人々の日常をおおっていったのか。女たちは、それにどう対応したのか。

日中戦争の長期化と国内経済の逼迫

一九四〇年元旦の新聞は、各紙こぞって「皇紀二千六百年」の幕開けを寿ぎ、「国運の隆昌」と「皇室の繁栄」をものものしいことばで謳いあげているが、一方では、ますます厳しくなる生活に対処する覚悟を女たちに呼びかけている。

「明けゆく紀元二千六百年の春。まず栄光日本の国民に生れたわれわれを心から喜びましょう。とともに、紛糾錯雑せる国際場裡にあって、聖戦下、東亜の新秩序建設に邁進する国家と運命を共にするわれわれの責務と覚悟の重大さを意識せずにいられません。

一家の主婦として、日本の女性として、われわれは昭和第十五年の年をどう過すべきか」

元旦の『東京朝日新聞』（以下『東朝』と略）家庭欄は、こう女たちに問いかけた上で、伍堂商工大臣、青木大蔵大臣を登場させ、十回シリーズを組んでいる。この中で両大臣は、平井恒子、金子（山高）しげりを聞き手に、日本の厳しい経済状態を語り、「家庭人としての覚悟」を要求している。

伍堂商相はまず、目下の日本の最大の課題である「事変処理」(日中戦争の解決)について、その「意味を特に家庭方面に徹底させる必要があると思います」と語る。

「事変処理ということは、所謂東亜の新秩序建設の基礎を確立するということにあります。(略)世界の如何なる国の歴史においても我が国が今日の事変の如く、極めて大規模な戦争と、それから同時に極めて大規模な建設を行った例はないのでありまして、これは非常な特殊な性質を持っていると思います」

つまり、日本が行なっている中国に対する侵略戦争は、「東亜新秩序建設」の基礎工事であり、世界に例をみない貴い大事業なのだ、というのである。

「東亜新秩序建設」、「長期建設」――これらのことばは、一九三八年一一月の近衛首相の「東亜新秩序」声明に端を発しており、泥沼の長期戦を覚悟せざるを得なくなった段階で、初期の「暴支膺懲」にかわってかかげられたスローガンである。開戦以来日本は、強大な兵力を集中して南京(三七年一二月)、徐州(三八年五月)、武漢三鎮(同一〇月)と、中国の要都を次々と陥入れたが、重慶に退いて広大な空間を武器に持久戦をかまえる中国に対して、退くもならず進むもならず、点と線を維持するのに精いっぱいという状況に追いこまれている。

「東亜新秩序」声明は、この状況打開のための苦肉の策であったが、これによって日本の侵略を内外に正当化すると同時に、中国の力量を見くびってしゃにむに戦線拡大した戦争指導の誤りを、国民に糊塗する意味もあったろう。近衛首相は、自らの責任を棚上げして、「おもうに東亜における新秩序の建設は、わが肇国の精神に淵源し、これを完成するは、現代日本国民に課せられたる光栄ある責務なり。（略）万難を排して斯業の達成に邁進せざるべからず」と、民衆を叱咤した（三八年一一月三日）。伍堂商相の発言も、そのパターンにある。

その「東亜新秩序建設」の目玉が、中国国民党副主席汪兆銘を擁しての親日政権樹立である。これは、四〇年三月末、南京に「新中央政府」として実現するが、中国民衆の支持を得ないカイライ政権をつくったところで、問題は解決するわけではない。伍堂商相の発言のなかには、そのあたりの見通しが、わりに正直に語られている。

「世上往々にして中央政権というものが出来れば、そこで戦争も一段落ついて、従って経済上の圧迫も緩和されるというように見ているものがあるが、これは非常に大きな誤りであります」。なぜならば「広大なる占拠地域の治安を維持するため、また戦争そのものも終熄するのには相当時間がかかるだろうと思うが、それに対して必要な軍需品の量というものは決して少くなるとは思われない。それに加うるに占拠地域における彼等国民の生活上の必需品というのは彼等が自給自足し得ないものがあり、現に円ブロックへの輸出は非常な勢いで増しつつあります。

新支那の国民生活は過去の悲惨な生活よりも良くしてやらなければ、治安の効果は上らないわけであります。

それには矢張り彼等自身が生産し得るまでの間は、日本が自身の苦痛を犠牲にしても彼等を救ってやらなければならぬ、即ち宣撫工作のために我々国民生活用の物質が益々輸出されなければならぬということになるわけであります」

傲慢このうえない発言ではあるが、他国の土地と民衆を占領支配する側の経済責任者の苦悩も明らかにみてとれる。この苦悩を解決する道は、なにはともあれ、広大な占領地域から「皇軍」を引あげることでしかなかったが、もちろんそうはならない。

伍堂商相は、だからこそ「苦痛を忍べ」と「家庭人としての覚悟」を女たちに呼びかけ、青木蔵相は、「国家の独立、国家の安定がなくして国民生活の安全も幸福も絶対にない」という認識のもとに、「我々がこの有難い日本国体を中心として、あらゆる方面において、この光輝ある国家のために命を捨てよう、自分達の個人の生活、個人の利害を超越して国家の発展・国家の強化ということにお互全部が協力しなければならぬということに目覚めて貰いたいと思う」と、女たちを叱咤した。

原朗の「戦時統制経済の開始」(『岩波講座日本史20』所収)によれば、一九三九年度の財政支出の総額は一四三億六四〇〇万、うち軍事費は、臨時費を含めると六八億六六〇〇万円で、全体の四八%。四〇年度は、これが一気に八三億七三〇〇万円にはね上り、それにともなって、財政規模も一七九億四二〇〇万円と急膨張している。これに対して、日中戦争開始以前、三六年度の軍事費は一一億余円であったから、八倍近くにも軍事費が増加したわけだ。

増大する軍事費は、増税、強制貯蓄、国債割当て等のかたちで民衆から吸い上げられる。四〇年度は大幅な税制改革が行なわれ、日中戦争開始前一人当り約二〇円であった税金が、七〇円にもはね上がっている。前年施行された九・一八ストップ令（三九年九月一八日の水準に、物価や賃金を凍結するというもの）によって、賃金上昇を押えられた上でのこの大増税であるから、民衆、とくにサラリーマンの暮しは、厳しい〈冬の時代〉を迎えることになった。

しかし、それ以上に問題なのは物不足だった。日本のような資源小国が、壮大な物の浪費である戦争をはじめたのだから、当然である。日中戦争開始以来、軍需物資の確保のために強力な経済統制が加えられたが、それはまず貿易統制から始まり、物資統制、価格統制に及んでゆく。貿易統制によって、輸入はそのほとんどが軍需資材で占められ、国内の物資も軍需用に動員される。したがって、民衆の暮しに必要な消費物資は、輸入制限による原料不足の上に製造制限を受け、物不足が深刻化する。日中戦争開始以来、木綿が姿を消し、女たちは、洗えばゴワゴワ、三日ですり切れるというスフなる繊維に悩まされつづけているが、四〇年になると、生理用の脱脂綿もない、という状況になっている。

物不足は、価格の高騰を生む。開戦以来、物価はジリジリと上昇し、三九年、九・一八ストップ令で価格統制を行なったにもかかわらず、四〇年の小売物価指数は、開戦前の二倍近くになっている。「工業生産の動向も（略）すでに三九年をピークとして四〇年には減少に転じており、速断はできぬがほぼこのころ日本の戦時経済は縮小再生産過程に移行しつつあったとみられる」（原前掲論文）。

にもかかわらず日本は、この年九月、北部インドシナに兵を進め、さらに戦線を拡大した。いわゆる援蔣ルート（蔣介石に対する英・仏等の援助物資のルート）遮断がその目的であったが、春以来のドイツの破竹の進撃によって、英仏等の東南アジア植民地の守りが手薄になったのを機会に、資源供給地として支配下におさめようというねらいもあった。その直後、日独伊三国同盟締結。これらにより、日本と米・英との対立は、決定的なものとなる。

したがって民衆の暮しは、「紀元二千六百年」のお祭り騒ぎの一方で、ますます緊縮の度を加えていく。年頭の新聞で、女たちに「家庭人の覚悟」を呼びかけた伍堂、青木両大臣は、一月一四日の阿部内閣総辞職で経済政策責任者の地位を降りたが、そのあと成立した米内(よない)内閣、近衛内閣のもとで断行された経済政策は、女たちの台所を直接国家の統制下におくことになった。

米不足から食糧統制へ

「オールスフ時代に入って、被服費の暴騰に悩まされても、食糧だけは大丈夫といわれて安心していると、寝耳に水の食料、燃料不足、闇の取引の横行となった。九・一八の釘づけ令は収入を押えて物価を押えず、煙草、炭、米と矢継ぎ早の値上が続いた。もとより戦時中、不自由は覚悟の上でも、だしぬけに食物がなくなったりしてはあわてずにはいられない」

山川菊栄は『読売新聞』(三九年一二月一四日)に皮肉っぽくこんなことを書いているが、三九年一一月ごろから米や炭が店頭から消えた。食糧とエネルギーという、まさに生存の基本に関わるものだけに、これまでの物不足とはちがった底深い不安が広がった。買溜やヤミ取引が横行し、それがまた、品不足と価格の高騰をもたらす。三九年九月、一石三八円と決められた米の公定価格は、二か月後には四三円と改められている。米騒動後の一九二〇年(大正九年)以来の高値である。

米不足の原因

なぜこの時期、これほどの米不足が起ったのか。さきにひいた年頭の『東京朝日』で、伍堂商相は次のように言う。

「米でも最低限度は確かにあります。それは数字で判っております。それが矢張り売惜しみ、買溜や闇取引の為に偏在することになります。自分の家だけは生活の様式を変えたくないというところから買溜をすることになります。皆必需品に関する限りは家庭の心構えが悪いのではないでしょうか」(『東朝』四〇年一月四日 傍点引用者)

米不足の原因は、売り惜しみや買溜にある、「家庭の心構え」の問題だというのだ。たしかに買溜やヤミは多かった。しかし、それは結果であって原因ではない。

農林省米穀局配給課長片柳真吉は、四〇年度(三九年一一月~四〇年一〇月の米穀年度)米不足の原因として、次の四点をあげる。(片柳『食糧配給統制の実情に就いて』一九四一年)

第一の原因は、旱害による朝鮮米の減収にある。例年朝鮮では、およそ二五〇〇万石の米を生産し、うち一〇〇〇万石を内地、主として関西地方に移出していた。その結果朝鮮で不足する分は、満州から安い雑穀を入れてまかなっていたのである。ところが三九年秋の収穫は、旱害の影響で一四三五万石。約一〇〇〇万石の減収で、とても内地へ出す余裕はない。

第二に、繰越米の減少である。例年、六～八〇〇〇万石の前年度からの繰越米があったが、四〇年度は、軍需用の増大で四〇〇〇万石しかない。

第三は、農民の売り惜しみである。三九年は繭や雑穀が高値だったので、農民の懐はあたたかい。米を現金化する必要に迫られていないので、米不足が騒がれれば騒がれるほど、先行の高値を見越して売惜しみする。

第四に、消費増大。軍需用だけでなく「事変」以来の好景気で、一般に国民の米への需要がふえている。

しかし農業経済学者守田志郎は、朝鮮米移入減について、片柳とはちがった見解を出している。

たしかに、四〇年度についていえば、三九年の旱害による影響が大きい。しかし根本的な問題は、三九年をさかいに、日本の朝鮮米に対する政策が転換したことである。すなわち、これまで米価を低く押えるために一〇〇〇万石前後移入されていた朝鮮米に対して、三九年、大幅な移入制限が開始された。三八年には一〇一五万石であった移入朝鮮米が、三九年には五六九万石と半減し、四〇年度は旱害のため四〇万石、四一年三三一万、四二年五二四万と、敗戦まで低いままに推移しているのはそのためである。

(守田『米の百年』一九六八年)

なぜか。守田はこれを、朝鮮を兵站基地とする日本の大陸侵略にともなって、朝鮮や中国大陸に進出した三〇〇万近い日本人の米需要にふり向けるため、とみる。「およそ昭和十四年以降、育成された日本イネの産地としての朝鮮は、低米価政策の挺子から、あらかじめ用意された満支侵略の兵站へと役がわりさせられるのである」。

この守田の見解にしたがえば、三九年秋ごろから表面化した米不足は、たんに天災による一時的なものではなく、侵略拡大に伴う構造的な問題である。四一年以降、ますます深刻化する食糧事情をみるとき、守田の説の正しさが肯かれる。

米不足の真の原因は、侵略戦争そのもののなかに内在していた。朝鮮米の問題だけでなく、食糧不足をもたらす労働力不足や肥料不足も、そのもとは戦争である。「家庭の心構えが悪い」などと、女たちが叱咤される筋合は、まったくなかったのである。

米不足対策のあれこれ

しかし当時の女たちのほとんどは、そんなことは知らない。女たちだけではない。当時、ほとんどの日本人は、米不足は旱害のため、天災であると思いこまされて、あるいはけなげに節米につとめ、あるいは、ひそかにヤミや買溜にはしった。

米不足対策として、政府がうちだした政策は、まず外米輸入である。米騒動の一九一九年（大正八年）以来、二二年ぶりのことという。片柳配給課長によれば、四〇年度は、タイ、ラングーン、サイゴン等から約八〇〇万石の米を輸入している。これではとても不足分はまかなえないが、軍需資材輸入のための貴重な外貨を、そうそう国民に食いつぶさせるわけにはいかない。

東南アジアの米は、ポロポロしていて日本人の口に合わないので、内地米、台湾からの糯米（もち米）を混ぜて売り出したが、この混合率が猫の目のように変わり、女たちをとまどわせたらしい。東京では、三月から外米七割の混合率で売り出されたが、六月中旬までに十回近く混合率がかわっている。とくに六月に入ってからはひどかった。

「最低払下げられる帝都の飯米は糯米、外米、蓬莱米（台湾米―引用者注）の混入率が殆ど毎日のように変り、従って市民は公定値の転変と釜の水加減に聊戸迷っている」（『東朝』六月一九日）

どう混合率をかえようと、やっぱり外米入りごはんはまずかったらしい。これに目をつけた商魂たくましい企業家が、外米をおいしくする調味料を売出したところ、これが大売れ。しかしこの夢の調味料、じつはただの石粉（磨き砂）だったというので、インチキ商法として摘発されている。

生産県信州でも、六月一〇日から、二割の外米混合がはじまった。

米不足対策のもう一つは、節米である。その方法は片柳の前掲書によれば三つある。

まず、米の搗精制限。米は精白せずに七分づきとする。これによって、一二〇万石の米が節約できるという。

つぎに、酒の醸造制限。例年酒の原料として約四〇〇万石の米を使っていたが、四〇年度は一五二万石減の二四八万石にする。

その結果、水割り酒が登場したり、さまざまな焼酎が発明されたり、アルコールをめぐる悲喜劇が各地でおこっている。昼間から酒などとんでもない、ということになったが、一一月一〇日から一五日までは、「紀元二千六百年」奉祝のため昼酒解禁。しかしかんじんの酒が品切れで、「一般家庭での祝盃は望み薄」(『東朝』一一月六日)。

もう一つの節米方法は、代用食・混食奨励である。直接女たちに大きな影響を与えたのはこれである。

四〇年四月、これまでの精動(国民精神総動員)連盟は、政府に直属する精動本部に改組されたが、その初仕事は、節米運動の推進であった。一般家庭では、混食・代用食によって一割以上、食堂、旅館等では二割以上、という節米目標をかかげ、二〇班の「戦時食糧報国運動推進班」を全国に派遣して節米を呼びかけた。

代用食としては、麦を原料とするパン、めん類が中心であり、長野県の農村でも、蒸パンの作り方といった講習会がたびたび開かれている。しかし農村では、もともと白米のごはんなどめったに食べたことはない、なにをいまさら、という声も多い。

混食は、麦、あるいは大豆や野菜の炊きこみごはんである。長野県飯田市では、ある食堂の主人が、七月一日の興亜奉公日に「戦時代用食」として焼そばと焼飯を売り出したところ大好評。うちの店でも、という食堂経営者たちの声にこたえ、その作り方を同業者たちにコーチしている(『信濃毎日新聞』以下『信毎』と略 七月二三日)。現在、大衆食堂のもっともポピュラーなメニューである焼そば、炒飯の普及のきっかけは、どうやら「戦時代用食」にあるらしい。

しかし、代用食をせよ、といっても、かんじんの材料がない、高い、といった声も多い。米の端境期である七月ごろから、麦、そば、野菜が暴騰。これでは、節米はできても生活費が膨張して、一方でヤイヤイ言われる貯金励行や公債消化がおぼつかないと、松本市の三婦人団体が歩調をそろえて対

策を陳情している。(『信毎』七月二七日)

そして八月一日。東京の飲食店、デパートの食堂等から、お米のごはんが姿を消した。京都、大阪、兵庫、和歌山、滋賀ではすでに実施されていたが、「戦時下食糧確保の重要性から……帝都でも米食に絶縁状を叩きつけることとなった」(『東朝』七月一四日)

そのためだろうか、デパートの食堂で「鰻どん」を注文したところ、うどんの上に鰻がのったものが出てきた。「鰻どん」の「どん」とは丼のことではなくて「鰻うどん」の略だったか、としばし考えこんだという話を、高田保が書いている。(『文藝春秋』四〇年九月号)

長野県の旅館や飲食店も、避暑客を迎えててんやわんやである。上小県郡の別所、田沢、沓掛、新鹿沢といった温泉は、いずれも東京、大阪からの避暑客で超満員。目的はどうも避暑ではなく、「美味しい信州米を食いに来るのだ」という声しきり。(『信毎』八月二日)

こうした節米運動が、実際どれほどの効果をあげたのかは、よくわからない。実際の効果よりも、女たちの意識を「生活の戦時体制化」に向けさせる精神的な効果の力が大きかったのではあるまいか。少なくとも、「代用食」ということばが一般化したのは、この節米運動の結果であった。

強制買上げから配給へ

米不足の原因の一つは、農民の売り惜しみにある——。この認識のもとに、一九四〇年三月末、政府は米穀応急措置改正法を成立させ、米と麦を農民から強制的に買上げることを決定した。米は一二〇〇万石、大麦二〇〇万石、小麦三〇〇万石、裸麦一五〇万石の買上げが予定された。

生産県を中心に買上げ量を割当て、その実行は地方長官にまかされた。五月一一日の地方長官会議で、五月中に二五万石の割当てを受けた長野県では、五月いっぱい農民に対する強力な働きかけを展開している。強制買上げされる米は「奉公米」と名づけられたが、いかにも当時らしい呼び方ではある。目標はほぼ達成したが、自家保有米が不足したという農民の不満も出ている。(『信毎』六月二日)

こうして集められた米は、どうするか。ここに、米の配給統制という問題がクローズアップされてくる。

八月二〇日。「臨時配給統制規則」が公布された(実施は九月一〇日から)。これについて、ふたたび片柳配給課長のことばを聞こう。

「従来のような無統制な形において米を流して行きますと、結局一部で買溜されたり、或は一部には米が行き亘らぬということになりますので、どうしても米の集荷配給を統制しなければならぬという必要があります。その意味で出来ましたのが、ついこの間公布を見ました臨時米穀配給規則であります。之に依りますれば、米の集荷、配給のルートが容易に決まって参りますから、この道を通じて米を流すようにして、それから政府が買上げて行けば、買入も容易に実行出来、又消費者に向かっても米が不公正なく、円滑にかつ消費規正の線に応じて流し得る。こういう訳であります」(片柳　前提書)

つまり、米の集荷、配給という流通過程を国家が統制することによって、公平に、円滑に、米を配給でき、しかも消費量をも規制できるというわけである。この法律は、強制買上げした米についてだけでなく、四〇年秋の新米にも適用されることになっており、一時的な米不足対策ではない性格をもっていた。

守田はこの臨時米穀配給規制の制定を、日本の米政策の大きな転換であるという。これまでも、米穀法、米穀統制法といった米に対する統制法規はあった。しかしそれらは、いずれも米価政策、つまり価格統制を主眼とするものであった。それに対して「臨時米穀配給統制規則は、価格統制というより、流通統制の色あいをつよく示すものとなったのである」。三九年秋あたりからの米不足、米の値上りは、「もはや米価問題ではなく食糧問題であり、米価調節政策ではなくて食糧政策が戦争遂行のために求められてきた」からである。

その結果生産者からの米の集荷は、原則として市町村長会の統制下におかれ、配給は米穀商統制団体―小売商―消費者というルートが定められる。

ここではじまった米の流通統制は、さらに一歩を進めて、一〇月には「米穀管理規則」が閣議決定される。「ここでいよいよ米の全流通量に対する国家管理方式が明確になる。第一に、生産された米のうち、自家保有米を除くすべてを国家管理のもとにおいて供出する。(略)第二に、市町村長会を通じての管理米の割当て制が示されている。また、自家保有米の標準化も行なわれている」(守田前掲書)

生産者の自家保有米の標準化と同時に、消費者に対しても消費量の標準化が行なわれる。この時期、年齢、性別、労働量別の必要カロリー量がさかんに研究されているのはそのためである。その結果、翌四一年四月から、六大都市では、一一歳〜六〇歳の男女は一人一日二合三勺（三三〇グラム）が配給されることになった。

切符制の開始

もちろん配給制には、民衆にとっての利点もある。一九四〇年六月から、六大都市では、米に先がけて切符制による砂糖、マッチの配給が実施されたが、これは当初は、おおむね好評をもって迎えられている。

「砂糖とマッチが切符制になり、マッチはすでに配給を受けた。私たちの中にもこれでやっと目鼻がついた、というような安心がある。これまで伝手（つて）を求めてでなければ物が手に入らないような状態で買溜も出来ず、伝手もなく、それかと言って一歩すすみたくてもそこは闇だ、というような中で、これらの一般の主婦たちは頼りない気持でいた。（略）

一般の主婦たちは、たとえ不充分での分量であろうと、続けて与えられるということで満足している。ここには非常に素直な、謙虚な生活者の気持がある。買溜の心理にある傲慢さと比べると、何と小さな家庭の主婦たちの素直な、つつましさであろう」（窪川（佐多）稲子「切符制と期待」『続・女性の言葉』一九四二年所収）

切符制施行直後、佐多稲子はこう書いている。たしかにそうだったろうと思う。砂糖は一人一か月〇・六斤（三六〇グラム）、マッチは一日に五本、とまことにささやかな量ではあっても、「生活必需品の一定量の配給を保障」し、「地位、身分、貧富の差等無視し、一視同仁に之を均等に割当てる」（深見義一『切符制度の理論と実際』一九四一年）という切符制は、金持の買漁りやヤミによって被害を受けていた民衆にとっては、大きな魅力であったろう。山川菊栄も、「大変だ大変だとおどかしたり、ナニ大丈夫だ、あわてるなと気休めをいったり、国民を迷わせるひまに、万一に備えて早く必需品の切符制でも実行して、需給の公正をはかること」と、いささかヤケッパチ気味ながら、切符制の実施を要求していた。（『読売』三九年一二月一四日）

しかし、理念はともかくとして、実行となるとさまざまな問題が起こっている。

まず第一に、繁雑である。切符とは、「砂糖、マッチ共に一ケ月分を一枚の紙に印刷され、注文票A、B、二枚と購買票一枚が各々一組になって切り取られるようになっており、特に〝もう買溜する必要はありません〟と記入されている。砂糖購買票の様式は、まず購買票の肩書きの下に何月分と消費月を明かにした後、世帯主の住所、氏名、家族数、購入先の店を書き入れる形式になって最後に取扱区役所を印刷したもの」（『東朝』五月一九日）

この切符の交付を受けたら五日以内に、注文票二枚に記入して配給店に届け、購買票に記名捺印してもらう。そして月二回の配給日に、この購買票をもって配給をとりに行くのである。七月からは、注文票はなくなったが、記入もれ等がいっぱい出ているところをみると、女たちは、この見慣れぬ紙切れに、かなりとまどわされたらしい。

それ以上に問題だったのは、切符の配布に関してである。従来からある町会、隣組を使って各家庭に配布したのだが、これらに加入していない人に対する配布をめぐって、トラブルが続出した。もちろん、「アパート住い、間借りの自炊者は、町会、隣組へ加入するせぬに拘らず、購買票の交付を受ける権利がある」（『東朝』六月五日）のだが、実際は、町会費を払っていないから切符は渡せぬ、とか、切符と引換えに町会加入を強要することもあったらしい。

警視庁経済保安課長永野俊雄は、町会、隣組を通じての「自治的な切符制は暫定的な取扱いで、ゆくゆくは法的な、国家的切符制になってゆくものです」（同六月六日）と、あくまで、町会、隣組を通じての交付は暫定的なものとしているが、結果は逆に、九月に隣組を全国的に整備して国家機関の末端に位置づけ、配給業務一切を請負わせることになる。四〇年秋以降の急速な隣組の整備は、このことぬきには考えられない。隣組に加入しなければ、生活必需品が手に入らないとなれば、否も応もないからである。

六月に六大都市で始まった砂糖、マッチの切符制は、徐々に各地にも広がり、長野県では、八月一日から長野市や周辺町村で一人一か月〇・五斤の砂糖の配給がはじまった。これらは、各地方自治体による「自治的切符制」であったが、一〇月一五日、砂糖、マッチの配給統制規則が施行され、国家の制度として確立した。

それにともなって、切符制は、砂糖、マッチ以外の生活必需品にも及んでいく。四〇年一〇月末現在、内務省経済保安課が、生活必需品十五品目について、切符制実施市町村を調査したところ、全国一万一一七九市町村中、砂糖は九二％の市町村で実施、米―四三％、地下タビ―四二％、ゴム靴・運動靴二三％、脱脂綿二三％、マッチ一六％、木炭一三％……となっている。砂糖は四〇年末までに、ほぼ全国で配給制になったとみていいだろう。家庭用だけでなく、業務用の砂糖も当然制限を受けるので、夏ごろから、汁粉屋のお汁粉の甘みは減り、喫茶店から角砂糖は姿を消した。

なるほど、私が虫歯にならなかったわけだ、とうなずかれる。しかし逆に、これまで砂糖などみたこともないような山里にまで、一人〇・五斤の砂糖が配給された結果、先祖代々虫歯など知らなかった人々が、歯痛に悩まされるという悲喜劇もあった。

〈均等〉〈公平〉をかかげた配給制は、都市と農村の生活様式の平準化をもたらしつつ、人びとの暮しのなかに根をはってゆく。

ぜいたくは敵だ！——七・七禁令の施行

もう一つ、この年の女たちの暮しに関わる大きな出来事としては、奢侈品等製造販売制限規則、いわゆる七・七禁令発令がある。ぜいたく品や公定価格のつかない規格外品の製造を七月七日から禁止し、三か月の猶予期間を置いて販売も禁止する、というのがそれである。

その主たる目的は、次の三点であった。

①ぜいたく品製造のために使われる資材、動力、燃料等を、戦時国民生活に必要な物品の生産、供給の維持確保に活用すること。

②ぜいたく品購入のために使われる余剰購買力を、貯蓄の強化、公債の消化等に転換せしむること。

③戦時国民生活の刷新、緊張を図ること。

ぜいたく品と認定されて製造販売が禁止になったものは、刺しゅうや金糸、銀糸のぬいとりのある高級織物、指輪や腕輪、銀製装飾品、象牙製品、それに、一反六〇円以上の白生地縮緬、三〇円以上の銘仙、三五〇円以上の丸帯、五〇円以上の時計、八〇円以上の背広三つ揃（既製品）、二〇円以上の女性用靴、一円以上のハンケチ、一〇円以上のおもちゃ……というように、こと細かにあげられている。

当時、教員の初任給が六〇円前後であったことからみると、これらの品々は、たしかにぜいたく品ではある。一般の女たちからすれば、これらが製造販売禁止になったところで、いっこうに痛くもかゆくもなく、かえって、着飾って銀座をねり歩く「有閑マダム」「上流夫人」に対する日ごろのうっぷんばらしができるというものだったろう。

「奢侈品が禁止になった、ということは、少くとも一般の気風を変えるにちがいない。このことは何と言ってもいいことだと思う。贅沢の出来ない女性達には、今度の禁止令など自分には何の差障りもない、とも言えるし、事実許されているとしても一般には手のとどかないものが禁止されたのであろうが、兎に角、これで贅沢が、これ見よがしに幅を利かされなくなるだろうということは、私たちをほっとさせる。贅沢の出来ない女性たちこそ、今度は大手を振って歩けるわけである。贅沢や華美に対して、今度は軽蔑の目をくれてやれることになるわけだ」（窪川稲子「奢侈と風潮―奢侈品禁止令に就いて―」前掲書所収）

したがって、この七・七禁令に対しては、反発どころかかえって強化の運動が、女たち自身によって展開されている。七・七禁令は、ぜいたく品の製造、販売は禁止するが、使用は禁止していない、だから「禁令をいいことにこれ見よがしの贅沢品を反って見せつけて得意になる様な不心得な虚栄マダム等」(『東朝』六月三〇日)が出現するおそれがある。これを女たち自身の力で、何とか退治しようというわけである。東京市十婦人団体で構成される「婦人挺身隊」――「婦人節約推進班」が、精動本部に設置された。

これについて、宮本百合子は言う。

「贅沢品の製造がとめられることになり、贅沢を警告する任務が精動の婦人挺身隊にゆだねられることになった。

この日本で、女の贅沢をひかえさせるために女の挺身隊がいるなどとは、何と情けないことだろう。今の時代に目にあまる贅沢などというものは、つまりは女が社会を見ている眼の狭さ小ささ、愚かしさを語るだけのものだ。ひとの儲ける金を浪費する女の感情のだらしなさが映っている」

(「女性週評」『東朝』七月六日)

この時期宮本百合子は、獄中の夫宮本顕治の身を安じつつ、わずかに得た執筆の自由のなかで、厳しい日々を過していた。その彼女が、「ひとの儲ける金を浪費する女」を、ことば激しく非難するのは、感情としてはよくわかる。しかしやっぱり、怒りの向けどころをまちがってはいないか。民衆の着るもの持つもの一つ一つに国家が規制を加え、しかもそれを民衆同士で監視させるといったことがいかなる事態を生むか、百合子にわかっていなかったはずはなかろうに。

七・七禁令実施後初の興亜奉公日の八月一日、東京の街角には、「ぜいたくは敵だ！」と書かれた一五〇〇枚の立看板が立った。そして、ぜいたく退治の婦人挺身隊が盛り場に出動し、派手な服装や指輪をした女を見つけると、「華美な服装はつつしみませう　指輪はこの際全廃しませう」と書いたカードを手渡した。

この日出動した女たちの話によると、カードを渡された若い娘が、「この着物は染め直しの着物で贅沢ではございません」と反駁したとか、帽子が贅沢だといわれた「一人の婦人はヒステリックに、口惜しいと言って、帽子を滅茶滅茶に壊してしまった」とか、かなり女たちの反発をかったらしい。

しかしそうした女たちに対しては、「弥次馬が十人も二十人もその周りをぐるりと取囲んでしまう、これは一つの大きな社会的制裁で、非常に効果があったそうです」、「兵庫県のあるところで、パーマネントの女が海水浴場で誰からか海に突っこまれたという」等々、そらおそろしいことがおこっている。（「贅沢退治に活躍の婦人推進班の報告座談会」『婦人倶楽部』四〇年一一月号）

舞台の上まで国民服ともんぺになってゆく時期においても、華やかな衣裳や濃い化粧をつづけたという歌手淡谷のり子は、たしかに並の女ではない。

このぜいたく退治は、服装や持ち物にとどまらず、生活のなかのあらゆる「享楽的」なもの、「非生産的」なものに向けられる。

九月一日から、東京市の料理店等では、朝食一円以上、昼食は二円五〇銭、夕食五円、おすしは一個一〇銭以上のものは供してはならぬ、ということになった。警視庁は、四一年一月までに、特殊飲食店の従業婦を三分の一に減らすことを打ち出し、長野県でも、各地で、待合、料亭等は午後一一時閉店、「クダまく客、故意に長居する客は容赦なく送り出すこと」などと、料芸組合で申合わせしている。(『信毎』八月一三日)

一一月一日からダンスホールは閉鎖。一〇月三一日最後の夜、「各ホールは名残りのステップを求めて詰めかけた人達で何んと大入り満員、平日の三倍から五倍という人出が芋の子を揉むようにホールいっぱいを埋めて押し合いへシ合い……」(『東朝』一一月一日)。その結果ダンサー、女給、芸妓等の失業が相ついだ。

中小商工業者たちの受けた打撃も大きかった。七・七禁令で、数多くの女物高級衣料が禁止対象になった結果、呉服屋は大恐慌。なんとか化学的処置を施して金糸、銀糸の光を消そうとしたり、一〇月七日までの猶予期間内に売りつくそうと半値以下で叩き売ったり……。これにつけこんで行商人が出没し、大手呉服商から安く買い叩いて繭高景気の農村に持ちこみ、農家の主婦たちに高級着物を売りつけることも多かったらしい。(『信毎』八月六日)

七・七禁令と同時に、暴利行為等取締規則が改正され、価格統制が強化される一方、マル公、マル停等のマーク表示が義務づけられた。マル公とは、三八年七月政府が設定した「公定価格品」、マル停とは、三九年九・一八ストップ令によって価格凍結された「価格停止品」のマークである。これらの措置で商店は打撃を受けた上に、配給統制の実施で、一地区一店というように配給店が整備されてゆく結果、とくに米屋の転廃業が大きな問題となっている。小工業主や職人も、この年強力に推進された企業整理と相まって、転廃業を余儀なくされた者が多い。

こうした商人や職人は、どこへ行くか。一つは軍需工場であり、もう一つは「満州」である。「転業だ　さあ満州へ」（『東朝』一二月一八日）——こんな呼びかけが、秋以降、さかんに見られるようになる。

いま京都市中京区に住む福本まつさん（七一歳）は、こうした呼びかけに促されて、西陣の友禅職人だった夫とともに「満州」依蘭県に入植した。七・七禁令以後、夫の仕事がガタ減りしたからである。慣れない手に鍬をとり、ようやく収穫もあがるようになったと思ったら、夫の召集、敗戦、そして苛酷な逃避行。その過程で三人の子を死なせ、たった一人残った子どもも行方不明。子どもを探しだすまでは、と中国に残り、ようやく七四年、三十数年ぶりに夫の待つ京都へ帰って来た。「戦争さえなければ……」と、たどたどしい日本語で福本さんは言う。

一九四〇年の統制経済の強化によって職を失い、「満州」に渡った商工業者の妻たちのなかには、福本さんと同じ思いの人も数多いにちがいない。

台所に入る国家統制

以上のような統制経済の強化は、女たちの日常に何をもたらしたか。女たちはそれに、どう対応したか。

いま、当時の日常の変化を、きちんと記憶している女は少ない。話を聞いた限りでは、切符制の導入や七・七禁令を、正確に記憶している人はいなかったし、生活の緊迫感もそれほどなかったという。これはどういうことであろうか。

一つは、敗戦前後の飢餓の印象があまりに強く、それに較べれば、四〇年ごろなんてまだまだ……ということがあろう。もう一つは、「まあなんやかや言っても、そのころは、まだヤミで何でも買えたからね」ということがある。

当時の資料のなかにも、ヤミの多さはうかがえる。「物がなく人がなく『闇』と嘆声ばかりがある。生活の合理化が叫ばれるが、実際どこから手をつけたものか、と、人々は戸惑わされるばかりらしい」（阿部知二「女性週評」『東朝』四月二七日）

警視庁保安課の発表によれば、東京のヤミ行為等で取締りの対象になったものは、三八年八〜一二月は二万八〇〇〇件。それに対して三九年同期は一四万八〇〇〇件と五倍以上に激増している。とくに九・一八ストップ令以後の増加が激しいという。（『婦女新聞』四〇年二月一八日号）

締めつけが強化された四〇年は、さらにふえる。長野県では、四〇年一月経済保安課を設置し、巡査部長六名、巡査十五名という大陣容をととのえたが、「御時勢で暇になった特高課に較べ、新年早々、メチャメチャに忙しい」（『信毎』一月七日）。その結果、検挙数は前年の三倍にのぼり、これら「亡国的行為」の「防遏」に一般の協力を呼びかけている。（『信毎』五月二一日）

四〇年九月に出された猪俣浩三著『闇取引と刑罰』には、抱き合わせ、お土産、手数料かせぎ、手付金流し、規格逃れ、レッテルはり替え……等々十五種類の闇のテクニックが記されているという（『昭和経済史』上による）。なかでもケッサクなのは、次の話である。

――一〇〇〇円の石炭を買うのに三〇〇〇円の闇値を上のせしなければならないとする。しかしそのままやったのでは、警察がうるさい。そこで買い手は、売り手の店のそばに三〇〇〇円落として売り手に警察へ届けさせる。拾得物の謝礼として一割出さなければならないから、結局買い手は、警察の仲介で堂々と三〇〇円の闇値を払うことになる——というもの。こうしたスレスレのテクニックを、「月夜相場」というのだそうだ、闇よりまし、というわけで。

締めつければ締めつけるほど、あの手この手の抜け道が考え出されるものである。いくら政府や精動が、「亡国的行為」であると声をからして叫んでも、民衆は馬耳東風、笛吹けど踊らず——?

こうしたヤミの増大は、次々とうち出される統制が、いかに民衆の暮しの実情を無視したものであるかを示しているが、一方ではまだまだヤミができる状況であったということでもある。「物がない」という声の一方で、「あるところにはある」という声もしょっちゅう聞かれる。

買溜めもさかんで、砂糖の切符制実施が発表されると、東京では五月中旬から砂糖買溜めに長蛇の列。地方への買出しもふえている。長野県には、品薄に悩む大阪、神戸の百貨店が買入れに押かけ、「最近では銀座(ママ)の高島屋が副支配人をつれて出張」し、地方特産物を買い漁ったという。(『信毎』五月一一日)

しかし、そうはいっても、この年、民衆の暮しは、確実に大きな曲り角を曲っている。統制強化が違反の頻発を生み、それがまた新たな統制や取締り強化を生み……、気がつけば、がんじがらめになっているという状況に向かって、全体は大きく動いている。

この年開始された生活必需品の配給統制は、国家の統制が、生産や流通の段階を越えて、直接民衆の消費生活、暮しの基底にまで及んだということである。配給の開始によって主婦たちは、これまで、亭主の稼ぎと物の値段をにらみ合わせ、少しでもよいものを少しでも安くと、あの店この店を選んでいたのが、店を選ぶなどとんでもない、愛想が悪かろうが物が悪かろうが、ともかくも決められた店で、決められたものを決められた値だんで、決められた量だけ、ありがたくいただくより仕方なくなった。物は、消費者の選択で〈買う〉ものではなく、おカミより〈与えられる〉ものになったのである。

山中恒によれば、日中戦争当初までは、まだまだ逃亡兵も数多くいたが、「大東亜戦争」段階になると全くみられなくなるという。配給制度の確立によって、配給通帳を持たない逃亡兵は、たちまち糧道を断たれるからだ。(「銃後の現在」『少国民体験をさぐる』一九八一年所収)

四〇年、制度化された配給と隣組制は、民衆一人一人を縦横の網の目にからめとり、しっかりと「国家」につなぎとめた。

しかし当時、これらを危機感をもって受けとめた女はほとんどいなかった。女たちだけでなく、一般に危機感はほとんどなかった。それどころか、切符制の要求にみられるように、それを望む空気も強い。とくに、かつて社会主義者といわれた人々の間に、その傾向が強いように思われる。

資本家の恣意的な経済活動を許さない統制経済は、そのかぎりでは、社会主義国家の計画経済と同じ顔をもつ。配給統制の〈均等〉、〈公平〉の原則もそうである。陸軍統制派の東条英機に対して、天皇側近で「東条はアカだ」とささやかれていた(細川護貞『細川日記』)というのも、あながちこっけいとばかりはいえない。

統制経済の強化は、この年の後半、日本中を席巻した新体制運動と相まって、「国家社会主義」の実現を思わせるものがあったろう。一九四〇年は、三三年につぐ「集団転向」の年とされる(藤田省三「昭和十五年を中心とする転向の状況」『転向・中』所収）が、そのなかには、この「国家社会主義」的あり方に、一つの可能性をみたものもいたにちがいない。切符制や奢侈品禁令に対する山川菊栄、宮本百合子、佐多稲子等の肯定的発言の背景にもそれがあったのではないか。

しかし、彼女らの願いとはうらはらに、台所と国家の直結は、暮しの根底からの国家への従属をもたらした。

一九四〇年、国家統制の手は女たちの台所をがっちりとつかんだ。一方で流されつづけた「紀元二千六百年」讃歌と相まって、運命共同体「日本丸」への七〇〇〇万民衆の乗船は、ほぼ完了した。

足らぬ足らぬは工夫が足らぬ
戦時下耐乏生活を生きた女の歴史

戦争中の記憶をもつガラクタ

一人ぐらしのHさんが七二歳で死んだあと、嫁の芳子さんは、しばらく憂うつだった。

Hさんはいわゆる「戦争未亡人」、一人息子が芳子さんと結婚したあと、2Kの都営住宅にずっとひとりで住んでいたが、芳子さんが遺品整理に行ってみると、その2Kの、大きいほうの部屋いっぱいに、ガラクタ（と芳子さんには見えた）がつまっていたからである。

古ぼけた柳行李（こうり）のなかには、着物のはぎれがいっぱい、畳がへこむほど重い木箱をあけてみれば、縁の欠けた食器類が、ひとつひとつ新聞紙にくるまれてぎっしりつまっている。大事そうにしまわれていたカーキ色の厚ぼったい男物の服は、芳子さんは写真でしか知らない、戦死したHさんの夫、芳子さんにはしゅうとにあたるひとの軍服にちがいない。

そうした古いものにまじって、スーパーの袋に菓子箱のたぐい、包み紙、ひも、よれよれになったシーツやタオル、新聞紙――。

それらをまえに芳子さんは、げっそりと溜息をついた。

つぎの日曜日、芳子さんは、高校生の息子と娘をつれて、ふたたびHさん宅をおとずれた。ぐずる二人を、宅配のピザを好きなだけ食べさせてあげるという約束で、手伝いに駆りだしたのである。

これらのガラクタは捨てるしかない、と芳子さんは思う。少々気がとがめないでもなかったが、ただでさえ狭い我が家に引取ることはできないし、もらってくれる人もない。芳子さんは、「うえー、キッタネー」などと顔をしかめる二人を督励して、何度もゴミ置場に運ばせた。

たちまちゴミ置場には、Hさん宅からのガラクタが山をなした。そのなかには、ていねいにつぎをあてた足袋(たび)や、色とりどりの毛糸で編んだこどもの靴下、オムツによさそうな洗いざらしのゆかたなどもあった。買物帰りの若い主婦が、何人もそのそばを通ったが、だれ一人、目を向けようともしなかった。

つぎの日、ガラクタの山は、きれいさっぱり消えていた。清掃車が運んでいったのだ。

こうして、またひとつ、昭和戦前を生きた女の歴史が消えていった。

ぜいたくは素敵だ!

昭和戦前の日本は、いまの「経済大国ニッポン」からは想像もつかないほど貧しい。とくに、一九三七年(昭和一二年)に日本と中国とのあいだに全面戦争がはじまってからは、民衆の生活は、窮乏の一途をたどっている。

「ぜいたくは敵だ!」

「欲しがりません勝つまでは」

「足らぬ足らぬは工夫が足らぬ」

こうした標語は、その窮乏に耐えさせるために掲げられたものだが、それでいちばん苦労したのは、主婦たちである。とくに、「ぜいたくは敵だ!」と「足らぬ足らぬは工夫が足らぬ」は、主婦を対象にしたものだった。

「ぜいたくは敵だ!」は、一九四〇年八月一日、でかでかと立て看板に書かれて、東京市内一五〇〇か所にいっせいに掲げられた。一九四〇年八月一日といえば、対米英戦開始の一年四か月前だが、三年前からの中国との全面戦争によって、すでに日本の資源は底をつきかけていた。この標語は、その対策として一九四〇年七月七日に奢侈(しゃし)品等製造販売制限令、いわゆる「七・七禁令」が出されたのを受けている。

この「七・七禁令」発令にあたっては、以下の三点が目的として掲げられている。
①ぜいたく品製造のために使われる資財等を、戦時生活に必要な物品の製造にふりむける。
②ぜいたく品購入のための余剰購買力で、貯蓄強化、公債の消化をはかる。
③戦時国民生活の刷新、緊張をはかる。
いちおうもっともらしい目的だが、結果的には、①、②の実際的な経済効果よりは、③の生活刷新のための国民精神総動員運動、具体的には、ぜいたく退治の国民運動に帰着した。もともとのねらいも、そこにあったということだろう。

しかし、「ぜいたく」というのは個性の表現でもある。それを民衆の相互監視で「退治」しようというのは、つまりは個性の圧殺であり、それに対する反発もさまざまなかたちであらわれている。
「ぜいたくは敵だ！」の「敵」の前にひそかに「素」の字が書き加えられ、「ぜいたくは素敵だ！」と、道行くひとに呼び掛けていたという話もその一つだろう。

とはいうものの、こうしたささやかな抵抗は、とうとうたる流れの前ではひとたまりもない。この年、全国に隣組の整備が打出され、配給制度もはじまっている。一〇月には大政翼賛会も成立した。

そして一一月、昭和天皇即位の日を中心に「紀元二千六百年」のお祭り騒ぎがくりひろげられた。このときばかりは、自粛の街に「祝え、元気に朗らかに」のポスターがはられ、祝い酒、赤飯用のもち米、あずきが特配。

これについて永井荷風は、日記『断腸亭日乗』の一一月七日の項につぎのようにしるしている。

「自粛自粛といいて余り窮屈にせずともよしと軍部より内々のお許ありと言う。されど一説にはこの御許は年末にかけて窮民の暴動を起さんことを恐れしが為にて、来春に至らば政府の専横いよいよ甚しくなるべし。……」

荷風が案じたように、このあと「政府の専横」はいよいよはなはだしくなったが、それは「来春」をまつまでもなかった。「紀元二千六百年」祝賀行事が終わった一一月一五日、さっそくひとびとは、「祝い終った、さあ働こう！」と、冷水を浴びせかけられている。

がまんを強いる〝国民決意の標語〟

しかし、一九四一年一二月八日の太平洋戦争開始以後の物不足にくらべれば、「ぜいたくは敵だ！」などといっていた一九四〇年は、まだまだ甘いものだった。

すでに太平洋戦争開始以前から、六大都市では、砂糖・マッチ・米・木炭・みそ・しょうゆなどがつぎつぎに配給制になり、消費にきびしい枠がはめられていたが、開戦後は、衣料も野菜も魚もと、生活必需品のすべてにおよんだ。しかも、戦局の悪化につれて、その配給も滞りがちになる。

そうした状況で出されたのが、「欲しがりません勝つまでは」と、「足らぬ足らぬは工夫が足らぬ」の標語だった。

一九四二年一一月二七日、「大東亜戦争一周年・国民決意の標語」募集の入選作一〇点が発表されたが、この二つの標語はそのときの入選作である。あとの八点の入選作がそれきりで消えてしまったのに対し、この二つは、以後もずっと生きつづけ、大きな威力を発揮している。

作品の出来もさることながら、物不足のなかで、国家が国民にもとめる二つの態度、「がまん」と「間に合せの工夫」に、この二つの標語がぴたりとはまるものだったからだろう。

とくに「欲しがりません……」の方は、東京の国民学校五年生の三宅阿幾子という少女の作というので大評判。山上武夫作詞・海沼実作曲で歌にもなり、その年の暮から、川田正子・孝子姉妹によってラジオを通じて日本全国に流されている。

どんな短い　鉛筆も
どんな小さい　紙片(かみきれ)も
無駄にしないで　使います
　そうです　僕たち　私たち
　欲しがりません勝つまでは

この歌にみられるように、「欲しがりません……」の標語は、主として子供たちに向けて使われている。とくに、一九四四年夏からはじまった学童集団疎開の子供たちに対して、残酷ながまんを強いる役割を果たしている。それは作者が、疎開の子供たちと同じ年頃の少女とされていたからだ。

ところが、じつはこの標語の作者は少女ではなく、その父親だったことが、戦後三〇年ほど経って、山中恒氏の調査によって明らかにされている。(『戦中教育の裏窓』、朝日新聞社、一九七九年)

一方、「足らぬ足らぬ……」の方は、生活必需品の不足に悩む主婦たちを叱咤するために使われた。この標語は、東京市の本間益太郎という男性の作だが、物不足のなかで、「足らぬ足らぬ」と不満をかこつのは、自分の工夫の無さを暴露するものだと、威丈高に主婦を叱咤して、物不足に有効な手を打てない政府を免罪している。

これに類する発言は、それ以前から、戦時生活刷新に指導的役割を果たしていた女性活動家のあいだからも出ていた。たとえば、戦後、地域婦人団体連合会会長などで活躍した山高しげりは、さきの奢侈品禁止にあたって、経済評論家の高橋亀吉との対談で、「どうしてもこれからは、着物でも家具類でも、金をかけないで物を生かして使うという工夫が生れてこなければならないと思いますね。つまり制限された範囲で、自分の腕を振るうということが、一番たいせつですね」と述べている。

これに対して高橋は、得たりかしこしと、「それができないようでは、自分の腕がないことになるんです」と受けている。まさに「足らぬ足らぬは工夫が足らぬ」である。（「贅沢品禁止令と主婦の心構え対談会」『婦人倶楽部』一九四〇年九月号）

無視された主婦の生活実態

では、どうやって工夫をするのか。

用紙事情で薄くなる一方の戦争末期の婦人雑誌には、「代用食」「代用品」「間に合せの工夫」が、満載されている。

「代用食」ということばが登場したのは、奢侈品禁止令が出された一九四〇年だが、この段階では、干ばつによる米不足を理由にした節米運動、つまり、主食に麦や雑穀、野菜との混食を取り入れることだった。ちなみに、地方の大衆食堂のメニューに、焼きそば、焼飯（炒飯）が登場するようになったのは、この節米運動がきっかけになっている。

しかし、「足らぬ足らぬ……」の標語が出されて以後の代用食は、そんななまやさしいものではない。これまで人間の食べ物ではなかったものを、主婦の工夫一つで食べ物にすることが要求されている。

その代表選手は、野草に茶殻、卵の殻、みかんの皮である。一九四四年の『主婦之友』、『日本婦人』、『新女苑』から、いくつか紹介してみよう。

＊たんぽぽのカルシュウム和え
たんぽぽの若葉を、さっと熱湯に通して水にさらしておき、焼魚の頭や骨、卵の殻などを摺りつぶして、あれば昆布も焼いて摺り合せ、好みの味を付けてたんぽぽと和えます。

＊茶入り蒸しパン
野菜パンと同じ要領で、小麦粉の補いに約三割程度の茶殻を混ぜ、時節柄味噌で味を付けます。（略）
まず味噌を分量の水で溶いて茶殻を入れ、粉とふくらし粉をふるい入れてさっくりと混ぜ、濡れ布巾を敷いた蒸し器に並べて、強火で蒸します。

＊茶殻の佃煮
茶殻は馬の食糧として献納されていますが、これは佃煮にしても美味しいものです。作り方は、醤油に少量の砂糖と鰹節を加えたもので、ふつうの佃煮を作るのと同じに煮てよろしいのです。お弁当のお菜にしても結構で、宅では空襲などに会った際の用意にと、瓶づめにして貯えてあります。

＊みかんの皮のジャム
きれいに洗って細かく刻み、すり鉢に入れてよくすります。これと別に味噌と砂糖とをねって一寸熱を加えたものと適宜混ぜます。ジャムのかわりにパンに付けても美味しく、又お弁当のおかずにもなります。

卵の殻は、粉にしててんぷらの衣に入れる、蒸しパンに入れるなど、不足するカルシュウムの補給源とされる一方、食器洗い洗剤の代用品ともされている。

みかんの皮も、石鹸の代用品だった。

まず、みかんの皮を水に浸して柑皮液をつくり、「大盥(だらい)半分の水に水杓一、二杯を入れ、メリケン粉を目の粗い晒(さらし)木綿等の袋に入れ、これを振り出すとよろしい。この液の中に布地を浸し、液が充分浸み込めばスグ引上げて洗い板の上にひろげ……」というわけだが、「濯ぎの時注意することは、一度また元の液の中にもどして振り洗いしてから清水に移し濯ぐことである」と、面倒このうえない。

だいたい、こうした雑誌に得々と紹介されている「工夫」の数々は、主婦の生活実態をまったく無視している。当時卵は、めったに口に入らない貴重品だったし、擂鉢で擂って粉にする労力は並たいていのものではない。配給とりに防空演習に、大日本婦人会の勤労奉仕にと追いまくられている主婦には、どれほど「足らぬ足らぬは工夫が足らぬ」と叱咤されても無理なはなしだった。

だからこの標語は、「工夫」の「工」の字にバッテン、つまり、「足らぬ足らぬは夫が足らぬ」として、ひそかに流通していたという。

当時女たちは、一方では「生めよ殖やせよ」と、「人的資源」の増産を呼びかけられていたが、そのために必要な「夫」は、徹底的に不足していたのだ。

忘れられてゆく戦時下の女の歴史

とはいうものの、この標語は、当時の主婦たちに、のちのちまで大きな影響を及ぼしている。

ひとつは、栄養という観念をまがりなりにも植えつけたことである。カロリーだのカルシュウムだのビタミンだのといったハイカラなことばを、日本の一般の主婦が知ったのは、戦争による食糧不足のなかでだった。

配給制度によって、中作業従業者一日二二〇〇カロリーというふうにこまかく規定され、食料が、「たべもの」というよりは、生命を維持するための最低ぎりぎりの栄養素にまで分解されてしまったためである。

一〇年ほどまえだったか、ある調査で、五十代以上の主婦の手料理のベスト・ワンが「野菜炒め」であったことに対して、若い主婦が新聞の投書で「手抜きだ」と非難し、論争になったことがある。戦時下のきびしい食生活を知らない戦後生まれに、わたしたちの苦労がわかるものかと、五十代以上の主婦が反発したためだ。

たしかに、肉の摂りすぎや脂肪過多に悩む現在の若い主婦には思い及ばないことだったろうが、野菜炒めは、戦時下の食糧不足・燃料不足・調理器具不足、そして主婦の時間不足というないないづくしのなかで、なんとかカロリー不足を補おうという、主婦の努力の結晶だったのだ。日本の家庭に「炒める」という調理法が一般化したのは、戦争のおかげ（?）だった。

もうひとつ、「足らぬ足らぬは……」が主婦たちに残したものは、「捨てない」という生活態度である。

東条首相がおしのびでゴミ箱をのぞいて歩き、捨てられた大根のしっぽが長すぎるなどと文句をつける状況のなかで、「捨てるものを生かして使う工夫」の呼びかけは、じっさいに生かせるかどうかはともかくとして、とりあえず捨てないでとっておく、という生活習慣を主婦たちの体にしみこませた。

冒頭に紹介したHさんも、そうした主婦のひとりだったのだろう。

貧しかった戦後の十年間、それは実質的な意味をもった。捨てないでとっておいた軍隊毛布は、こどものオーバーやかばんに更生され、すりきれたセーターは、しゃれたマフラーに編み直されて娘たちの胸元を飾った。主婦たちは、「足らぬ足らぬは……」などと叱咤されるまでもなく、工夫に工夫を重ねて、つぎつぎに生れるこどもをふくめ、家族の日常を支えてきたのだ。

その自信を打ちくだいたのが、「消費は美徳」の高度成長である。しかし、一度しみこんだ生活習慣は、かんたんには改められない。結果として、貴重な空間を「ガラクタ」でいっぱいにすることになる。当然、若い世代から文句がでる。

高度成長以後の嫁姑問題、核家族の増加、一人暮らしの老人の増加の背景には、そんなささやかな「捨てる・捨てない」をめぐっての対立もあったのではないか。

いま「昭和」の終わりとともに、「足らぬ足らぬは……」のなかを生きた女たちの歴史も消えてゆこうとしている。もしかすれば、昭和天皇の死を悼んだ老いた女性たちは、現役主婦として気負いに満ちて生きたみずからの戦時下の日々への哀惜を、そこに重ね合せていたのかもしれない。

疎開をめぐる二つの体験

夏八月、〈いなか〉は、ひとときのにぎわいを迎える。地方のターミナル駅は、帰省客でごったがえし、ふだん静かな漁村には、サングラスの若者たちがひしめき合う。山あいの過疎の村にも、カン高い子どもの声が響く。

三八年前、一九四五年（昭和二〇年）の夏も、やっぱり〈いなか〉は込み合っていた。帰省やレジャーではもちろんない。空襲の激化によって都市を追われた疎開者が、続々と押しかけたからである。

東京だけをみても、一九四四年春から四五年夏にかけて、七百余万の人口の半分近くが疎開した。全国的には、約一〇〇〇万人の人々が〈いなか〉の実家や親類、あるいは農家のひと間や納屋で、あの暑い夏を過ごしたことになる。親元を離れ、お寺の本堂でひしめき合って暮らした集団疎開の子どもも多い。

こうした疎開者にとって、〈いなか〉は、決して住みよい所ではなかったようだ。疎開体験のある女性に対して、今回私たちが行ったアンケート調査（「疎開とは女にとって何だったのか」『銃後史ノート』復刊5号、一九八三年）によると、「疎開生活で一番つらかったこと」は、まず、食糧等の物不足であったが、居候としての気苦労や、地元民との軋轢を挙げる人も多い。食糧不足のつらさも、疎開先の子は大きなオニギリを食べているのにうちの子には何もくれないといった被差別感で、いっそう強まっている感がある。なべ、かまから燃料まで不足しているにもかかわらず、八〇%近くの人が、炊事は独立してやっていたと答えているのも、食い物のうらみによる人間関係の軋轢を物語っていよう。

これについては、もちろん地元の側にも言い分がある。〈いなか〉にしたって、当時食糧が有り余っていたわけではない。働き手を戦争にとられ、労働力不足、肥料不足で収穫はガタ減り、その上、供出の割り当ては厳しい。

そこに、農作業の経験などまったくない女が、子連れで押しかけてきたのである。戦争のために慣れない〈いなか〉暮らしを余儀なくされることには同情しても、日常生活をともにするとなると、いろいろ気になることも出てくる。

都会育ちの女は、食べ物が足りないと言いながら、芋の皮を厚くむいて捨ててしまうし、苦労してくみ上げた水でジャブジャブ洗濯してはざっと流してしまう。札ビラ切ってヤミ買いするかと思えば、ようやく実の入りかけたサツマ芋を、夜陰に紛れてごっそり掘ってしまう——。

それに、一日中真っ黒になって、赤ん坊に乳をやる間も惜しんで働かねばならない農家の嫁にとっては、派手な着物に薄化粧までして、子どもをおぶってブラブラしている疎開の女は、どうにも我慢ならない存在だったろう。

地元の人は、わけもなく疎開者をいじめたのではない——。東京・八王子、山梨、長野と、疎開受け入れ先の人々の話を聞き歩くにつれ、その思いを深くした。

戦後三八年たった現在も、かつての疎開をめぐる都市と農村の軋轢は、じゅうぶんに解消しているとは思えない。都市と農村の対立は戦前からあったが、それが疎開で増幅されたまま、今日にいたっているようにみえる。

いなかの人は、ケチで勘定高く、閉鎖的で…と、都市の側が言えば、農村の側は、困ったときだけペコペコして、調子がよくなれば知らん顔、と、都会人に白い目を向ける。

疎開とは、もともとの意は読んで字のごとく、開いて疎にする——つまり、都市の密集地帯にある軍需工場や重要施設を空襲の被害から守るために、周りの民家を取り壊す、ということである。ここには、戦争遂行のためには、民衆の生活など踏みにじって当然、という国家の姿勢が象徴的に表れている。

都市の住民も〈いなか〉の人も、あの戦争の中で、ともにこの国家の姿勢の被害者であった。

夏は、都会と〈いなか〉が触れ合うまたとない機会である。疎開についての双方の体験をつき合わせることで、このことをあらためて、戦争を知らない世代とともに確認し合えれば、と思う。

〈地方〉からみた疎開

四月下旬、山里の春はたけなわだった。山桜の薄桃色と萌え出たばかりの緑で山々は淡くかすみ、山ふところに折りたたまれた段々畑には、れんげ草がピンクのじゅうたんを広げている。だらだらと谷をまいて登る私たちの足元で、すみれやけまん草が風にそよぎ、思いがけぬ近さで藪うぐいすが啼く。

「あの声に、どれほどなぐさめられたことか……」

大竹一灯子さんは、こう言ってじっと耳を傾ける。

ここ、山梨県北都留郡上野原町大目、かつての大目村は、敗戦をはさむ一年余り、大竹さんが疎開していたところである。大竹さんは、ゾルゲ事件に連座して捕えられた社会主義者九津見房子の長女であるが、昨年うかがった折の山梨県扇山近くに疎開した話が印象に残っていた。たまたま今回、疎開関係の古い資料のなかに、大目村の調査報告（「山梨県に於ける疎開者世帯状況調査概要」『疎開者世帯状況調査報告書』一九四五年六月）をみつけたとき、すぐ思い浮かべたのは、大竹さんのことだった。うかがってみると、大目村はまさに大竹さんの疎開先だという。

その調査報告に、山梨県のなかでもとくに食糧事情が悪いとされている大目村――大竹さんが獄中の母を想い、戦地の夫に思いを馳せつつ暮した山里の村――は、どんな所だろうか。自然は？　人情は？　そう思うと急に、矢もたてもたまらず行ってみたくなった。それも大竹さんと御一緒に――。

唯一の理解者である夫が出征したあと、〝国賊〟の娘であることを秘してひらすら〝よき嫁〟として務めていた大竹さんは、天皇陛下のいる東京に空襲などあるはずがないと疎開に反対する周囲を押切って、何の縁故もない山奥に一家をあげて疎開した。大竹さんに、それを決断させたものは何であったのか。そしてそこで、大竹さんは何を思い、どんな暮しをしていたのか――。

そんなことが、ずっと心にひっかかっていたからだろう。さらに言えば、桑畑を開墾して食糧不足を補ったという大竹さんに、父の戦死後、幼い私と兄を督励して、山を拓くべくがむしゃらに鍬をふるっていた母の姿が重なったのかもしれない。

大竹さんとともに訪ねた大目村は、季節のせいか、私が考えていたような暗いイメージはなかった。村の入口に大きな貯水池があって、キラキラと春光を照り返しているのも、明かるい印象の一因だろう（もっとも、この貯水池のおかげで水田が湖底に沈み、耕地が減ったとさきの調査報告に記されている）。かつて大竹さんが、東京を恋しがって中央線四方津駅まで行ってしまった舅を、夜、背負って登ったという五キロの山道も、いまでは立派に舗装されてバスが通っている。

途中訪ねた上野原町役場の久島助役から、大目は過疎が進んで若い者はいないと聞いていたが、道ぞいの家々は新しい色とりどりの屋根をいただき、庭の草木もよく手入れされていた。もちろんよく見れば、あちこちに放置されたままの田畑や、採る人もないまま、すっかりトウ立ちしたホウレン草が藪のように繁っていて、農業ではとうてい食えないという久島助役のことばを裏づける。

「あのころも、村の人だって、充分に食べてはいませんでしたよ」

と大竹さんは言う。さきの調査報告にも、「本村産米は年所要量の十分の一しかなく、麦、モロコシ、ソバ、アワ、ヒエで補ってきた」と記されている。疎開者が入りこむ前、一九四四年の大目村の戸数は二九五、人口一四〇〇人。これに対して耕地一七〇町歩、うち水田は二五町歩しかない。一戸当りにすれば、〇・八反という少なさである。戦時体制が進行するまでは、女たちの養蚕、製糸による現金収入で、不足する食糧を購っていたのだった。

「この村では、女の人がとても大事にされるの。水汲みや畑仕事は男の人がやるのでとても羨しかった」と、大竹さんは言うが、それは、女たちの手が荒れると生糸がひっかかって、大事な現金収入にさしつかえるからであった。

こうした食糧事情の悪い村に、約一三〇世帯七〇〇人（一九四五年六月現在）の疎開者が入りこんだのである。四六年にはさらにふえて、大目村の人口は二三四九人。二年間で一六八％の増加率である。山梨県は一三二％と最も増加率の高い県であったが、なかでも大目村の増え方はすごい。大竹さん一家は、四五年一一月に千葉に移住したから、四六年の数字には含まれていない。戦後、ものすごい勢いで帰還してくる復員兵士をみて、とても疎開者が食える余地はないと、せっかく山を開墾して播いた粟の収穫を待たずに引揚げたのだという。

したがって、食糧不足は推して知るべしである。

「道にヘビなんかはっているると、ほうっておかないわよ。村の人は、シャッとつかまえて、皮をはいで食べてしまう」

ヘビにカエル、山鳥等は、村人にとって貴重なタンパク源であったし、野草も大事な食糧であった。大竹さんも、疎開の間、食べられる野草やたきぎを見つけるためにいつも下を向いて歩いていたので、東京にもどってからも、そのクセがなかなか抜けなかったという。

ここでは疎開者は、ヤミ買いもできなかった。村人は、自分たちの食べる分にもこと欠く状況で、売るものなどなかったからである。せいぜい大根一、二本、とうもろこし何本かを分けてもらい、「とっといて下さい」と無理やりお金を渡すぐらいのこと、○円なら分けてやる、といった態度は、少なくとも敗戦までは、村人の中にみられなかったという。買出しを兼ねて大竹さんを訪ねてきた都会の親戚は、手ぶらで帰ることになってがっかりしていたとか。

大竹さんは、家のそばの桑畑を開墾して野菜を植え、さらに山の上の草ボケのびっしり生い繁る原野を拓いて粟を播いたが、そうした形で自ら食糧生産にとり組む疎開者は、多くはなかったという。さきの調査報告には、開墾していもを植えている「官吏の奥さん」「ニューギニアにいる軍属の妻君」、「中学の絵の先生の奥さん」が紹介されているが、特記すべきことだったのだろう。

たしかに、放置された桑畑や原野があったとはいえ、農機具も充分ない当時、よほどの事情と決意がない限り、慣れないものがこの急斜面を耕す気にはなるまい。山梨県では、青年学校増産機動報国隊を組織し、開墾の手伝いや農耕指導を行なうことにしているが、この大目にはついにそうした指導もないまま、敗戦を迎えたようだ。

それにしても、自給体制もとらずヤミもできないとなれば、疎開者はいったいどうやって食べていたのだろう。とくに四五年五月からは、主食の配給制度が改められ、市部一人一日三三〇グラム（七月からは三〇〇グラム）、町―三一〇グラム、村は二九〇グラムという差別配給制度が導入されている。つまり、都市から農村に疎開すると、ただでさえ不足する主食がさらに一割以上も減ることになる。また農村には、みそ、しょうゆの配給もない。塩だけ配給するから自前で作れ、というのである。

都市から疎開者への特別物資が送られることもあったが、途中で消えてしまって、結局疎開者の手には渡らないということが多かった。この大目村でも、戦後、役場に隠とくされていた疎開者用の鮭の缶づめや粉ミルクが発見され、村長はさんざん叩かれている。この村長、戦争中は、生活合理化など村人に説いてまわり、信望を集めていただけに、人々の怒りは大きかった。ここで舅を亡くし、三人めの子どもを出産した大竹さんも、「あんなに鮭の缶づめがあるんだったら、お魚好きの舅に食べさせてやれたのに、粉ミルクを赤ン坊に飲ませてやれたのに……」と、口惜しがる。

にもかかわらず、大竹さんも久島助役も（この人は大目村出身で、自宅に東京から叔母一家を受入れていたという）、口をそろえて、「終戦まではよかった、疎開者も何とか食べていけた」という。「勝つまでは」と、村人も疎開者も協力一致、乏しい食糧を分け合ったからだという。

「戦後は、食うためには何をやってもいいという気風になって、ヤミブローカーははびこるし、貨幣価値の下落で、疎開者は本当に困っていた」

と、久島助役は言う。

大目に限らず、農村の人々の敗戦による衝撃の大きさは、あちこちで聞く。千葉県保田では、せっかく苦労して育てたヒマが、敗戦の翌朝根元からバッサリ伐られて踏みにじられていたというし、八王子の山里では、敗戦の報を聞いたとたん、勤労奉仕のたきぎとりを放っぽり出してみんな帰ってしまったという。

やるかたない憤懣、ぶつけようのない怒り、そしてやがて、〝滅私奉公〟した自らへの自嘲……。ここには、敗戦の衝撃のあと、すぐ「これで東京へ帰れる」とほっとしたという疎開者とは、大きな意識のズレがある。それが疎開者と地元民との〝戦友愛〟に亀裂を入れ、協力体制を破壊したのだろうか。

だとすれば、なんという〝純朴〟な人たちだろうと思う。なんという〝やさしい〟人々だろうと思う。日本の国家は、あの戦争の間に限らず、農村から、人間を、生産物を搾りとれるだけしぼりとり、何一つ与えようとはしなかった。それでもなお、農村の人々は国家を信じ、その命運に自らを賭けていたのか。

もちろん、農民の〝純朴さ〟は、国家に対してだけ発揮されたわけではない。民衆同士のやさしさとして、疎開者にも向けられている。あれほど苦労したにもかかわらず、大竹さんの胸に、この大日で過した一年余が、なつかしい暖かい思出として残っているのはそのためである。とくに、疎開荷物を運んでもらった縁で知り合った水越さん一家はそうだった。

傾きかけた家に住み、本当に貧しい暮しをしているにもかかわらず、どれほど水越さん一家（おばあちゃんと水越さん夫婦、息子さん）に親切にしてもらったことか。おふろがわいた、おもちをついたといって呼んでくれ、開墾した山の畑に堆肥を入れてくれ、乏しい食糧を分けてくれて、しかも一銭もお金をとらず……。水越さん一家の親切を語る大竹さんの声は潤いを帯び、私の胸まであつくなる。

大竹さんが今回、私の願いに応じて一緒に大目に来て下さったのは、水越さんの奥さんののぶさん（おばあちゃんと御主人は戦後早く亡くなった）に会うためでもあった。大竹さん一家は、戦後も何度か大目を訪れていたが、三年ほど前にはのぶさんが東京の大竹家を訪れ、お互い再会を約して別れたのだという。

それだけに、水越家を訪ねてこの三年の間にのぶさんも息子さんも相ついで急死したことを知った大竹さんの嘆きは、はたで見ているのもつらいほどだった。大竹さんの心に、人間への信頼と生きる勇気を与えたという水越さん一家の親切……。

水越家の仏壇の前で、じっと手を合わせる大竹さんの背をみながら、私は、民衆の〝純朴さ〟について、考えこんでいた。

受入れ開始──警戒する〈地方〉

しかし、大竹さんのように、疎開体験を暖かいいい思出として胸にあたためている人は多くはない。疎開をつらい被害体験、それも地元の人による被害体験として受けとめ、二度と行きたくない思いで戦後を過している人も多い。

敗戦まではうまくいっていたという大目村にしたところで、縁故疎開した女たちは、無縁故で入った大竹さんや、当時二〇歳そこそこの青年だった久島助役には見えなかった暗闘を、その家の主婦との間にくり返していたかもしれない。

水越一家の親切も、疎開者すべてに対して発揮されたわけではあるまい。水越さんがまれに見る好人物であったことはたしかだが、大竹さん自身の姿勢――農作業の経験など全くないにもかかわらず、村人と同じように泥にまみれて働き、村人には、なるべく迷惑をかけまいとする謙虚な姿勢――によるところも大きいだろう。そのことを私は、大竹さんと一緒に山道を歩いているとき、つよく感じた。道端に赤ン坊の腕ほどの太さの枯枝が落ちているのを見つけ、「疎開中は、こんな木はすぐ拾って、たきぎにしたわけですね」と問う私に対し、大竹さんはこう答えたのだ。

「いいえ、こんな太いのを拾っては村の人に悪いから、細い小枝や落葉だけ……」

私はあらためて、大竹さんの姿勢に敬服すると同時に、この配慮をすべての疎開者に期待することは無理だろうと感じた。

疎開という国策に対する農村の側の対応はどうだったのだろうか。全国一の疎開受入れ県長野県を中心にみてみよう。

疎開が国策として登場するのは、一九四三年秋以後である。一〇月、政府は「帝都及重要都市ニ於ケル工場家屋等ノ疎開及人員ノ地方転出ニ関スル件」、「重要都市人口疎開ニ対スル当面ノ啓発宣伝方針」を決定する一方、一一月には内務省防空局を防空総本部に格上げし、その中に「疎開課」を設けた。

「疎開」とは、もともとは読んで字の如く、開いて疎にする、つまり、都市密集地帯にある軍需工場や重要施設を空襲から守るためにまわりの民家をとり壊す、ということだ。そこには、人命を守るという視点はまったくない。それに人間の都市からの避難という意が導入されたのは、四三年七月、盟邦ドイツのハンブルグ空襲で、三万余の死者が出たことによるらしい。東京都計画局道路課長石川栄耀は、人間の都市からの撤退に対して、都市に穴をあけるという意味の「疎開」はおかしい、「疎散」というべきだと力説している（「疎開に於ける問題の所在」『住宅研究資料』第二十二集　四四年三月）。しかし四四年に入ると、この非人間的なことばは、都市防衛の足手まといを除くという観点から強力に浸透させられていく。

これに対して、受入れ側である〈地方〉が動きはじめるのは四四年二月以降である。二月三日「東京都移転奨励金交付規程」が公布され、疎開者続出が予想されたからだ。

都下三多摩地方についてみると、「帝都」にもっとも近いだけに対応は素早く、二月初旬、八王子市は疎開対策委員会と疎開受入れ斡旋所（相談所）の設置を決め、四四年度予算に疎開対策費として二〇〇〇円を計上している。南多摩、北多摩等の郡部でも、疎開者を収容する建物の調査を決定。もっとも、三多摩は、人員疎開受入れ以前に東京区部住民の衣料疎開受入れが決定しており、一月には各部落長に対し、衣料保管場所の調査を依頼している。八王子市郷土資料館の山部恵巳子氏によれば、「三多摩は東京の奥倉庫」であり、都民の衣類の他、都内重要文化財や本土決戦用武器弾薬、医薬品の疎開も引受けている。

しかし、人間の疎開受入れはあまり歓迎すべきことではなかったらしい。三月に入っても、実際の受入れ対策はほとんど進展をみなかったようで、『読売報知新聞』三多摩版は、三月七日付で「野菜の買出しその他でさんざん見せつけられた東京人の悪い面を思えば敬遠したくもなろう。だがしかし……」、敵機迫る状況下、大きな胸を開いて都心の人を迎え入れよう、と呼びかけている。

八王子市長深沢友彦も同じ紙面で、空き間、離れ、転換工場を総動員して疎開者を受入れるつもりでいるが、「一般に疎開者が庭のある家三間乃至四間欲しい、閑静で蔬菜を作り得る所等々贅沢な註文が多く、一考を煩わしたい」と、贅沢な疎開者に批判を向けている。三月一一日付『東京朝日新聞』にも、三多摩への疎開者は、浅川町の五〇世帯はじめすでに約三五〇世帯だが、「東京に近いため、ひどいのになると二間で一ケ月二五〇円も出す人も現われて地元民を呆れさせている」とある。これが事実とすれば、四人家族で一五〇円前後が平均的暮しであった当時、べらぼうな家賃である。

この時期、「空襲必至」といわれても、一般民衆の間にまだまだ危機感は薄い。二月二五日、都が実施した「疎開希望者転出先調」によると、疎開を希望する者は、調査人員六五一万余のうちの一二％、七七万九〇〇〇人にすぎない。疎開希望先としてあげられたのは、一位千葉、二位埼玉、以下茨城、栃木、静岡、神奈川、長野、東京、福島の順となる。これは、二七七ページの表の疎開を主とする人口増加県の順位とはかなりのちがいを見せている。この時期は、東京に本拠を置いたまま、できるだけ手近で、食糧確保を兼ねて疎開先を求める者が多かったのだろう。それが可能なのは、かなり経済的に余裕がある層ということになる。

三多摩に限らず、疎開受入れ開始にあたっての地元の反応は厳しい。長野県では、二月二三日県の受入れ態勢を決定し、「都市疎開実施ニ関シ協力方ノ件」を、地方事務所長、市町村長に発して協力を要請しているが、地元の反応は冷たい。

北佐久郡岸野村では、同村出身の「出世頭」三家族の疎開申込みに対し、『疎開者はあくまで帰農の覚悟で来ること」、「華美な都会的風潮をあくまで自粛すること」等々五項目の決議をつきつけてい

疎開を中心とした人口増加(減少)府県順位

(数字は内務省「人口調査」による)

順位		県名	1944年2月	1945年11月	増加数	増加率
			人	人	人	%
増加	1	長野	1,650,511	2,121,050	470,539	128
	2	埼玉	1,647,625	2,047,261	399,636	124
	3	新潟	1,994,817	2,389,653	394,836	119
	4	福島	1,599,392	1,957,356	357,964	122
	5	栃木	1,203,679	1,546,355	342,676	128
	6	千葉	1,659,345	1,966,862	307,517	118
	7	茨城	1,656,678	1,944,344	287,666	117
	8	山形	1,083,569	1,326,350	242,781	122
	9	群馬	1,319,517	1,546,081	226,564	117
	10	山梨	634,897	839,057	204,160	132
減少	1	東京	7,271,001	3,488,284	−3,782,717	48
	2	大阪	4,412,953	2,800,958	−1,611,995	63
	3	神奈川	2,474,354	1,865,667	−608,687	75
	4	愛知	3,280,206	2,857,851	−422,355	87
	5	兵庫	3,224,376	2,821,892	−402,484	87

る(『信濃毎日新聞』二月一七日　以下『信毎』と略)。諏訪地方事務所では、疎開者に対し、左記の六項目を守らせるよう町村に通牒を発している。

一、戦力の増強に血みどろの敢闘をなしつつある市町村に来て、田舎のいわゆる田園風景を楽しむが如き徒食生活をなさざること。
二、華美の服装をして質朴なる地方の淳風を毒せざること。
三、買漁り買溜を絶対せざること。
四、食糧の闇取引は絶対にせざること。
五、従来の都会の華美を忘れ、真に地方の慣習に服すること。
六、経験の有無に拘らず食糧増産または産業戦士として労を厭わぬこと。

(『信毎』三月一七日)

これに類する「申合せ」は、県内各地でなされており、疎開者による「農村の淳風美俗」の破壊に警戒を強めている。史上初めて、都市に対して優位に立った農村が、「淳風美俗」に名をかりてその優越感を誇示している感がないでもない。

四月三日付『東京新聞』には、千葉、茨城の例として、次のような疎開者批判がみえる。

――茨城県久慈川沿いの、炭焼きとこんにゃくと名産の鮎で生計を立てていた寒村では、疎開者に備え、飯米の配給を二割五分減らし、農家の隠居所を用意して待っていたところ、やって来た約三十名の疎開者は、村の古老によれば「鮎に釣られて来たお客」、つまり、かつて釣遊びに来た「旦那連」、日曜ともなると、この連中を頼ってリュックサック背負った連中が、札ビラ切って買出しに押かける。

――千葉県外房のある漁村では、疎開者がやたら金を持って来るので、銀行預金が一日三万円も増加した。「何にしても疎開者が仕事を持たず、金を持って買物に日を暮らすということは地元民との間に反目さす原因です。来る早々、植木を入れたり長着で町を歩き廻ると、どうしても眼につきやすいのです」とは町役場の話。

札ビラ切る「徒食者」は、農村の「淳風美俗」の破壊者としてもっとも嫌われるが、晴耕雨読式農村賛美者に対しても農民の反発はつよい。ある「疎開文士」が、新聞紙上で、農村の晴耕雨読生活を賛美して、疎開を呼びかけたのに対し、長野県の岡村二一なる人物は、「小市民根性の自己満

足を臆面もなく活字にして都市生活者を誘うとはとんでもない話」と、真向から冷水を浴びせている。（『信毎』二月二八日）

不足する住宅・食糧・燃料

一九四四年秋あたりから、こうした疎開者批判は新聞紙上には目立って少なくなる。これを疎開者と地元民との融和のあらわれとみることは早計だが、疎開開始以来半年を経て、地元の側には疎開者慣れ、あるいは、国策に対して文句をいってもはじまらないというあきらめが定着していたろうし、疎開者の側でも、初期のような別荘族気分の有閑族は減って、かわりに三次にわたる建物強制疎開で住居を失ったもの、戦局悪化で増加した出征遺家族等々、切実な事情をかかえたものがふえていただろう。大竹一灯子さんが大目村に疎開したのは、四四年八月、夫の出征で家業の床屋が成り立たなくなったためだった。

しかし、疎開者批判の表面的沈静化の一方で、縁故疎開を受入れた各家庭では、疎開者と受入れ家族との軋轢は高まっていたようだ。その一つのあらわれが、長野県下伊那郡座光寺村の疎開母子心中事件である。

その春、朝鮮から小学校二年と三歳の二児を連れ、座光寺村の親元に身を寄せていた二六歳の母親が、臨月の身で、二児道連れに天竜川に投身自殺した。県では「縁故をたどって疎開してきた者は、お客様気分が薄らぐにつれ、家庭の一員にとけこむ前に、感情的ないざこざで、女心の浅薄さから一途に逆上して大それた結果を招くこともあり得る」から、疎開者の処遇には、受入れ側も注意せよ

——と呼びかけている。(『信毎』九月二五日)

こうした事件は、全国的にもかなりあったはずで、そのためかどうか、九月二三日、政府は全国各都道府県に「疎開請入協議会」を設立することを決定、官民あげて疎開者援助の具体化を図らせるとともに、疎開請入指導費として四〇〇万円の支出を決めている。

疎開者に対しては、二月の段階で移転奨励金(都民税二円以下の者、出征遺家族等に四人家族で二〇〇円。ただしこれも、都が支出したのか国庫からの支出なのかはっきりしない)を出しているが、受入れ側に対しては、「縁故」の建前から、面倒みるのは当り前と知らん顔を決めこんでいたのだろう。

しかしもちろん、縁故のある疎開者ばかりではない。二月に都が実施した「疎開希望者転出先調」でも、長野県に疎開を希望する者三万八八三六人のうち、疎開先に住居があると答えているものは一七%、六六一七人にすぎない。これは多い方で、都下三多摩となれば、八・七%と半分になる。

したがって都は、縁故先がないことによる疎開国策の停滞を打開するべく、五月、「疎開に伴う地方住宅斡旋要綱」を定めて住宅斡旋に乗り出したが、これとて地元受入れ町村の協力があってはじめてできることである。

三多摩では、四月一〇日、いっせいに空き間調査を行ない、お寺、別荘、それに居住者一人当り四畳半以上の住宅を調べあげ、疎開者一人当り三畳の計算で、受入れ可能人員を割出そうとした。しかし一人当り四畳半以上として割出された部分は、「大部分が便所、台所、天井および畳等をつけなければ人が入れない」というお粗末。人間の「住居」を畳数だけで考える機械主義の誤算である。

それでもこの調査の結果、お寺だけで六五件五〇〇名は受入れ可能とはじきだされ、八月以後お寺を中心に二七七八名の疎開学童を受入れることになる。お寺には、学童の他、「敵艦迫る」八丈島からの疎開者も受入れたから、その過密ぶりは、推して知るべし、である。

四月の調査結果から、より多くの疎開受入れのためには家屋改造が必要という結論を得た都は、五月一一日「疎開に伴う建物改造助成金交付規定」を決定、改造費の六割を都が補助することを決めた。その結果、八王子市では、改造予定費二七万円のうち、一六万二〇〇〇円の補助が得られることになったが、問題は、金よりも資材不足・労力不足であった。学童集団疎開受入れが決定したお寺の炊事場、便所、下駄箱等々の設置は地元の人々の勤労奉仕によった。

一般家庭の場合、無縁故の罹災疎開者受入れを役場から割当てられたり、工場疎開に伴う工員に宿舎を提供する場合は、居室のしきりや納屋・蚕室の改造など村役場で面倒をみた。南多摩郡横山村(現八王子市)の田中延子さんは、そうしたかたちで、母屋の二間に中島飛行機の工員約十人と、物置に東京大空襲で焼け出された一家五人を受入れている。しかし、個人的な縁故者や知人を受入れるにあたって、行政的援助を受けたという話は全く聞かない。

長野県でも、疎開者用住宅確保のために、三月から上田、松本等市部を中心に「貸間求む」の呼びかけが行なわれているが、疎開者の増加に追いつかず、五月になって南佐久郡では、料理店、待合、別荘、寺院等の収容能力調査を実施。七月、県は、疎開者のために蚕室、納屋等を改造する場合、都と同様、六割の資金援助を決定している。

それでも住宅難は進行するばかり。九月一九日付『信毎』には、「追立てと不当値家賃の流行でいよいよ窮屈になりつつある」とある。「老幼者妊婦等ノ疎開実施要綱」が閣議決定し、都市防衛の足手まといは、すべて出て行けとなった四四年一一月には、県疎開貸家組合は、市部には疎開者用住宅は一軒もないと言っている。(『信毎』一一月一〇日)

それに対して政府は、「少しぐらいの不自由は忍んでも、疎開によってわが子を護り育ててゆくことこそ、国を護り、戦う母の戦時下の生活であるということができるのではないか。そこに疎開そのものが、単に防空都市を築くというようなことばかりでなく、もっと大きな国家目的をもった、直接国家そのものの存亡に繋がる大事業であるという真実の意義があるということができるのである」と、大上段の議論をふりかざして疎開を強要しながら、妊婦等の集団疎開は「資材、施設、その他いろいろの事情から困難なので、差当っては親類や知人の所に縁故疎開をしてもらいたい」、「要は、受入れる地方の人達の気持が根本になる」と、あくまで、地元に負担を押しつけている。(『週報』一一月二九日号)

こうした国家の一方的な要求に、〈地方〉はよく応えた。少なくとも、四五年春以降、罹災疎開者がどっと押し寄せるまではそうである。もちろん、疎開した側に不満は多々ある。住宅不足、食糧、生活必需品の不足……。しかしこれを、地元の責任に帰することは酷というものだろう。

長野県では、各地で疎開者懇談会を開いて疎開者の地元に対する不満、要求を聞いているが、そこで出されているのは、ゴム長、ズボン等の防寒具、それに薪や炭の配給不足に対する不満である。長野の厳しい冬を考えると当然であるが、これに対しては地元も手の打ちようがなかったろう。長野は薪炭の生産県として厳しい供出割当てを受け、婦人会や小学生まで動員して生産運搬に励んでも追いつかない状況であった。

東京では、四五年はことの他寒さ厳しかったにもかかわらず、薪炭は乏しい配給量のその又半分しか配給されていない。人々は、露地裏の板塀を夜陰にまぎれてひっぺがしたり、強制疎開でとり壊された家の廃材を奪い合って、ようやく火をおこした。

大竹さんは、疎開先の山梨県大目で、落ちている小枝や落葉、それに開墾した桑畑から掘り出された桑の根っこで炊事をしたというが、疎開者による山林の盗伐に苦労した話は、受入れ側のあちこちで聞く。元八王子村（現八王子市）の小嶋夫人は言う。

「疎開者が薪に困っているのはわかるから、ある程度は見て見ぬふりをしてましたが、ようやく育ちかけた若木を折りとって行かれるのには困りましたねえ。大きな木の下枝を払ってくれればいいけれど、道具もないものだから、手で折れる範囲のものを手当り次第とって行くもんで……」

野菜不足も深刻である。長野県松本市の疎開者懇談会では、「決戦下のこととて贅沢など申さぬが、野菜と魚、ことに野菜の配給の少ないことは案外で東京等とは比較にならぬ稀薄で、土地の農家に縁故もない東京あたりからの疎開者にはこれが一番困ることだ」（『信毎』四五年一月一二日）という不満の声があがっている。野菜の配給不足については、疎開者に限らず四四年九月ごろから問題になっており、『信毎』紙上にも、下伊那郡では、規定量の八分の一しか配給量がない（九月二日）、上田市では九月に入って配給なし（九月八日）といった記事がみえる。

四四年は旱ばつで、野菜の出来は平年作の三、四割しかなかった。さきの松本の疎開者懇談会では、東京とは比較にならぬほど少ない、という声が出ているが、七月あたりから東京でも野菜の配給はとみに減っている。永井荷風の日記『断腸亭日乗』にも、「七月初七　野菜の配給愈乏しく三四日目に蕪二三個、また胡瓜一本の半分くらいを配給するに過ぎず」、「九月二十三日　野菜の配給一人につき茄子一二個」といった記述がみえる。

その結果、買出し列車は超満員。『信毎』紙上にも、「買出し部隊は一歩も入れまい」と防止委員会をつくったり（七月二二日）、「買出は利敵行為」（八月一八日）と自粛を呼びかける記事が頻出する。生産量が少ない上に、買出し客に持って行かれたのでは、疎開者にまわらないのは当然である。

それでも夏は、山野草を摘むこともできるが、端境期の冬になってはお手上げである。「副食物の配給悪化、野菜は一回もなし」（四五年二月一五日）という状況のなかで、漬物等の保存食を準備する余裕も技術もなかった都市からの疎開者が、音をあげるのも無理はない。

主食についての疎開者の不満は『信毎』紙上には見当らない。だからといって、もちろん充分にあったわけではない。四四年の米生産量は五八五五万石、前年四三年は六二八八万石、四二年は六六六七七万石であったから、かなりの減収である。その上、四四年からは、輸送事情の悪化で、四一年には一〇〇〇万石近く輸入していた東南アジアからの米がまったく入っていない。左ページのマンガにみられるように、全国民に、基準量の二合三勺（三三〇グラム）を配給すると八〇〇〇万石必要、平年作六〇〇〇万石を大幅に越えて、八〇〇〇万石増産せよ、と呼びかけていたにもかかわらず、五八五五万石であったのだから、米不足は当然だった。

農民に対しては、一石当り一六円五〇銭の供出奨励金を出して増産・供出を促しているが、人手不足、肥料不足はいかんともしがたく、四五年にはさらに三九一四万石と激減している。ちなみに、米

『家の光』1944年1月号より

過剰が言われはじめた一九六二年の生産高は、一三〇〇万トン、つまり八六七二万石である。（数字は守田士郎著『米の百年』による）

したがって、四四年六月から配給米に二割の大豆混入、さらに、麦、さつまいも、乾めん等の混入は当然のこととなった。生産県長野県でも、学生や疎開者を動員して荒地を開墾する一方、鉄道線路沿線、校庭等々、空地はあますところなく耕され、カボチャ増産が奨励された。四五年、長野県にはさつまいも四一〇〇万貫、米一七六万石の供出が割当てられ、「必勝供米運動」が展開されたから、疎開者が主食のヤミ買いをする余地は、ほとんどなかったろう。

にもかかわらず、『信毎』紙上には主食についての疎開者の不満が敗戦まで見当らないのは、あまりにも当り前すぎて記事にならなかったのか、それとも、大竹さんや久島助役のいうように、疎開者も地元民も、「欲しがりません勝つまでは」と、同じ苦労を分かち合っていたためだろうか。

疎開者激増――限界状況の〈地方〉

しかし、一九四五年三月一〇日の東京大空襲以後、罹災疎開者がどっと入って来るようになると、状況はちがった。限界状況に来ていることが、『信毎』紙上にもありありとみえる。

東京大空襲罹災者に対する長野県の対応は、まずは非常にあたたかい。「帝都大空襲」の報をきくや、ただちに木炭一四車分と、医師看護婦十数人の救護班を六班東京に急派する一方、一二日、県は罹災者受入れ対策本部を設置。主要駅には大日本婦人会会員による炊き出し班を出動させ、お寺、学校、劇場、公会堂等に食糧やふとんを持ち寄って、罹災疎開者を迎える準備をした。一〇〇万にも及ぶ罹災者のうち、浅草、本所等の行き所のない罹災者三万五〇〇〇人を長野県に集団疎開させることが決められたからである。

しかし、長野県民あげての傷ついた罹災者への「戦友愛」は空振りに終わった。三万五〇〇〇人の疎開者を受け入れるために一〇〇名ずつ割当てられた県下町村では、乏しい飯米を持ち寄って夕食を整え、お風呂までわかして待っていたというのに、やって来たのは諏訪郡一五村と上伊那の四町へ一〇〇〇人足らず。結局長野県へ来た罹災者集団疎開は、三月一七日から四月一九日までの間に一五二一人である。（『東京都戦災誌』による）

三月一〇日、四月一三日、五月二四、二五日と、度重なる大空襲を受けた東京の無縁故罹災民は、三月一七日の長野への第一陣を皮切りに、敗戦まで、計五〇三九人が新潟、山形、福島等に集団疎開している。

集団疎開は、当初の予定よりうんと少なかったが、罹災疎開者、及び三月一五日閣議決定の「大都市ニ於ケル疎開強化要綱」によって都市を追われた疎開者は、三月中旬以後、続々と流れこんだ。長野県の人口は、四四年二月約一六五万であったものが、四五年秋には二一二万余。全国一の増え方である。そのすべてが疎開者ではないが、全国一の疎開受入れ県であることはたしかであり、その半数近くは、四五年三月以後入ってきたものと考えられる。上田市についてみれば、四四年末の疎開世帯は八〇〇、一カ月後の四五年一月末は九三八世帯二四四七人、それが五月末では三〇〇〇世帯一万二三〇〇余人と急増している。

したがって、まず、ものすごい住宅不足である。三月初旬、県は、深まる住宅不足を打開するために、一五〇〇戸確保を目標に全県的に住宅供出運動を展開したが、その矢先にどっと疎開者が入ってきたわけである。三〇〇〇世帯を受入れた上田市では、六世帯同居一戸、四世帯同居八七戸、三世帯二二四三戸、二世帯二七六五戸というすさまじいことになっている。多数の学童集団疎開を含む疎開者で村の人口が一挙に倍になった下高井郡平穏村（現山ノ内町）でも、一戸残らず疎開者が入っていたという。

そのため、家賃は暴騰。前住者追立てによるトラブルが続出している。家主が、これまでの店子を追い出し、家賃を上げて新しい店子を入れようとするからだ。七年前の三八年三月、三円であった二階の十畳一間が現在二五円とか、農家の納屋を三〇～五〇円で貸している下高井郡の旅館業者や、一間二〇円で貸した上に、大人一人一日二円の割増をとっていた同郡平穏村の工員が検挙されたとか（『信毎』五月二日）、住宅難につけこむ地元民もあらわれたようだ。

林芙美子の『夢一夜』は、この平穏村での疎開体験を作品化したものだが、家賃を値上げしたいがために家主に追立てをくらったことが記されている。これに対しては地元の側にも言分はあるようで、彼女が疎開先で住居を変えたのは、家主が追立てたというよりは、受入れ先家庭との関係が悪化したためという。この「女文士」に対する地元の人々の姿勢には、いまだに厳しいものがあるようだ。

四月三〇日の県の調査によれば、罹災疎開者の一戸借り四〇七五世帯、間借り七三七九世帯、一般疎開者の一戸借り一万七〇九、間借り一万六五三一、計三万八六九四世帯となっている。これには実家や親類の家に居候している縁故疎開者は含まれていない。一戸借りの場合の家賃は、市部は畳一枚最低一〇銭、最高三円五〇銭、間借り最低四〇銭、最高六円八〇銭。従来、市部にくらべてぐっと安かった町村は、同程度かやや高いぐらい。空襲の危険や食糧事情から、疎開者が市よりも町村に集中するためという。(『信毎』五月一六日)

山梨県では、公定家賃は座敷の場合、畳一枚につき上級二円、普通一円五〇銭、土間と板間は坪一円となっているが、実際は一畳七～一〇円とっているところもある。農家の蚕室を貸す場合は、養蚕の年収平均一〇〇〇円が入らなくなるわけだから、年一〇〇〇円の割で家賃を計算するのが常識になっているという(前出「山梨県に於ける疎開者世帯状況調査概要」)。大竹さんは、大目村で八畳二間をかりて「二〇円ぐらい払っていましたかねえ」というから、ほぼ公定家賃というところか。

こうした家賃は、農家にとっては安定した現金収入の道でもあったはずだ。とくに、働き手を戦地にとられた女世帯にとってはそうだったろうと思われるが、ありがたかったという話は聞かない。物不足、インフレの折、少々の現金収入は意味をなさなかったということか。

ただ、長野県の湯田中温泉を訪ねた折、島屋旅館の御主人湯本篤太郎氏は、湯田中の温泉旅館に都の学童集団疎開を多数受入れたのは、戦争激化で温泉客が減り、経営危機におち入っていたため、と話してくれた。しかし同じ旅館でも、隣の中野市の山崎屋旅館御主人は、戦争が激しくなってかえって宿泊客はふえたのに、二階全部を疎開児に占領されて迷惑だったといわれる。それに当時は、宿泊客は米持参であったから、一般客を泊める方がありがたかったという。

当然のことながら、食糧不足も深刻である。三月段階では、県食糧営団本部は、「本県は幸い自給県であるので、いまのところどんなに疎開者が増えても少しも心配はない」(『信毎』三月二二日)と胸を叩いてみせていたが、主食の配給については、罹災疎開者と一般疎開者の間の差別や、疎開者を同居とみるか別世帯とみるかで配給量にちがいが出るなど、県当局はその対応に苦慮している。
県食糧課の話によると、「戦災者の場合は集団して疎開してくるので人員も疎開日もハッキリしており、そのうえ受入態勢も整っているので配給は敏速に行なわれる、これにたいし一般疎開者は町村、地方事務所を通じて申請、これにたいし物資を配給するのだからどうしても手間どる」という。(『信毎』三月三一日)

また、従来は疎開者を受入れた場合、区長の判断で「同居扱い」にすることが多かったが、これだと疎開者の食糧は受入れ世帯の負担になるので、受入れ拒否やトラブルの原因になっているという。

それ以上に問題なのは、野菜不足である。さきに触れたように、四四年夏は猛暑で旱ばつ、そして四五年は六〇年ぶりの大雪に見舞われ、三月末になっても田畑はまだ深い雪の下。子どもを動員して泥をまき、消雪に必死の努力をしているが、秋まきの麦や野菜の雪腐れはまぬがれない。

まったく、四四年、四五年の資料を辿っていると、前線からは悲報相つぎ国内は空襲に焼かれ、その上天候異変である。弱り目にたたり目、天まで日本を見放したかの感がある。

それでも大坪長野県知事は、四月一八日、天皇が戦災者を慰撫する勅語を出したのを受けて、次のような談話を発表して県民を叱咤した。

「畏くも天皇陛下におかせられては、これら不幸なる赤子の身上を深く御軫念あらせられ、この度優渥なる御勅語にあわせて多額の御内帑金を下賜あらせられた」。この大御心に応え奉るためには、県民は、苦しいだろうが「肉身を迎える心で」これら戦災者を迎え入れねばならぬ、高い家賃を請求したり白眼視したりすることは、「信州人の恥辱たるにとどまらず、また大御心に沿い奉る所以にあ

らざることはいうまでもない」(『信毎』四月一九日)
しかし六月、さすがのしんぼう強い長野県人も、ついに音をあげる。
「疎開受入れは飽和点に――住宅と食糧に国家的解決が必要」(『信毎』六月一五日)
つまり、とくに住宅、野菜不足は深刻。野菜は、二月の段階で、配給の必要な非生産者七〇万人として生産計画をたてたが、現在一〇〇万から一二〇万の要配給者がいる。これはもう、県ではどうにもならないから、国家の方で何とかしてくれ――というのだ。当然だろう。むしろ遅すぎた感がある。国家の無策のツケを一方的に背負わされる〈地方〉が、もっと早く、こうした声を国家に対してぶつけていたら、沖縄の「玉砕」もヒロシマもなかったのでは、とどうしても思ってしまう。

疎開は地方の産業構造をどう変えたか

疎開受入れは、地元の生産面にどんな影響を与えたか。あるいは与えなかったか。

疎開は、国家の意図としては、都市防衛であると同時に新たな都市政策であり、産業体系の地域的再編であった。疎開政策立案のブレーンのなかには、都市に集中した産業の地方分散をはかり、地域振興に資するという美名のもとに行なわれたかの悪名高い田中角栄の新全総(新全国総合開発計画)に通ずる発想もみえる。

製糸業不振に悩んでいた長野県では、十五年戦争開始直後から積極的に軍需工場誘致をはかっていた。「支那事変」「大東亜戦争」と戦局が拡大するにつれて、この動きは強まり、四四年八月現在、長野県には一一二の軍需工場があった。以後の重要工場疎開政策によりさらに急増し、敗戦時では、工場数一四九九、労働者は学徒も含め二一万五〇〇〇人を数えている。（宮沢志一「戦時下における長野県工業の展開」『信濃』一九六八年）

ただし、これがすべて稼働していたかどうかは疑問である。これまでの日本の工業地帯が軒並み空襲で潰滅状態になった結果、地元の立地条件、受入れ能力を無視した強引な工場疎開もあったようで、農民から耕地をとり上げて工場を建てたが、電力・輸送事情の関係で稼働しないまま敗戦を迎えたところも多かった。山梨県大目のような僻村にも、北辰電機という通信機器の軍需工場が疎開して来たが、ほとんど稼働しなかったという。

この工場疎開は、地元にさまざまな問題を生んだ。まず、疎開工員と地元工員との賃金差である。長野県工員の平均賃金は男一五〇円、女七〇円（この男女差！）であったが、賃金統制令によって長野県は三級県で低く押えられているところに、一級府県の高賃金を支給されている大都市からの疎開工員が入ってきたから、地元工員の勤労意欲がそがれる、また、長野県にある下請工場と、都市の親工場の間の賃金にも同様の格差がある――といった問題があった。これなど、現在の工場の地方進出に伴う問題と、まさに同じである。

したがって相対的に高給の疎開工員は、札ビラきってヤミ買いに走る、といった批判も多い。福島県の工場疎開について次のような証言がある。

「東白河郡地方の闇行為を誘導したのは、工場疎開に伴うて転任して来た工場職員であった。一般疎開者の一部にも無論同様の行いはあったが、工場疎開者が入込まぬ前は闇値と言っても知れたものであった。彼等が疎開してから間もなく馬鈴薯一貫目五円台から十五円に、白米一升が三十円に鶏卵一ケが一円五十銭と言う突飛な値段で取引されだした。（略）某村の或自転車店へ近頃疎開して来た某会社の一職員が訪れ、自転車一台千五百円で五台注文したいと言った。主人がそれは困ると拒否したら、彼はポケットから軍需省からの書類を示して、決して検挙されることはないよと見得を切り……」（小野武夫編『戦後農村の実態と再建の諸問題』一九四七年）

親方日の丸で羽振りをきかす軍需工場職員の姿が眼に見えるようだ。この批判とは逆に、自宅に下宿させた疎開工員にバターなど当時珍しいものをもらって助かったという話もある。賃金だけでなく、軍需工場職員に対しては、配給物資も特別潤沢に支給したからである。

しかしそのおかげで、空襲を受けた地方も多い。八王子市が山の中までたびたび空襲されたのは、中島飛行機等の軍需工場が疎開していたためといえる。工場の地方進出は、昔も今も、メリットよりはデメリットの方が大きいようである。

ただし、戦後、長野県に精密機械工業が盛んになったのは、戦時中の軍需用通信器機工場の基盤があったからであり、岡谷市の高木忠氏によれば、現在、長野県に印刷工場が多いのは、「戦争の置きみやげ」、つまり、空襲で出版活動が不可能になった出版社が、多数疎開してきたからだという。疎開が長野県の産業に与えた影響は、非常に大きかったといえる。

「帰農」を拒否する農村

農業については、どうか。戦時体制にとって、軍需生産労働力の確保はもちろん重要課題であったが、食糧増産を阻む農村の労働力不足も深刻な問題だった。したがって政府は、一般疎開を促進するにあたって、「疎開該当者ニ対シ地方農村ヲシテ帰農呼ビ寄セヲ計画実施ス」(「一般疎開促進要綱」四四年三月一五日閣議決定)と、疎開者を帰農させることによって、農村労働力の確保をねらった。このころ、疎開はたんなる逃避ではなく「銃後のあらたな戦闘配置」とさかんにいわれたのも、この意味だった。農村には、草むしりや落穂拾いなど、女・子ども・年より、農業経験の全くないものにもできる仕事はいっぱいある。都会の徒食を去って、敢然として農村で国家に御奉公しろ――。

農村の側にも、さきにみたように、疎開受入れにあたって「あくまで帰農の覚悟で来ること」といった決議をつきつけるなど、農業労働力としての期待がみえる。『信毎』紙上に、「帰農疎開者」野沢政喜がたびたびとり上げられ、讃えられるのも、帰農を促すためであろう。

その期待が、もんぺもはかずに子どもをおぶってブラブラしている疎開女性に対する反発をいっそうつよめる。『信毎』紙上にも、「町を歩くものや食堂の列に着くもの、濃化粧をしたものなぞは大抵疎開女性だ。(略)また勤労奉仕に出ても、農村の人々に都会風を吹かせるとか」(『信毎』四五年六月四日)等々、ともに働かないことへの批判は多い。

もっとも、この点については面白い話もある。大阪の船場に生れ育ち、船場の御寮(ごりょん)さんとして多数の女中にかしずかれていた藤田サダさん(八四歳)から聞いた話である。大阪大空襲で家も店も焼かれたサダさんは、大和盆地の農村に疎開した。そこで彼女は、農民と同じように用水路作りの勤労奉仕にかり出された。しかし、真夏でも絽の着物にきちんと帯をしめ、足袋まではいて暮していたというサダさんに、土方仕事ができるはずはない。あまりの役立たずぶりに、地元の人曰く、
「もうええ、いっそきれいに着飾って、その辺をシャナリシャナリ歩いとくなはれ。眼の保養になって勤労意欲がわく……」

しかしこれは、美貌をうたわれたサダさんならではのことで、すべての女に許されるわけではない。『信毎』紙上には、農繁期の勤労奉仕や、野菜自給にとり組んでいる疎開者の記事は非常に多い。しかし、これは「帰農」とは言えない。「帰農」とは、たんに農村に帰る、ということではなくて、農民として生きる、つまり、食糧すべてを自給した上に、商品化しうる余剰生産物を生み出し、農業生産で暮しを立てる、ということだ。そうした意味での帰農者は、どれぐらいいただろうか。

戦後四六年四月の「農家人口調査」によると、長野県の農家戸数は二一万七〇〇〇弱、四一年八月「大東亜戦争」開始直前に比べて、約一万四〇〇〇戸ふえている。指数にすれば一〇七、全国では一〇四であるから、長野県の農家戸数の増加は多い方といえる。しかしこの中には、復員や徴用解除によって帰農したものも含まれるから、疎開帰農者の数はわからない。

農村社会学者の福武直が、四六年夏、秋田、埼玉、岡山、福岡、愛媛等々全国十二県十五部落を選んで調査したところによると、農村流入件数一五〇件のうち、罹災を含む疎開によるものは六七件、約四四%であった(「戦後における農村流入人口の実態」『社会学研究』四七年一二月)。これを、無理を承知で先の数字に適用すると、長野県の帰農疎開者は、一万四〇〇〇の四四%で七〇〇〇戸弱ということ

とになる。疎開戸数は少なくとも十万はあったと思われるから、それから言うと帰農した疎開者は非常に少ない。

それは、『信毎』紙上でも感じられることである。あれほど帰農を呼びかけているにもかかわらず、既成の農村社会で「農家」として暮しているとみられるのは、四五年四月の段階で一四〇戸という（『信毎』四月一二日）。労働力不足で返還される小作地がかなりでているというのに、この少なさはどうしたことだろうか。

これを、やっぱり都会者に百姓は無理とだけみることは早計のようである。

「帰農疎開者のお手本」としてたびたび『信毎』にとり上げられている野沢政喜は、出身村の上伊那郡伊那富村で、水田二・五反、畑二反を借りて農業を営んでいるが、彼の発言をていねいに読むと、非常に苦労している様子がうかがえる。

「私は初め、鍬と鋤さえあれば百姓は出来ると思っていたが、事実は非常に違う。次から次へとおよそ百七十種類もの農具が必要です。それをその都度借りてやったので非常に苦心しました。（略）稲が実ると鎌が要る、刈ると今度ははぜをどうにかしなければならない、つぎは種をこなす籾摺が要る。ふるい、箕、かますというように非常に多いんです」

「農業は一町二反やらなければ一人前ではないと言われるが、農具を一切借りてやることになると、一町二反作れる労力を持ったものでも四反歩五反歩で精一ぱいです」（「座談会・さあ仲良く増産だ」『信毎』四五年三月二一日）

この発言の背後にあるものは、私にも実感としてわかる。敗戦直後、いわゆる戦争未亡人となった母は、郷里に帰り帰農しようとした。しかし田畑があるわけではないから、軍隊の解体で不要になった錬兵場や山を開墾して麦を播いたが、まわりの農民の対応は非常に冷たかった。九歳と五歳の子どもとともに初めて農作業にとり組む母に、技術指導をしてくれる人はなかったし、野沢政喜が言うように次々に必要になる農具を貸してくれる人もなかった。結局、かなり離れた村に住む祖母の実家に助けてもらったのだったと記憶する。野沢は、農具を貸してもらいたい一心で、妻とともに、まずまわりの農家に進んで手伝いに出かけ、心証をよくするよう努めるなど、人知れぬ苦労をしている。

それ以上に問題なのは、農地である。野沢が何とか「農家」といえるだけの田畑を借りられたのは、かなり例外的なことだったのではないか。タテマエとしては、帰農者には田畑を斡旋することになっているが、ホンネのところでは、あまりやりたくなかったことが県農業会指導部長の次の発言からもうかがえる。

「(疎開者が来て)一ケ月位経って落付いて体も馴れましてから希望があった場合、村の方でもこの人ならまア百姓が出来る、農業組合や村の指導者がみて本当にそう思われるんでしたら田畑の斡旋もしましょう。(略)しかし軽はずみにやられることは困るから、実状を見た上でなければハッキリは申上げられない」(同)

四五年三月三〇日、政府は「都市疎開者の就農に関する緊急措置要綱」を発表し、これまでの縁故による疎開者の帰農推進に加え、集団帰農の方針を定めて帰農地を決定した。長野県には、京浜地区、名古屋地区からの集団帰農者を受入れることになったが、それに対して県は、開墾と農作業補助に従事させることを決めている（『信毎』四月二日）。ということは、つまりは既墾地を与えて既成の農村社会に迎え入れることはしないということだ。

六月、県農政課は、東京から一万五〇〇〇戸、名古屋から一万三〇〇〇戸と割当てられた集団帰農者を浅間山麓等一三〇〇メートル以下の高冷地三万九九〇町歩の開墾にあたらせることにしている。

こうした方針は山梨県でも出ていたようだ。東八代郡境川村の橘田健司氏は、四五年七月六日の甲府空襲で焼け出されたあと、境川村の実家に疎開し、疎開者組合で山の開墾にとり組んだが、「たしか、傾斜何度以下の山は開墾すべしと決められていたと思いますよ」と言う。すぐに敗戦になったわけだが、橘田氏によれば、疎開者組合は「開墾組合」と名をかえて、ある時期まで開墾による帰農につとめたという。

帰農を呼びかけながら、結局、農村が期待したのは、農繁期の季節労働力であり、作男的補助労働者である。さもなければ原野を勝手に拓いて住め、ということであって、村の中に対等な農家として受入れようとする姿勢はほとんどない。集団帰農者のように、大量に流入する場合は、新たに耕地を拓かなければならないのは当然だが、都会に流出していた次三男が、戦火に追われて帰ってきた場合も事情はほぼ同様だった。

この原因を、農村社会の閉鎖性にだけ求めることはできない。日本の農業規模の零細さが基底にある。農村作家和田伝の敗戦直後の作品「裾野」は、その間の事情を伝えていて興味深い。

——主人公浅太郎は、赤城山麓に田三町歩畑一町歩をもつ大百姓である。田三町歩のうちの一町歩は、軍隊に行っている弟が将来分家するときのために自力で葦原を開墾したものだった。ところが弟は、百姓はいやだと下士官になり、浅太郎の反対を押切って、百姓仕事などできそうにない商家の娘と結婚してしまった。戦争中はえらい羽振りで、浅太郎も弟の出世を喜んでいたが、終戦になったとたん病身の女房を連れて帰って来た。そして、百姓になりたいと言う。

しかし浅太郎には、もう耕地を分ける気持はない。弟嫁に対する不満もあったが、耕地の零細化に反対だったからである。彼は家長として、弟夫婦が町で身を立てられるよう就職探しをする。しかし弟の百姓への決意が固いことを知り、結局、山林一町歩を開墾、帰農させることにする——。

田三町、畑一町の大百姓の浅太郎ですら、耕地を分けることをいやがるのだ。まして、全国一の満蒙開拓団を送り出した結果として、ようやくかつかつ食える五反百姓になった長野県の農民にとって、耕地を分け与えて帰農させることは不可能だったのだろう。

農業労働力の需要は、季節的変動が大きい。農繁期は猫の手も借りたいほど忙しいが、農閑期ともなれば、零細農業では口べらしを兼ねた出稼ぎが常態であった。戦時下の出征、徴用等々による農村労働力流出も、この口べらしの範囲を大きく逸脱するところまではいっていなかったのだろう。

さきの福武直の調査結果でも、農村への流入人口のうち、農業で安定した生活ができているのはその村に土地を持っていた不在地主か農家のあとつぎ。あるいは実家が、分家して土地を分けるだけの余裕がある大農家の場合のみ。帰農のかけ声に促されて帰ったところで、水呑み百姓の次三男には、分けてもらえる土地もない。

「戦災のために故郷に失意の生活を余儀なくされる次男に親の愛情は憐憫を感ずるのではあるが、しかもなお長男に与えるべき家産の減少を憂う家族主義的精神に打克ち得ない農村人を、われわれはこの調査で判然と掴むことが出来た」と、福武は言う。

敗戦まで、帰農疎開を声高に呼びかけていた国家は、戦後、前線からの復員兵士が続々と帰還すると、たちまち「農村の過剰人口をどうするか」「次三男をどこに捨てるか」を問題にする。大竹さんが、帰還者の流入をみて、せっかく植えた栗の収穫を待たずに大目村を出たのは、賢明な判断だったのだろう。

大目村出身の久島助役も、「都会に生活基盤がなかった疎開者は、戦後非常に苦労していた」と言う。それはつまり、一家をあげて都会を引払い、農家として生きるために帰農した疎開者ほど苦労した、ということであろう。

大竹さんに、人間への信頼を呼び醒ました大目村の水越一家。その息子さんの奥さんは、東京大空襲の罹災疎開者であった。一家は大竹さんと同じように、草ボケの生い繁る山を開墾して戦後も住みついたが、やっと一息つけるようになったのは、高度成長以後、その山の畑がゴルフ場として買収されたのちであった。

考えてみれば、戦後、開墾農家のわが家が餓死しないですんだのは、四八年、町に製紙工場ができて母が就職できたからだったろう。

破壊された農村の自給体制

疎開受入れ側の実態をみるために、古い資料を辿り、東京八王子市や、山梨、長野の山あいの人々に話を聞くにつけ、国策の名のもとに一方的に負担をおしつけられた地方のありようが浮かび上がる。

地方から中央へ、農村から都市へと、つねに一方方向に流れていた人の流れをはじめて大規模に逆流させた疎開国策は、敗戦前後の数年、一見農村に活況をもたらし、カネをふりまいた。しかしそれは一方では、農村の自給体制の破壊を意味した。自給自足の閉鎖社会、その中で外の世界には眼を向けず、自分の身体を目いっぱい酷使して大地にはいつくばって生きることが農村の「淳風美俗」というなら、そんなものは破壊されてよい。広く外の世界に眼を展き、「文化的生活」を営む権利は、当然農民にもある。しかし、「外の世界」に眼を展くことが農村の独自性を見失わせ、「文化的生活」を営むことが、都会製商品を購入することでしかないとすれば……。

敗戦直後、尾羽打枯らして帰って来た次三男を、心を鬼にして拒否してまで守ろうとした農地も、いま、荒れるにまかされている。その原因は、農地改革や戦後の農業政策のあり方、大きくは、日本の戦後復興のあり方そのものに求められるべきだろう。しかし私には、疎開という国策によって大きく促された農村自給体制＝自立性の破壊が、その根っこにあるような気がしてならない。

疎開という国策は、都市と農村を史上例のない規模で触れ合わせた。なぜ人々は、それをつかの間のものに終らせてしまったのか。同じ蟬しぐれの中で、「大日本帝国」瓦解を体験した都市と農村の人々が、ともに手をとり合って「国家」というもの、「中央」というものに対決する姿勢を築き上げていたら……、日本の戦後のありようは、大きく変っていただろう。

これは、高度成長の開始とともに〈地方〉を捨てた私自身への問いでもある。

さきに触れた山梨県境川村の橋田健司氏は、戦前農民運動に挺身した人であるが、最近の日本の「右傾化」を憂い、「戦争への道を許さない女たちの集会」には必ず顔を出していた。その橋田氏は、「もう農民はだめですねえ、自分だけの目先のカネのことばかりで……。階級的連帯をどうつくるかですねえ」ということばを残して、一九八三年六月、急死された。

このことばは、ひとり農民だけでなく、都市に住む私たちにも向けられているはずである。「階級的連帯」、このことばの重みを、いま私は持ちあぐねている。


〔この稿執筆にあたっては、文中に記した方々の他に、資料や聞きとり対象の紹介など、数多くの方のお世話になりました。長野県中野市公民館長水谷正氏、八王子郷土資料館の山部恵巳子氏、三好範子氏、桑田喜美子氏、また、山梨の「戦争への道を許さない女たちの会」の小林恵理子さん、石川まさきさん等々に、心から御礼を申上げげます。〕

5章 女たちの八月一五日——銃後の終焉

写真提供・共同通信

還ってきた〈息子〉

築港通りをどんと突き当り、パラボラ・アンテナの立つ小公園をまわりこむと、パッと眼前に、港がひらけます。

はるか沖合いの防波堤のあたりには、西日をうけたタンカーが、シルエットになってじっと動きません。静かな水面を、黒い砂利船が船べりすれすれまで水に沈めてゆっくりとひかれてゆき、白い観光船が、軽快なエンジン音をひびかせて追い抜いてゆく――。

キラキラと夕日を照り返す港は、あくまでおだやかで、平和そのものにみえました。

しかしかつて、ここ大阪港は、戦場へ向かう輸送船でごった返していました。軍靴のひびき、軍馬のいななきが突堤にあふれ、キャタピラの音をひびかせて戦車が次々に船腹に吸いこまれていく。

「天に代わりて不義を撃つ……」と、あちらの一団から軍歌があがれば、こちらの一団では、万歳の声がわき起る。そしてその人波をかき分けるようにして、かいがいしく兵士たちにお茶をついでまわる白いかっぽう着姿の女たち――。

いま大阪港区に住む山下ミネさん（八十八歳）も、そうした女たちの一人でした。

兵士の出征と聞けば、雨の日も風の日も、何をおいてもミネさんは、大阪港にかけつけ、近くの工場の小使室をかりて大釜に何杯も湯をわかし、乗船待ちの兵士たちにお茶の接待をしました。ときには、家族もちの兵士から、故郷への送金を頼まれることもありました。

「自分はすでに、御国に捧げた身、いま船に乗れば、もう金を使うこともない。どうかこの金を故郷(くに)の家内に送ってやってほしい。そうすれば、学用品の一つも子どもに買ってやれるから」

そう言って兵士たちは、ポケットをはたいて、十銭、二十銭とささやかな金をかき集め、ミネさんに託すのです。

「なんぼか、おかみさんや子どもさん、気がかりやったんやろ、男ながらも涙を浮かべてなあ。そんな兵隊さんみると、もう私のできることなら、何でもしたげたいいう気になってなあ……」

そこには、戦場にある二人の息子への母としての思いもこめられていたでしょう。さらに、叱咤激励して戦場に送りだした気の弱い長男への罪ほろぼしの気持もあったかもしれません。

ミネさんの生家は九州の士族、地方ではかなり知られた家柄でした。夫は海軍の軍人。ミネさん自身も結婚前は小学校の訓導をつとめ、教育勅語の「一旦緩急アレハ義勇公ニ奉シ」を子どもたちに教えこんだものでした。

そんなミネさんにとって、文学青年風の長男は、歯がゆくてなりませんでした。入隊の日、ミネさんは赤飯を炊き、悄然とした長男のおシリをひっぱたくようにして送りだしたものです。

ミネさんの大阪港での寝食を忘れての活動を、兵士たちはとても喜びました。「山下さんには頭が下がる！」と、高級将校から感謝されたこともありました。

ミネさんは、期せずして、戦時体制が求める「銃後の女」の役割を、みごとに果たした、ということができます。「銃後の女」の役割とは、まずは兵士たちの戦意を昂揚させること、少なくとも、反戦・厭戦意識の表面化を抑えること、です。

軍が、国防婦人会の組織化に力を入れた理由も、そこにあります。前線の将兵を慰め励まし、その「後顧の憂」を除く――これが女たちに課された役割でした。

ミネさんだけでなく、多くの女たちは、その役割をよく果たしたといえます。出征を見送り、せっせと慰問袋や慰問文を送り、傷痍軍人や戦死者の家族をまめまめしく面倒みる――こうした女たちの働きがなければ、戦時体制の矛盾は、もっと早く噴き出していたでしょう。「満州事変」にはじまるあの戦争が、あれほど長く、あれほど苛烈に戦われ得たのは、ミネさん達の奉仕活動のせい、といっても過言ではありません。

だとすれは、明らかな侵略戦争、不正義の戦争であったあの戦争において、失われた三百数十万の日本人の生命、二〇〇〇万以上と伝えられる中国はじめアジア諸国の人々の生命に、ミネさんも関係ないとはいえません。

たしかにミネさんの行為は、女のやさしさ、母性愛の発露ではありました。しかしそれは、戦争遂行の潤滑油でしかありませんでした。女の目先のやさしさがはらむ加害性を、私たちは、とくに女は、肝に銘じておくべきでしょう。そして、それ以上に男は、女の社会的視野をせばめ、さしあたり自分に都合のよいやさしさだけを女に求めることの愚かさを、とっくり考えてみるべきです。

さて、ミネさんの二人の息子は、戦争が終っても、とうとう帰ってきませんでした。もともと身体の弱かった長男は戦病死、きかん気だった次男は、ルソン島で「壮烈な戦死」。

親しくなった高校将校から、次男の部隊がいよいよ前線に発つことを耳うちされたミネさんは、とるものもとりあえず次男が入隊している姫路の連隊にかけつけました。しかし受付に呼び出されてきた次男は、母の顔を見て喜ぶどころか、ミネさんを怒鳴りつけました。

「一人だけこんなことをして、恥ずかしいと思わんのか!」

ミネさんは、肩を怒らせて歩み去る次男の後姿を、さびしさと頼もしさの入りまじった複雑な気持で見送りました。それが見納めでした。

ミネさんが次男の遺骨を受けとったのは、敗戦の翌年二月、骨も凍るような寒い日でした。通知を受けて市庁を訪れたミネさんは、他の遺族とともに、火の気のない廊下で何時間も何時間も待たされました。待ちくたびれたミネさんは、カギ型に曲った廊下の角から、何度も何度も係の部屋の方をのぞいてみました。

何度めかにのぞいたとき、二人の職員がやって来るのが見えました。寒さのせいでしょう、二人は腕組みしたまま、何やら白いものを山積みした柳行李を蹴とばし蹴とばし、やって来ます。近づいたのを見れば、その柳行李に積まれたものは、なんと白布に包まれた遺骨箱ではありませんか。

角を曲ったとたん、うやうやしく遺骨箱を捧げ持って遺族の名を呼ぶ職員に、ミネさんの怒りは爆発しました。何を言ったのかはよく覚えていません。気がついたら、手をついて謝る職員の前に突っ立って、号泣していました。

帰ってから、家族の制止をふり切って、ミネさんはその遺骨箱をあけてみました。中には、薬包のような紙に、一つまみの砂が包まれてあるだけでした。

足で蹴られてわが元に帰ってきたそのあまりにも軽い次男の「遺骨」と、「兵隊さんのために」と必死に働いた重い日々――その間の裂け目を、見つめつづけてミネさんの戦後は過ぎました。

女と戦争と情報

「……昨日正午戦争終結の大詔（十四日付）を拝す。畏くもラジオを通じ、陛下御親ら決を下し賜ふ。恐懼おくあたはず。ああ戦ひ三年八カ月。勇躍之に従ひしも、時利あらざりし也。いま大詔の御示趣のほどを拝し、ふかき痛苦を犇々と感じて泣き哭くのみ。伏してただ泣き哭くのみ。夜にねむりてさめて泣き哭くのみ。朝も泣くのみ。暫くも涙やまず。深く苦しき涙也。涙なき涙也。色なき涙也。これは何を意味する苦痛か。われらいまだ文をしらず。而して苦しむ。四六時苦しむ」

（鹿野政直・堀場清子『高群逸枝』）

一九四五年八月一六日、敗戦の翌日、女性史研究家高群逸枝は、日記にこう記した。敗戦の衝撃の大きさをうかがわせる文章である。前日の敗戦の日は、これまで一日も欠かさずつけていた日記に、彼女はただ、○だけを大きく記している。

おそらく高群にとって、八月一五日の敗戦は青天の霹靂であったのだろう。高群だけではない。多くの日本人、とくに女たちにとってもそうだった。次々と街は焼き払われ、同盟国ドイツ、イタリアすでに降伏し、しかもソ連が新たに参戦したとなれば、敗色は決定的と思われたはずだが、それでも、「まさか負けるとは思わなかった」と、多くの女たちは言う。戦後、アメリカが行なった調査によれば、敗戦時、男よりも女のほうが、一般的に言って「戦意」は高かったという。（『アメリカ戦略爆撃調査団報告書』第14集）

そのためかどうか、八月一五日の天皇による「重大声明」発表を、「一億玉砕」の呼びかけ、と思っていた女たちも多い。すでに数日前から、戦争終結を知っていたはずの作家高見順夫人さえ、その日の朝、「ここで天皇陛下が、朕とともに死んでくれとおっしゃったら、みんな死ぬわね」と言った。（『高見順日記』）

八月一五日正午、ラジオの前に集まった女たちは、雑音とまわりくどい言いまわしのなかから、ようやく敗戦を知るや、一瞬、声をのんで立ちすくんだ。真夏の太陽のもと、蟬の声だけがやけに耳についたと話してくれた女もいる。そして次の瞬間、日本中で、女たちは声をしのんで泣いた。「おかわいそう、天皇さま、おかわいそう……」と、身をもんで泣いた山里のおかみさんもいた。（山田風太郎『戦中派不戦日記』）

しかし、高群の受けた衝撃は、ふつうの女のそれをはるかに越えていた。敗戦の日に○だけを記した高群は、翌年もその翌年も、そのまた翌年も……五年間にわたって八月一五日の日記に、ただ○だけを記している。

五年間の長きにわたって、高群にことばを失わせたものは何であったか。おそらくそれは、高群自身の戦争中の姿勢に関わっていよう。

先にひいた日記の一節に、「ああ戦ひ三年八カ月、勇躍之に従ひしも……」とあったように、戦争に対する高群の姿勢には、非常に積極的なものがあった。一九四〇年、高群は出版社からのアンケートに答えて、「女性史を書いて翼賛します」と、戦時体制協力を表明していたが、太平洋戦争開始以後、大日本婦人会機関誌『日本婦人』等において、戦争を美化し、女たちに戦争協力を促す発言をしているのはよく知られるところである。（鹿野・堀場前掲書及び『高群逸枝論集』所収の「全集未収録論文」参照）

「愛と平和の人」であり、女の解放を心から願っていたはずの高群が、あの侵略戦争に対して、なぜあれほど積極的な姿勢をとったのか。これについて、夫であり同志であった橋本憲三は、「なにしろ情報が不足してましたから」と答えたという。そうなのだろうか。本当に高群には、〈情報〉が不足していたのだろうか。

〈情報〉とは、高群にとって何であったか。そして一般の女たちには、どうであったか。さきのアメリカの『戦略爆撃調査団報告書』からみるかぎり、男よりも女のほうが「戦意」が高かったのは、女のほうが「戦局の推移について無知」だったから、ということになる。いったい、どういうことなのだろう。

＊

第一次大戦後、情報媒体は、いちじるしい発達を遂げた。というよりは、はじめての世界的規模における戦争が、情報・通信網の飛躍的発達を促したといえる。「たたかひは創造の父、文化の母」といういわゆる「陸軍パンフ」（陸軍省『国防の本義と其強化の提唱』一九三四年）の冒頭のことばは、その限りでは正しい。

新聞・雑誌等の活字媒体の増加と巨大化に加え、ラジオ、レコード、映画等の音声や映像による情報メディアも実用化されている。日本でも、一九二五年ラジオ放送が開始され、十五年戦争が始まる前後には、映画は無声映画からトーキーに転換し、民衆のあいだに映画ブームをまきおこしている。これによって、活字とは縁遠い人々にも、見たこともない世界についての情報を共有する道が開けたのである。

しかしその裏には、大きな危険がひそんでいる。情報いかんによって、人々の意識を左右する道も、また大きくひらけたからである。マスメディアの発達は、より多くの人々が、同時に、同じ情報を受けとるということであり、したがって、マスメディアを支配するものの意向が社会全体の動向を決定することも可能になる。それをもっとも意識的に行なったのがナチスドイツの支配者であり、彼らの情報支配を熱心に学んだのが、日本の戦争指導者であった。

第一次大戦後、軍は来るべき戦争は総力戦であるとの認識のもとに、総動員体制の研究に着手していた。その成果を一般に明らかにしたのが、さきに触れた「陸軍パンフ」、『国防の本義と其強化の提唱』であった。

ここで陸軍は、来るべき戦争は、たんなる武力戦ではなく、外交戦であり経済戦であり、思想戦であるとの総力戦構想を打ちだしている。そして思想戦の要としては、国民の「正義の維持遂行に対する熱烈なる意識と、必勝の信念」をあげ、そのために「新聞雑誌、通信、パンフレット、講演等の言論及び報道機関、ラジオ、映画其他の娯楽機関、展覧会、博覧会等……平時より是等機関の国家統制を実行し」、「思想・宣伝戦の中枢機関として、宣伝省又は情報局の如き国家機関が、平時より必要なることは縷説する迄もない」と述べている。

この軍の提案は、日中全面戦争の開始（一九三七年七月）後、急速に実現に向かう。三七年九月、政府は国民精神総動員運動を展開して民衆意識の総動員をはかるとともに、内閣に情報部を設置して『週報』『写真週報』なる政府広報誌を週刊で発行する。三八年一月からは、東京のラジオ番組に「政府の時間」が登場している。そして太平洋戦争の前年には、情報部を情報局に格上げし、情報の一元統制を強化したのであった。

その方法は、まず、検閲によって〈国策〉に沿わない内容をチェックし、ついで企業整理によって情報機関そのものを統廃合するというかたちをとった。その結果、三七年の日中戦争開戦当時、一万三二六八種あった新聞・雑誌数は、太平洋戦争開始直前には四四六六種、敗戦時には一五七四種と、三七年の約一割にまで激減している

婦人雑誌も例外ではない。十五年戦争開始の一九三一年、婦人雑誌の発行部数は、『主婦之友』の六〇万部をトップとして、『婦人倶楽部』五五万、『婦女界』三五万、『婦人公論』二〇万、『婦人世界』十二万、『婦人画報』七―八万、『女人芸術』三万と、これら七誌だけで約二〇〇万に達している。

その後も雑誌数、発行部数ともふえつづけたが、一九四〇年から四一年にかけての統制で、婦人雑誌は五四種から十六種にまで激減した。さらに四三―四年には、『婦人公論』『婦人画報』等も廃刊に追いこまれ、結局敗戦まで残った婦人雑誌は、『主婦之友』『婦人倶楽部』『新女宛』の三誌に、大日

本婦人会の機関誌『日本婦人』を加えた四誌のみであった。(『婦人之友』は生活雑誌として生き残った)

こうして、女たちに向けた活字媒体の多様性は失われ、内容も教養娯楽的要素や客観的報道はかげをひそめ、〈国策〉協力を呼びかける官製情報中心のものとなっていく。

しかし、情報の多様性は失われたが、情報量そのものはかえってふえているといえる。戦争が長期化するにつれ、とくに女を対象としたものではない一般の新聞や雑誌にも、女向けの記事がふえるし、政府発行の週刊グラフ雑誌『写真週報』も、しばしばその表紙に、眉をキリリとあげた若い娘の顔写真を使っている。男たちが陸続として前線に去り、銃後の務めがいよいよ女たちの肩にかかってきたからだろう。

また、ラジオや映画にも、女を対象にしたものがふえている。映画による民衆教化を重視したナチスにならった体制にとっては、映画は「精神的軍需品」の最たるものであったが、とくに〈情緒的〉な女に対しては、活字よりも有効であるとの判断があったらしい。したがって、「愛染かつら」や「支那の夜」といった「享楽的」映画に行列し、ダイアナ・ダービンやグレタ・ガルボ等の白人女優に夢中になる娘たちに、なんとか「皇国女性の自覚」を持たせたいとやっきになっている。一九四〇年の「女性の覚悟」や「奥村五百子」、四一年の「わが愛の記」、四二年「日本の母」、「母は死なず」等々、ふえつづける女性映画は、そうした体制の意向をくんだものであったろう。

マスメディア以外のルートによる女たちへの働きかけも大きい。講演会、展覧会、標語を書いた立て看板や垂れ幕といったものである。

三七年の日中戦争開戦直後、国民精神総動員運動が展開されると、翌年六月までの間にのべ四〇一名の講師を派遣して各地で総動員のための講演会を開いているが、この中には、市川房枝、山高しげり、高良とみ、河崎なつ等々、かつての女性解放運動の闘士たちも数多く混っていた。とくに、三八年から戦費捻出のための貯蓄増強運動が開始されると、大蔵省の貯蓄奨励委員に、三一人の婦人運動家や女子教育の専門家が名をつらねている。山川菊栄によれば、

「婦選家も新旧さまざまな色彩をおびた女子教育専門家も、歩調をそろえて貯蓄奨励に東奔西走の活躍をしているが、一般大衆婦人は無関心で、精動（国民精神総動員連盟のこと――引用者註）のチンドン屋、旅費稼ぎの講演屋という悪口が言われている。（略）政府のその時々の思いつきに追随して、いたづらに右や左に走る感もないではなく、中には政府との協力を気負って、もはやただの女、ただの人民ではなくなったかの様に鼻息の荒いのもあるとかで……」（『東京朝日新聞』一九三九年六月二四日）

なんとも、痛烈な批判ではある。山川は、「一般大衆婦人は無関心で」と記しているが、こうした講演会は、地方農村の女たちにとっては、マスメディアを通じての情報よりも有効であったと思われる。直接、同性の講師の口から語られることばのほうが受け入れられやすいし、第一、農村の主婦には、新聞や雑誌を読む暇などろくにありはしなかった。しかし、役場や婦人会の幹部を通しての講演会出席要請には、ムラ社会のつき合い上から応じることが多かったのである。妻や娘が新聞を読むの

を「女のくせに生意気な……」と禁じた男たちも、こうした講演会に女たちが出かけるのを、とめることはできなかった。

展覧会については、統制経済の開始で小売商としての機能を失っていくデパートが、その広い売場を提供することが多かった。都会の主婦たちは、買物のついでに、陸海軍省後援で開催される「国防展」、「大東亜展」、「戦時生活展」等々に足を運び、そこに展示されたパノラマやジオラマ、さまざまな物品から、戦争についての情報を得てもいたのである。

標語やスローガンは、四〇年ごろから街のなかにはんらんするようになる。都内一五〇〇か所に「ゼイタクは敵ダ!」という看板が立てられたのは、四〇年八月一日であったが、以後、「日本人なら、ぜいたくは出来ない筈だ!」、「兵隊さんは命がけ、私達は襷(たすき)がけ」、「欲しがりません、勝つまでは」、「進め! 一億火の玉だ!」――さまざまなポスターや垂れ幕が、道行く女たちを叱咤するようになる。

これらの標語は、たんに上から与えられたものではなく、標語募集というかたちで民衆参加によって掲げられる場合も多かった。当時、小学五年生の少女、三宅阿幾子の作とされた「欲しがりません勝つまでは」は、最近父親の代作であったことが明らかになったが(山中恒『戦中教育の裏窓』)、応募者の中には、女も数多い。「欲しがりません……」と同時に選ばれた入選作十点のなかには、三宅阿幾子の他に三人の女の名前がみえる。こうした民衆参加は、一方的におカミが流すよりも、民衆の精神動員には有効であったにちがいない。

＊

こうしたさまざまな媒体を通して女たちに流される情報の内容はどんなものであったろうか。大まかに分ければ、それは、〈理念〉情報と〈実用〉情報の二つに分けることができる。そして、高群に五年間にわたってことばを失わせ、敗戦の日に女たちを慟哭させたのは、主として〈理念〉情報に関わっている。

〈理念〉情報とは、さきの「陸軍パンフ」のことばをかりれば、「正義の維持遂行に対する熱烈なる意識と必勝の信念」を養うためのものである。つまり「聖戦」イデオロギーと「日本不滅論」である。

そのために、まず「万世一系」の天皇をいただく「我国の比類なき」貴さが、敵・中国の退廃との比較において高唱される。太平洋戦争以後は、植民地支配にあぐらをかいた欧米諸国の非を言い立てることによって、戦争をアジア解放の「聖戦」と意義づける。「大東亜共栄圏」や「八紘一宇」等々のことばは、この「聖戦」イデオロギー流布のためのものであった。

女に対しては、それと同時に「聖戦」遂行のためのあるべき「皇国女性」像が提起される。つまり、これまでは、ひたすら家にあって夫や子どもに尽すのが「女の本分」であったが、これからは、一人の国民として「御国」のために尽さねばならないというのだ。総力戦である以上、軍需生産その他に、女の力をフルに利用せざるを得なかったからである。

しかし皮肉なことに、これは体制に矛盾を背負わせるものでもあった。それによって天皇制国家の基盤である家族制度を揺がしては元も子もないからだ。

したがって、この戦争を機に、女の社会参加をかちとろうとする婦人運動家たちの発言にくらべ、体制のそれはまことに歯切れが悪い。四三年一一月、ときの東条英機首相は、全国の女たちにラジオを通じて次のように言う。

「この国家危急の秋に際しまして、まず第一に、私は皆様方日本婦人は、家庭を通じて国家に奉仕して戴きたい。別の言葉で申しますならば、日本の家族制度の美風をいよいよ昂揚して戦争完遂に貢献して戴きたいと思うのであります」。したがって勤労動員に際しても、注意すべきは、「日本の女子動員は、米英流の女子動員とその本質において、全く異なっておる点であります。我国におきましては、我国伝統の家族制度の美風をますます昂揚しつつ、しかも、女子動員の要求を充足せんとしておるのであります」

「我国伝統の家族制度の美風」と「女子動員の要求」の間の矛盾を解決するために、体制は女たちに、〈犠牲的精神〉を要求した。そのために、日本本来の女、とくに母親は、欧米のような「個人主義者」ではなく、子のために自己を犠牲にして省みない「無我愛の太陽」であると讃えられ、その一方で、慈しみ育てた息子を「君国」に捧げ、しかもひたすら増産に励む母の姿が美談として大々的に報道される。

「必勝の信念」涵養のための情報は、結局は、戦局についての情報の歪曲――戦果の極端な誇張と「敗退」を「転進」と言いかえるが如き――と、神がかり的な「神州不滅論」――不敗の歴史をもつ日本は決して敗けない、最後の土壇場には「神風」が吹いて敵を追いはらう——に帰着する。

それに「鬼畜米英」論である。いかに米英は残虐非道であるか。「敗ければ、男はみんなキンタマを抜かれて奴隷にされ、女はすべて強姦される」——。『主婦之友』の「これが敵だ　野獣民族アメリカ」（四四年一二月号）や、「敗けたらどうなる——敗戦国の惨状を見よ」（四五年一月号）は、敗戦の恐怖によって、女たちの「戦意」をかきたてるためのものであった。

「一億玉砕」を決意してひそかに青酸カリを用意したり、連合軍進駐にあたって山にかくれた女たちが多かったのは、こうした情報の結果であろう。『アメリカ戦略爆撃調査団報告書』も、敗戦時における女たちの相対的に高い「戦意」の大きな原因をこれにみている。

*

こうみてくると、「情報が不足してましたから」という高群の夫、橋本憲三のことばは、そのまま受けとるわけにはいかない。

問題は、情報の量ではなく、質にあった。いまみてきたような質の情報の大量化こそが高群や一般の女たちが「八月一五日」に大衝撃を受けた要因であったろう。

とくに高群にとっては、こうした情報のみが社会への窓口であった。高群が「森の家」にこもり、畢生の女性史研究にとり組んだのは、十五年戦争開幕直前、一九三一年七月であった。以後高群は、門外不出・面会謝絶を自らに厳しく課し、ひたすら日本古代史研鑽の日々を送っている。したがって十五年戦争下の高群の〈現世〉への窓口は、新聞・雑誌等々の活字情報のみに限られている。おそらく彼女は、〈現世〉への禁欲の反動として、それらの情報をむさぼるように吸収したのだろう。またそこにあふれる〈理念〉情報は、日本古代を〈解放の時代〉とみる高群に受け入れられやすいものでもあった。そして高群は、やがてこれらの情報のたんなる受け手ではなく、送り手としても積極的な姿勢をとっていく。高群の敗戦による衝撃が、一般の女たちと比較にならないものであったのは、そのためだろう。依拠すべき自らの直接的体験や見聞をもたず、媒体を通して与えられる情報だけを判断の根拠としたとき、いかに無惨な結果を生むか——。高群は、それを示す典型的な例といえる。

高群ほどひどくはないにしろ、一般の女性もそうだった。『アメリカ戦略爆撃調査団報告書』は、女たちの相対的に高い「戦意」の理由を、「戦局の推移について無知」であったためとしているが、具体的には、「軍事的敗北に関する官庁や官庁外の情報」にうとかったことをあげている。

たしかにそれはいえる。女たちは、男たちが前線に去ったあとの生産現場に多数進出したが、マル秘情報を知りうるような管理中枢部門からは疎外されていた。

しかし、いちばんの問題は、さまざまな媒体を通して流される情報のうらを見抜きうるような視点を充分に確立していなかったことだ。そうした視点は、社会における直接的な体験によって、そのなかで切磋琢磨することによって築かれる。家の中に閉ざされていた女には、その機会はほとんど与えられていなかった。

一九四五年八月一五日、高群や多くの女たちの慟哭をよそに、野上弥生子は、水の如き冷静さで、日記に書いている。

「十二時に、政府から重大声明があるとのことをH夫人が知らせてきた。天皇の放送だということも伝わる。うちにはラジオがないから、路一つへだてたK山荘に出掛けた。雑音がひどかったが、どうにか聞きとれなくはなかった。（略）まず天皇の声明をまっ先にだしたのは、それに背いてしゅん動するのは、大御心に反するという建まえになるのを明らかにしたわけである。ここまでことが決するまでには、徹夜の閣議やら、御前会議やらがくり返された、とも報じている。いずれにしても、五年間の大バクチは、すっからかんの負けとなった次第である」（野上弥生子『山荘記』）

このなんとも傍観的な冷静さの理由を、『山荘記』のあとがきで、野上は自ら分析している。「満州事変以来の軍部の侵略政策に深い疑惑と不信をもっていた」ことに加え、「昭和十三年から一年あまりの海外旅行……わけても内乱の血がやっと流れやんだばかりのスペインで、近代戦なるものが質的にどういうものであるかを学んだこと、この日から四か月たたないうちヨーロッパ戦争が勃発し、私自らが今はそれから遁げ惑う避難民となってアメリカに渡ったこと」。

つまり、直接体験によって築かれた野上の戦争をみる視点は、いかなる情報にも小揺ぎもみせなかったということだ。

もちろん、こうした体験は一般の女たちには不可能だった。当時一年間もヨーロッパ体験をするなどは、特権階級にしか許されることではなかった。

しかしだからといって、一般の女たちに自らの体験に依拠して戦争の本質を見抜くことが全く不可能であったわけではない。『アメリカ戦略爆撃調査団報告書』には、戦争末期、アメリカが戦争終結を促すためにまいたビラによって敗戦を予言した老女の例がひかれている。老女は、その書かれた内容によってではなく、そのビラの紙質によって、「こんないい紙を使っている国と戦争して勝てるはずはない」と、敗戦を確信したのだ。

私はこの老女に、いかなる〈ことば〉をも越えるたしかな女の生活感覚をみる。こうした自らの生活感覚に依拠した女の視点が、もっと早く、もっと広範なものになっていたら、そしてそれが結集されていたら、少なくとも沖縄やヒロシマはなかったであろうし、戦後のあり方もかなりちがったものになったのではないか。

家計簿のなかの「八月一五日」

石油ショックにともなう物不足が、日本中の主婦のあいだにパニックを引き起こしたのは一九七三年のことだった。主婦たちは洗剤の売出しに行列し、算を乱してトイレットペーパーを奪い合った。いま、そのことの評価は措く。私が気になったのは、当時、二十代、三十代の主婦たちのあわてぶりにくらべ、五十代、六十代の女たちはどこか余裕しゃくしゃくの様子だったことだ。

彼女たちは、生理用のパッドが買えないとさわぐ娘や嫁に、古いさらし木綿を小さく切って使うことを教え、中性洗剤のかわりに玉子の殻を砕いてびんを洗えばよいとさとす――。この時期、彼女たちは何やら急に生き生きと楽しげにさえ見えた。

「足らん足らんは工夫が足らん」という戦時中のスローガンが、六十代の女性の投書にあったところを見ると、彼女たちの自信は、戦時中を主婦として生き抜いた体験に根ざすものであったらしい。

このことをどう考えればいいのか。戦争は女たちにとって何だったのだろう。戦後女たちによっておびただしく書かれた戦争体験記に見る耐乏生活呪詛のことば――それは必ず「戦争はもうコリゴリです」で締めくくられる――と、この生き生きとした表情は、どこでどうつながるのだろうか。

いま私の手元に、二冊の古ぼけたノートがある。一冊は厚いボール紙の表紙で、赤い背に「金銭出納簿」と、かつては金であったらしい型押しの文字が読めるかなり立派なもの、もう一冊はそれより薄く、粗末な黒い表紙に「出納帳」という文字が押されている。

厚い方の表紙をあけると、中扉に毛筆のきちんとした字で、「九号　昭和十八年十一月一日ヨリ昭和二十年六月三十日マデ」と書かれてあり、黒い表紙の方は、収入、支出、残高などの罫のあるページを一ページつぶして、「第拾号　昭和二十年七月一日ヨリ昭和二十一年六月三十日マデ」とペン書きされている。つまり、この二冊の帳面は、一人の主婦によって克明に記入された一九四三年一一月から四六年六月末まで、敗戦をはさむ二年八か月の家計簿なのだ。

この二冊が九号、拾号であるからには、それに先立つ八冊の家計簿があったはずだが、残念ながら残されていない。もしそれらがあれば、一九三〇年代後半から戦時下における都市住民の生活と、それを担った主婦の日常を具体的に見ることができたであろうに——。

しかし、この二冊、二年八か月の家計記録からもいろいろおもしろい材料を拾い出すことはできる。まず物価の動きである。例えば第九号のはじめ、一九四三年一一月には、大人八銭であった風呂代が、半年後には十銭となり、その二か月後には十二銭、敗戦の年の暮には二〇銭、二一年に五〇銭にはね上がっている。

また戦況厳しくなるにつれ、配給食糧の品数、量とも極端に乏しくなっていく様子もよくわかる。四三年の年末には、おそらくお正月用であろう煮豆、雲丹(うに)、塩海老、白桃瓶詰、カマボコダンゴ、蛸(たこ)、鰯、海苔(のり)などという字が見えるが、四四年の暮には、かぶ、大根、塩鮃(しおひらめ)としか見当たらない。正月用の特配の酒も、四三年暮は五合であったが、四四年は三合に減り、しかも値段は一円六三銭から一円八〇銭に上がっている。一合当たりにすれば倍近くの値上がりである。

そして配給食糧が乏しくなるにつれて、買出しらしい郊外行きの交通費の記入の頻度が高くなるのもおもしろい。

しかしこの家計記録は、そうした家計をとりまく外の状況を語るだけでなく、敗戦をはさんだ最も厳しい状況を生きた一人の主婦の生活記録として見てもなかなか面白い。たんに金銭の出し入れだけでなく、ときたま、日記がわりのメモも記入されているのだ。

当時この主婦が住んでいたのは、東京世田谷の成城町。昭和初年に成城学園を中心にひらけた住宅街であり、住民のなかには柳田国男、平塚らいてう、河崎なつといった文化人も多い。彼女の夫は、毎月産報会費二円を払い、敗戦後解散しているところをみると、産業報国会傘下の国策会社に勤めていたのだろう。月給は、一九四五年初めの段階で本給二三〇円、諸手当を加え、税金、国民貯金等を差引きして手取り約三五〇円である。当時工員の平均賃金が一五〇―二〇〇円であったから、典型的中流家庭といえるだろう。子どもは小学生二人である。

彼女はそのきちょうめんな字と記入の内容から見て、当時の女性としては知的程度も高く、典型的な良妻賢母であろう。『婦人之友』を定期購読し、子どもたちには『週刊少国民新聞』と『少年倶楽部』を購読させている。

彼女はもちろん大日本婦人会の会員である。それは年額六〇円の会費と毎月四円の大日本婦人会貯金の記入で知れる。一九四二年二月、愛国婦人会、国防婦人会、大日本聯合婦人会の三団体を統合して生まれた大日本婦人会は、二十歳以下の未婚の女を除いた二〇〇〇万の日本中の女を強制加入せしめて「戦時体制に即応すべく」女たちを駆りたてていた。その機関誌『日本婦人』によれば、彼女の住む地域では、川崎なつ班長のもと、四四年夏から、「サイパン玉砕の仇」をうつべく飛行機献納を目指して、古材木選別の「家庭工場」に主婦たちを無料奉仕させていたはず――。

彼女は、もちろん隣組の一員であり、一六家族六〇人の組長でもあったらしい。一九四〇年九月、隣組は行政機関の末端として法制化され、「上意下達」の機能を果たしていた。山高しげりによれば、「一大家族国家たるにふさわしい日本の隣組制度は、『隣組は一家』の大精神の下に、米英の思想謀略であった自由主義、個人主義を国民生活から剔抉し、真の一億一心を具現して大東亜戦の完遂を期する」(『女性の建設』一九四三年)べく機能してその悪名は今に高いが、この家計簿は、隣組を通した配給の受給のありようを、繁雑な他家への代金たて替えによって語るのみである。

彼女はまた、とくに豊かでもない家計をさいて、割り当てられた国債を買い、国民貯金をし、町会費、銃後奉公会費、警防団費等々を払う。二人の子どもには富国徴兵保険をかけ、国防献金を持たせる。

このころ、戦費調達のために「貯蓄報国」のスローガンは巷に満ち、マスコミや、隣組、婦人会等の組織を通しての働きかけはすさまじかった。貯蓄額の多い婦人会はおカミから表彰状をもらったものである。国債についても同様だ。山田風太郎の『戦中派不戦日記』によれば、割当ての国債を拒否したある山村のおやじは、部落会のリーダーから「おまえいっそアメリカ人になるんだな」と一喝され、しぶしぶ応じたという。

つまりこの主婦は、大方の日本人と同様、とくに戦争に疑問を持つこともなく、命じられるままに国策に順応して生きていたのだろう。その意味では、平均的な日本人の一人、ということができる。

敗色濃くなった一九四三年末、ようやく「都市疎開実施要綱」が閣議決定され、四四年に入ってからは、都内では建物の強制疎開が行なわれ、八月からは学童集団疎開も開始されているが、郊外のこのあたりでは、そうした動きはなかったようだ。しかし四四年一一月からはこのあたりでも毎日のようにサイレンが鳴るようになり、欄外に「空襲」の字が目につくようになる。

まず一〇月三〇日に予定されていた子どもの運動会は雨で一一月一日に延期されたが、結局当日「空襲中止」。「五日(日)午前九時、警戒―空襲―オヒル頃解除」、「六日(月)九時半警戒―正午スギ解除」、「七日ナシ。八日(水)午後一時警戒―空襲―三時解除」。そして一一月二四日、田無の中島飛行機工場で七〇〇人近くの死者を出した本格的本土空襲開始の日は、「正午警戒、スグ空襲、夕方解除」と、収入金額の欄に記入してある。その前日、「午後中村様防空壕、夕方キコリ」とあるのは、このころこの隣組で、防空壕掘りがはじまったということか。

四五年一月二七日には、「午後一時―三時頃迄、編隊ニテバクゲキ、ギンザその他被害」。二月一六日、「七時空襲　子供休み」、二月二五日「吹雪空襲」。

この二五日の空襲について、駒込に住んでいた作家宮本百合子は、獄中の夫・顕治への手紙で次のように書いている。

「きょうは（廿五日）、警報で一日がはじまり、又雪になってきました。積りそうね。（略）三時すこし過には、このあたり大修羅場を現出して、一月廿八日の夜の数倍の轟音と、すぐうしろの藤堂子爵の火の子で大奮戦をして五時すぎやっと安全となりました」（『十二年の手紙』）

獄中の顕治に心配をかけまいとして百合子はつとめて明るい調子で書いているが、この吹雪の日の空襲ではかなりの死者も出ている。

そして三月九日、家計簿には「夜、本所深川夜間爆撃」とある。いわゆる東京大空襲である。このころになるとさすがに郊外のこのあたりでも集団学童疎開が決まったらしく、子どもたちの疎開準備らしい記入がふえる。三月九日「名札、キショウ入り4枚40銭、校名ノミ20枚　2円」、一三日「荷札木製二枚　40銭」を購入し、一二日には「夕方シキブトン縫」、一三日「朝カラカバーカケ夜通シ仕度ス」。一四日「ヒル荷物出シ」。

刻々に迫る空襲の危険からせめて子どもたちだけでも守ろうと集団疎開に参加させることを決めたものの、寒夜、夜を徹して二人の子どものために敷ぶとんを縫う母親の胸のうちは、どんなだったろう。子どもたちの方は、まるで修学旅行にでも行くようにはしゃいでいたが、涙にくもる眼で必死に針を運んだ大ぜいの母親が、このとき日本じゅうにいた。

三月二一日、子どもたちが明日は出発という日の夜、ささやかな送別会をした。ごちそうは「おすし」と家計簿にある。それにしてもおすしの材料は何だったのだろう。家計簿から見る限り、その前五日ほど何も食べなかったとしても、台所には押し大豆入りのお米に、冷凍鱈、かぶ、大根、もやしぐらいしかなかったはずだ。

出発の夜、彼女は夫とともに子どもたちを隣駅の集合場所まで見送って行った。「疎開小使」として二人の子どもにそれぞれ十円ずつ持たせ、「子供達、午後八時半祖師谷集合出発ス」とある。そのあとどんな気持で、暗夜、がらんとしたわが家に帰ったのか。それについては何も語っていないが、家計簿の交通費の記入、「夜見送、祖師谷迄㊅大人3小人1　40銭　㊇大人2　20銭」から、子どもたちのいない家に帰る彼女の空虚感がつたわってくる。

二日後、子どもたち名義で「疎開記念」としてそれぞれ一〇〇円の貯金をしているのは、二度と会えないかもしれない子どもたち、孤児になるかもしれない子どもたちへの、都会に残る親からの餞別だったのかもしれない。

この日ののち、にわかにハガキや切手の購入がふえるのは、疎開先の子どもたちにせっせと便りを書いたためであろう。


そして、八月一五日。

彼女は一九四五年八月のページの欄外に、「15日、ポツダム条約承認、正午大詔御放送遊バサル、遂ニ最後ノ日来ル」と記している。遂ニ最後ノ日来ル――八月一五日はこの主婦にとっても衝撃的な日であったのだろう。彼女も玉音放送に慟哭したのだろうか。この日、日本中の焼け残った街や村で、女たちはラジオの前に首を垂れ、身をふりしぼって泣いたという。雑音とまわりくどい言いまわしの中から、ようやくその意味するところを理解したある山里のおかみさんは、「お可哀そう……天皇さま、お可哀そう……」と、肩をふるわせて泣きつづけた。彼女もそうだったのだろうか。

それについては家計簿は何も語ってくれない。家計簿が語っているのは、その日もふだんと同様に、配給のトマトと胡瓜を買い、ハガキ二枚を十銭で買い求めたことだけだ。一六日、一七日、一八日と、たたみかけるように大量のじゃがいもと乾パンを買いこみ、銀行より一〇〇〇円の大金を引き出しているのは、崩壊せんとする「大日本帝国」を前にした庶民の自衛を示しているにちがいない。

しかし彼女は、ふだんと全く変わらない筆づかいでそれを家計簿に記入し、前夜の残高と今日の収支を差し引きし、さいふの中身をにらみ合わせてあらたな残高を書き入れる。敗戦の日は、それは五十五円五十四銭と記入されている——。

いったい「八月一五日」はこの主婦にとって何であったのか。

その日が彼女にとっても歴史的な日であったことは、欄外の「遂ニ最後ノ日来ル」の文字が示している。当時、「一億玉砕」のかけ声は巷にはんらんしていた。かけ声をかけた連中はともかく、かけられた民衆の側においては、それは単なるかけ声ではなく、まさに目前の死として意識されていたことは数々の記録が語っている。サイパン玉砕、沖縄の玉砕というふうに、軍事的敗北即民衆の死という〈悲愴と栄光〉のドラマをたたみこまれて、女たちも、日本の敗北即自らの死という観念に慣らされていた。その観念は、敗北すれば男は奴隷に、女はすべて凌辱されるという体制の宣伝に主として支えられたものであったが——。

だとすれば、「遂ニ最後ノ日来ル」とこの主婦が記したとき、その「最後」は「大日本帝国」にとってだけでなく、自らにも「来ル」ものとして考えられていたのではなかろうか。にもかかわらず、つねに変わらず、さいふの中の薄っぺらな銅貨を一銭二銭と数え、五十五円五十四銭と、つねに変わらぬ筆づかいで書き入れる——。

この冷静さは、おそらく、体制によって喧伝された〈日本婦道〉の武士的な最期の覚悟とはちがった系列にあるものだろう。また、自ら、歴史の証言者たることを選びとった〈記録者〉の冷静さとも別のものだろう。

彼女の冷静さは、日常そのものを生きる生活者のそれではなかったろうか。明日はどうなろうとも、今日ただ今生きている限り、生活者はその日常を生きる。そしてそうである限り、彼女の意識は、いつまでも「最後ノ日来ル」に立ちすくんではいないだろう。

この日から三九年経った一九八四年、私たちは「女にとって、八月一五日は何であったか」をたしかめるためにアンケート調査をした(『銃後史ノート』復刊6号参照)。対象は敗戦当時十歳以上だった日本女性約一一〇〇人(有効回答者数五八二)。

八月一五日、とにかく戦争が終って、「嬉しい」、「ほっとした」と思った人は約二割。その多くは、集団疎開の小学生である。大方は、「悲しい」、「くやしい」、「不安」、「呆然自失」……。ただちに青酸カリや手榴弾で自決を考えた人もいた。

しかしともあれ、その夜、ほとんどの人は久方ぶりに窓いっぱいに風を入れ、明るい灯のもとで食卓を囲んでいる。

アンケートで私たちは、「八月一五日夜、夕食に召上がったものを御記憶でしたら書いて下さい」

とお願いした。これに対しては、無回答や「忘れた」が半数近くあった。なかには、「一週間前の夕食も思い出せないのに三九年前なんてとんでもない」というお叱りもあった。まことにごもっとも、である。

しかし私たちは、これも一つの答えと考える。この質問で、私たちが知りたかったのは、じつは八月一五日当日の夕食の内容ではなかった。敗戦という日本にとって未曾有の大事件が、女たちの日常にどんな影響を与えたか、これを〈食う〉というもっとも形而下的な〈日常性〉において、みてみたかったのだ。

それでいえば――「忘れた」というのは食べなかったということではあるまい。敗戦の衝撃で食事も喉に通らなかったのなら、かえって鮮明な記憶としてあるはずだ。たしかにそういう人も、五八一人中、四人いた。

また「忘れた」というのは、なにか特別なものを食べた、ということでもあるまい。敗戦を喜んで、とっておきの小豆で赤飯をたいたという人が一人（この人は戦前から社会主義的な姿勢をもっていた人である）、逆に今後どうなるのかわからないから今のうちにと、白米のごはんに天ぷらといったごちそうを食べた人が八人いたが、「忘れた」は、そういうことでもあるまい。

「忘れた」人、「いつも通り水ばかりの雑炊」を食べた人、それから「じゃがいも入りごはん」、「塩だけで味つけした雑草入りすいとん」等々、具体的に書いた人も含めて、ほとんどの人は、この夜、いつものように、日本不敗を信じていた昨日までと同じように、何かしら、ありあわせのもので夕食をとった。

ということは、〈敗戦〉という歴史の決定的瞬間も、〈食う〉というひとびとの日常性を変えはしなかったということだ。当たり前といえば、当たり前の話。国は破れても山河はあるのだし、生きている限り、ひとびとの生活もまた、続くのだから……。

だとすれば女たち、とくに、家族の、日々飲みかつ食らい、排泄するといった日常そのものを保証する役目を背負わされた主婦たちは、いつまでも、「最後ノ日」に立ちすくんではいまい。彼女たちは玉音放送にいかに衝撃を受けたとしても、少なくともカラダだけは、食べかつ排泄する日常の流れの中にあっただろう。そうである限り、その日常の流れそのものがとりわけ重いこの時期、精神だけをいつまでも「最後ノ日」にさまよわせていられるはずはない。「最後ノ日」と観念する精神は、やがてカラダに合体して日常の流れに引きもどされる。そしてその流れのなかで、敗戦の衝撃は、徐々に戦争が終った解放感にとってかわられる。

八月三〇日、この家計簿の主は夫と連れだって床屋に出かけ、それぞれ金一円也を支払って、夫は頭を丸坊主にし、彼女は顔剃りをしてもらった。家計簿には、それぞれの摘要欄に、「K（夫の名）丸坊主トナル」、「S（妻の名）顔ソリ（約二年ブリ）」と記入してある。

このとき、この夫婦の間には、微妙な意識のズレがあるように思える。「K丸坊主トナル」には、その二日前、東久邇首相によって強調された「一億総懺悔」に連なるものを感ずる。しかし、「S顔ソリ（約二年ブリ）」に感じるのは、戦争が終った解放感だけだ。そしてどこやらに、「丸坊主トナル」の夫と、夫を含めた男たちのありようへの批判が感じられないでもない。約二年ぶりに、自分のためだけに金一円也を費やすことで、彼女は自分の「滅私」の歴史に終止符を打ったのかもしれない。

たぶんこの主婦にとって、「大日本帝国」を信じ、ひたすら「滅私奉公」につとめた日々と、「八月一五日」以後の「平和と民主主義ニッポン」とのあいだの落差は、日常のなかで、徐々になしくずしに埋められていったのだろう。

「大日本帝国」の清算は意識のなかにおいてではなく、急速な買出し行の増加や夫の会社の解散、学童疎開の子どもの帰宅、外地から引揚げてきた親類の同居等々、日常生活の変化としてあらわれる。そして「民主主義ニッポン」は、大日本婦人会費や国防献金のかわりに戦災孤児寄付金徴収、メーデーカンパとなって、なしくずしに彼女の日常に入りこんで来る。

それら一つ一つへの対応を通じて、彼女の意識も徐々に「大日本帝国」から遠ざかり、「平和ニッポン」になじんでゆく——。

しかし、あの空襲の恐怖におびえる日々において、またあの「最後ノ日」において、灯火管制の暗い灯の下で、一日も欠かすことなく一銭二銭とさいふの中身を数え、家計簿をつけ通す女には、やはり一種の迫力がある。

もちろん彼女が家計簿をつけ通すことができたのは、例えば空襲で家を焼かれるとか家族を失うとかによる日常の切断がなかったことが大きい。しかし彼女はたとえそういう大きな日常の切断があっても、生きている限り生活し、そして散文的な日常を担いつづけるだろう。それは〈生活者〉のしたたかさだ。

しかしこの生活者としてのしたたかさには両義性がある。戦後四十年、この主婦がどんな人生を歩んだかは知らない。彼女がこの生活者のしたたかさの上に、「大日本帝国」崩壊によって芽生えた男たちへの批判の芽を、自らをも掘り返すものとして充分に育て上げているならば、戦後の日々を、そうでしかあり得ない日常としてではなく、自前のものとしてデザインして生きているだろう。

　そうではなくて、「大日本帝国」から「平和ニッポン」へ、「滅私奉公」から「主権在民」へ、という日本の変化、それをただ外枠の変化としてだけ受けとめ、身の丈を合わせて生きてきたとするなら、その生活者としてのしたたかさは、彼女を「経済大国ニッポン」の中に埋没させてしまっているだろう。そして、石油ショックによる物不足のなかでしか、生き生きとした表情をとりもどせない女たちの一員にしてしまっているかもしれない。

　だとすれば、物不足に右往左往した戦後派の主婦たちは、彼女たちの戦争体験から、何を学べばいいのだろうか。

〈移民の村〉の女

国道二九九号線を抜井(ぬくい)川に沿って登ると、だんだんに山はせまり、瀬音は高まってくる。国道二九九号などというといかにも味気ないが、かつてこの道は、武州街道と呼ばれ、信州と武州をつなぐ要路であった。十石峠を越えて、信州から武州へ、武州から信州へ、ひとや物が往きかい、一八八四年(明治一七年)の晩秋には、傷つき敗走する秩父困民党の一党が、この道を通って信州佐久に逃れたのだった。

かつての大日向村——現在長野県南佐久郡佐久町大日向(おおひなた)——は、この街道沿いに、狭い谷間にへばりつくようにのびている。大日向村とは名ばかり、東に十石峠をひかえ、冬は朝も九時にならなければ陽は射さず、午後三時ともなれば、谷間の村ははや暮色につつまれる。別名半日村といわれたゆえんである。

このひっそりした〈日陰の村〉が、かつて、日本全国の注目を集めたことがある。昭和一〇年代、この村には政府の高官や全国からの視察者が訪れ、新聞、雑誌はもとより、映画や芝居にも取り上げられたのだった。この村が、満州分村移民第一号になったためである。

そのころ日本は、中国大陸への侵略を拡大していたが、日本の勢力扶植と国内の過剰人口解消をめざして、「満州農業移民二十カ年百万戸計画」を樹立（一九三六年八月）し、移民送出に本格的に取り組みはじめていた。なかでも分村移民は、定着性の観点から、また農村恐慌で疲弊した村の抜本的更生策として、国策移民の中心に位置づけられた。したがって、その第一号である大日向村は、モデルケースとしていやがうえにも喧伝される必要があったのである。

一九三七年夏から一九四〇年春にかけて、この谷間の村から六四三名の老若男女が「満州」に旅立った。その出発にあたっては、出征兵士なみに旗や楽隊や歓呼の声がどよめいたという。

そして敗戦。現地で生まれた子どもたちを含め、満州大日向村七六六名のうち、無事帰国したのは三七八名にすぎなかった。四〇〇名近くが、敗戦の混乱のなかで、「満州」に骨を埋めたのである（長野県社会部調べ）。

旧大日向村の一番奥、古谷部落に住む武者政子さんは、そうした国策移民の末路を、身をもって体験した人である。彼女は、夫と、六人の子どものうち四人までも「満州」の地で失っている。

「満州のことは複雑で、もう何から話していいだか……」

そんなことを言いながら、それでも武者さんは、あるときはぽつりぽつり、あるときはせきを切ったように「満州」の話を語ってくれた。——敗戦の三日後に生まれ、一滴の乳も出ないまま「締められるようにして」死んでいった赤ン坊のこと、収容所で、飢えと渇きを訴えながら死んだ三人の幼な子たち——。引揚げの途中、下から順番に一人また一人と、じりじりとやせ細って死んでいく子どもたちを、どうしてやることもできなかった悲しみは、いまも彼女の腹わたをよじる。

*

あの戦争は、戦場に散った男たちだけでなく、女や子どもにも大きな被害をもたらしたが、なかでも満州開拓団の女たちがこうむった惨禍は、あの戦争の悲劇性をもっとも特徴的にあらわしているといえる。敗戦当時、満州には約二七万の開拓民がいたが、うち八万が大陸の土となった。その大半が女、子どもである。それ以外に、掠奪や強姦で心身に生涯消えない傷を受けたり、また中国人の妻や養子となって大陸にとり残された女、子どもも数知れない。しかしとりわけ胸が痛むのは、敗戦直後、何千という女や子どもが「集団自決」していることである。

『満州開拓史』所収の「事件別開拓団死亡者一覧表」には、次のような数字が並んでいる。

瑞穂村	北安省綏稜県	自決	四九五	
哈達河	東安省鶏寧県	〃	四六五	殆んど全滅
亜　州	竜江省富裕県	〃	三五六	
高橋郷	浜江省蘭西県	〃	二九九	

まだまだ数字は続く。武者さんのいた吉林省舒蘭県四家房の大日向村は、幸いにしてこの「一覧表」のなかにはない。それはこの表が、戦死や自決による死者一五人以上の開拓団のみを対象にしているためだが、しかし大日向村も、まさに危機一髪だったのである。

武者さんの話によれば――日本降伏の報伝わるや、付近の「満人」は不穏な様子を示していたが、それでも八月いっぱいはなんとか無事に過ぎた。しかし、九月九日未明、ついに「満人」の大集団による襲撃を受ける。団員は全員第二部落に集結し、女たちは子どもとともに一室に集まって恐怖にふるえていた。そこに、次のような指令が届いたという。

――こうなればみんな一緒に死ぬより仕方ない。どうせ死ぬなら、女も、日本人らしくはなばなしく戦って死のう。その前に、まず各自自分の子どもを始末せよ――。

「子どもを始末せよ、といわれたってねえ、どうやって殺せばいいだか……。みんなおろおろと顔を見合わせていたとき、むかし看護婦さんやってた奥さんが、子どもを殺すなんて簡単ですよっていうんです。見ててくださいっていって、二尺ばかりのひもをとり出すと、そばにいた五つの男の子をひざに抱いて、あっというまに締めちゃったの。そしてさっとひもをはずすと、今度は三つの子の首に巻いて……。ほんとうにあっけないもんだね、二人ともグーともいわないで死んでしまいましたよ。こっちの子の首に巻いてコタリ、次の子に巻いてコタリ……。やっぱり看護婦さんだったから急所を心得ていたんですかね。

それでみんな、腰ひもをほどいて真似して子どもの首を締めたんだけども、なかなかその奥さんみたいにはうまくゆかないの。子どもは鼻血出して苦しがってバタバタあばれるし……。うちは、一番上が高等科一年の男の子でしょ、大きいから首締めるったって私の力ではどうにもならない。それで、外へ行って太いまきざっぽう持ってきて力いっぱいに眉間をなぐろうか、なんて……。

そんなことを考えてるところへ、本部からまた伝令が来て、今度は早まったことをするなって……。それを聞いたときは、ヘタヘタと腰が抜けてしまって……。みんな目をつり上げて、すごい顔してペタンと坐ってた。

そのとき、子どもを殺した奥さんが急に苦しみ出したんです。看護婦さんだったから、どこかで青酸カリを手に入れてたんだね。急いで吐かせたけど、助かりませんでした」

この時の襲撃で、大日向村では、自決九人、戦死一一人をだしている。九人の自決者のなかには、母の手によって絞め殺された二人の幼児とその母も含まれているのだろう。あのとき伝令が届かなければ、母の手による子どもの集団殺戮という修羅場が演じられたはずである。

大日向村の自決による被害がこれだけにとどまったのは、早い段階で、人命尊重を第一に、武装放棄を決めた団の指導者の適切な判断があったためという。たしかに、大量の「集団自決」をだした他の団のなかには、最後まで銃を捨てず、いたずらに戦死者を出したうえに、結局はその銃で、子どもを抱きしめて合掌している女たちの群に向かって、残った男が乱射を浴びせたという例も多い。「自決」とはいうものの、その局面だけをとれば、結局、母による子の、男による女の、集団殺戮なのだ。

それにしても、母親がわが子を締め殺すなどという、そんな無惨なことがどうしてできるのか。

「満人につかまったら、一本の足をこっちの馬に、もう一本はあっちの馬につながれて、八つ裂きにされてしまうって話だったからね。そんなむごい目に合わせるよりは、わが手にかけた方が、子どものためだと思って……」と武者さんは言う。もちろん、それはデマだった。「満人」による掠奪や強姦はたしかにあったが、子どもが残酷な殺され方をしたことは、全くなかったといってよい。それどころか「満人」は、親に死に別れたり、遺棄されたりした日本人の子どもを引きとって、育ててくれたのである。引揚げの途中に、武者さんの子どもを含めて数万の子どもが死んだが、そのほとんどは餓死か病死である。

にもかかわらず、なぜそのとき女たちは、「満人につかまれば八つ裂きにされる」などというデマを信じたのか。

戦争末期、国内では、「鬼畜米英」、「敗ければ男は奴隷、女はみんな強姦される」といったデマが本気で信じられ、その恐怖が民衆を「一億玉砕」にかりたてていった。おそらく、苛烈な沖縄戦のなかで、集団自決に追いこまれた民衆のなかにも、その恐怖はあったろう。数か月にもわたって毎日砲弾をぶちこまれ、圧倒的な火力にじりじりと島の端に追いつめられていった沖縄の人々が、集団自決に追いこまれていくのはわかるような気がする。また「本土」の民衆が、実際はほとんど見たこともない紅毛碧眼の「米英」人を「鬼畜」と思いこまされたのも無理はないだろう。

しかし、「満人」はそうではない。同じ髪と眼の色をし、何年もの間、彼女らのかたわらに住んで、そのうちの何人かは彼女らのもとで働いてもいたのである。そして沖縄のような閉された空間でもなければ、何か月にもわたって、圧倒的な火力に追いつめられたわけでもない。

それにもかかわらず、彼女らは「満人」を恐れ、死を選んだ。先に、満州開拓民は、あの戦争の悲劇性をもっとも特徴的にあらわしていると記した理由はここにある。その悲劇性の一つは、もちろんその被害の大きさである。しかしそれ以上に悲劇的なのは、にもかかわらず、彼女たちは、中国の民衆にとっては明らかに侵略者であり、加害者であったというその二重性にある。被害者であって、かつ加害者であるという侵略戦争における民衆の悲劇性を、満州開拓民は集約して背負わされている。

「いま思えば、私たちに与えられた土地は、満人が汗水たらして開墾した土地だったんですね」

と武者さんはいう。「いま思えば」ということは、「満州」在住当時は、そうは思わなかったということだ。耕すに土地なく、ようやく炭焼きや木こりで糊口をしのいでいた谷間の村の人々にとって、地平線まで見はるかす「満州」の大地は、小踊りするような喜びであったろう。ましてそれが、未開の荒野ではなく、すでに十分鍬の入った豊かな土地であるとすれば……。

もともと、国策移民は、「満州事変」という侵略戦争の上に築かれたものであり、日本の体制にとっては、移民は棄民であると同時に、中国侵略の先兵であり、また対ソ戦の捨石でもあった。新しい大地での生活に必死になっていた人々には充分に見えてはいなかったけれど、開拓民の暮しは、銃剣によって切り拓かれた土地の上に、銃剣によって維持されていたのである。一九四五年八月九日のソ連侵攻によって、その銃剣はあっさり消滅した。

その二か月前、関東軍は、ソ連参戦の場合の最終防衛ラインを、京図線（新京―図們）以南、連京線（大連―新京）以東と定めていた。つまり、開拓民の大半が居住する「満州」の四分の三を放棄することが決められていたのである。

にもかかわらず、在住邦人保護のためになんの措置もとらなかったのは、国境地帯の日本人が大量に移動すれば、ソ連の侵攻を早めるのではないかという懸念があったためという。「対ソ静謐保持のため」に、敗戦の前にすでに、開拓民は、あっさり見捨てられていたのである。軍隊というものはそうしたものなのだろう。「作戦上」の都合によっては、いつでも民衆を見捨てるし、民衆を盾に軍の温存をはかりもする。

銃剣の防壁がなくなったとき、開拓団の人々にとって、これまで何気なく使役していた「満人」は、にわかに無気味な存在になる。これまで喜びであった「満州」の大地の広さは、逆に恐怖の対象になる。右を向いても左を向いても、ただはろばろと広がる大地のそこここに、冷たく光る数知れない眼が自分たちをうかがっているような――。

そのとき、唯一頼れるものは、同じ立場の「日本人」だけである。ひとびとはひしと寄りそい、この茫洋たる大地にひとり放り出されるよりは、一緒に死ぬことを願う。女たちは、死に遅れては一大事とばかり、銃口の前に胸をさらす。

開拓団の女たちが「集団自決」に追いこまれたのは、もちろん、働いても働いても食えない人々の大地にかける切実な願いを、侵略の道具として利用した体制の責任である。また、南方戦線に大量に兵を移動したあと、「精鋭を誇る関東軍」の虚像をつくろうために開拓団から男たちを根こそぎ動員し、女・子どもだけを放置した軍の責任である。

しかしこのとき、彼女たちが、茫洋とひろがる「満州」の大地のなかに、せめて一人でも二人でも、心の通い合う王(ワン)さんや揚(ヤン)さんを持っていたら、少なくとも「満人につかまったら八つ裂きにされる」などというデマで、「集団自決」に追いこまれることはなかったのではないか。

そのためには少なくとも、「いま思えば」ではなく、満州在住当時から、自分たちに与えられた土地が中国民衆の汗の結晶であることをじゅうぶん自覚している必要があったろう。

＊

武者政子さんが、ようやく生き残った二人の子どもとともにこの大日向に帰ってきたのは、敗戦の翌年九月であった。しかし帰ったところで、彼女たちを暖かく迎え入れる家があるわけではない。親類の物置きに住まわせてもらい、物売りや日雇い仕事で必死に働いたが、こたつもない物置き住いには信州の冬はことのほか厳しかった。夜は子どもの上におおいかぶさるようにして寒さを防いだ。

そんな暮しのなかで彼女が思うのは、敗戦の三か月前、召集されて征った夫のことである。父ちゃんさえいてくれれば、父ちゃんさえ帰ってくれれば……。彼女はひたすら、それを願いつづけた。父ちゃんが帰ってくれれば、なにはともあれ、そのがっしりした胸にすがって思い切り泣きたい、そしてひび割れ、かじかんだ手足を暖め合いたい。

「あれは引揚げてきた翌年か翌々年か——、とにかく春のお彼岸のことだった。明け方、父ちゃんの夢をみたの。眼が覚めたら父ちゃんががっしりした後姿を見せて、いろりのそばにあぐらをかいてたんです。応召したときのままの作業服姿で、持って出た奉公袋もそのままそばにあった。

『父ちゃん、あんたまあ……』

飛び立つようにしてかけ寄ったとき——眼が覚めたんです。

父ちゃんは生きている、そして私のもとに帰って来る、それも今日！　この夢は、それを知らせるためなんだ……。そう思うともう嬉しくて嬉しくてね。

そのころ私は、上州通いといって、まあ物売りですね、それで暮らしていました。信州でとれるもの、りんごとかぶどうとかを仕入れて、大上峠を越えて上州の村々に売りに行くんです。これが大変でねえ。片道五里、往復一〇里の山道を女の足で荷物をしょって歩くんだから、夜明け前に家を出て、日が沈んでからやっと帰り着く、というあんばいだった。

休んだら食べられないからね、その日も出かけました。何を持って行ったのか、やっぱり荷は重かったけれど、その日ばかりはちっとも苦にならなかった。飛ぶように峠を越えて、部落の家を一軒一軒売り歩き、帰りには、父ちゃんのためにどぶろくを少々分けてもらって、また飛ぶように山越えにかかりました。

父ちゃんはもう家に着いたろうか、いまごろは、下の源さんちで風呂に入れてもらっているのでは……。雪どけでぬかった道にわら草履がグショグショになるのも気にならず、芽ぶきかけた小枝がビシビシと顔をうつのもなんのその、ぐんぐんと峠を登りました。

お日さまはもう峠のむこうに沈み、見上げれば、山のてっぺんだけがぼうっとあかね色に光っていました。あの峠を越えれば七曲りの下り。きっと今ごろは、使いのものが父ちゃんが帰ったことを知らせに息せき切って登ってきているだろう。

やっと峠に着いた。使いは見えない。まだ登ってくる途中なんだろう、そう思って、汗をふく間も惜しんで七曲りを下りはじめました。一曲り、二曲り……。きっと次の曲りで出会うだろう。ほら足音が聞こえる——曲り目にくるたんびにそんな気がしました。でも三曲りめもだめ、四曲りめもだめ、五曲りめも、六曲りめも……。

とうとう最後の曲り。ぎゅっと眼をつぶって、神さま、と胸のなかで手を合わせながら、そろりそろりと歩いた。そうしたら、父ちゃんの暖かい息が顔にかかったの。ああ、やっぱり、とパッと眼をあけてみたら――。

夕日に照らされて、細々とした道が谷につづいているだけ。いくら眼をこらしても、だあれもいなかった――」

武者政子さんが、この日わがもとに帰ってくると確信した夫の丈夫（たけお）さんは、この日も次の日も、そのまた次の日も、帰って来なかった。夫と同じシベリアの収容所にいた人から、武者丈夫は、栄養失調で身体がむくんでいたから、九九パーセント生きてはいまいと聞かされても、それでもがんとして、彼女は夫の死を認めようとしなかった。誰が何といおうと、この私が信じている限り父ちゃんは生きている。私までもがその死を認めたら、父ちゃんは本当に死んでしまう――彼女はそう思ったのだった。

その年限りで、戦死認定打ち切りという一九六〇年、これまで手をつくして夫の行方を探してくれた役場の人に、このまま「行方不明」とされるよりは、「戦死」と認定されて靖国神社に祀られる方が、どれだけ御主人も喜ぶかしれないと懇々とさとされて、ようやく彼女は夫の死を認めたのだった。

一九六〇年一一月四日、彼女はうつろな白木の箱を抱きしめて、かさこそと落葉の舞う谷間のわが家に帰って来た。ようやく建てたバラック作りのわが家に足を踏み入れたとたん、それまでこらえていた涙がどっとあふれた。上がりかまちにしゃがみこんで、その白木の箱に顔をうずめ、武者さんは声をあげて泣いた。あとからあとからあふれる涙は、その白木の箱にみるみる大きなしみをつくっていった。

「戦争で泣くのは女なんです。また戦争しようなんていったら、今度は女ががんばらなくっちゃダメです。昔みたいに召集令状がきたらハイハイ言って送り出したりしないで。召集令状なんか破ってしまいなさい」

武者さんと同じように満州移民の悲劇を体験したある女性はこういった。

たしかに今度は、今度こそは、女ががんばらなくてはならない。そしてそれは、「召集令状がきたら」ではなくて、そんなものがこないようにするためでなければならないだろう。

〔付記〕
私が旧大日向村を訪ね、武者政子さんのお話をうかがったのは一九八〇年九月、この稿の入った本が刊行されたのは翌年六月だった。それから一年後ぐらいだったろうか、新潟に住む岩崎守という人から封書が届いた。知らない人だった。
開けてみると、「七曲り恋歌」と題した楽譜が入っている。私の拙い聞き書きをもとに作詞・作曲、透明なかなしみに満ちたうつくしい歌をつくって下さったのだ。
この歌はいま、〈反戦歌手〉といわれる新谷のり子さんの持歌となって、ひとびとの心に静かに「戦争反対」を訴えかけている。（一九八六年九月）

〈終章〉 生きつづける天皇幻想

この十年あまり、「銃後史」と称して十五年戦争下の女性の軌跡を辿る作業をつづけてきた。昨年（一九八四年）はその締めくくりとして、敗戦直後のいわゆる戦後改革の時期における女性の状況を検討したが、その過程でたまたま眼にしたGHQ民間情報教育局（CIE）編『真相箱』（一九四六年八月、コズモ出版）中の天皇発言には仰天させられた。

一九四五年一二月九日からNHKラジオで毎日曜夜「真相はこうだ」が放送されたが、『真相箱』はそのあとを受けて、四六年二月より始まった「真相箱」を二〇回分まとめたものである。当時幼児だった私にはまったく記憶はないが、この番組は、これまで国民に隠されていた戦時下の政治、外交、陸海空戦の「真相」を暴き出し、一般民衆のあいだにかなりのセンセーションを巻きおこしたという。

番組のスポンサー、CIEとしては、こうしたショック療法的やり方で民衆の意識転換をはかろうとしたのだろうが、『真相箱』にまとめられたものでみるかぎり、想像していたほど露骨な〈アメリカ善玉、日本悪玉〉的論調は感じられない。原爆投下についても、『タイム』や『ニューズ・ウィーク』誌上の投下批判を引用し、アメリカ国内にもつよい反対論があったことを明らかにしている。

本の内容は、聴取者からの質問に答えるという一問一答形式で構成されているが、私が驚いたのは、「天皇陛下は真珠湾攻撃計画を御承知だったのですか」という質問に対する回答だ。これが放送されたのは四六年春あたりと思われるが、この質問自体は「天皇の開戦責任」の有無として、敗戦直後から連合国側では大きな問題とされていたことだ。

『真相箱』ではこれに対して、真珠湾攻撃計画成立の経過を説明した上で、天皇は、四一年(昭和一六年)一二月二日計画を認可、八日午前一一時半宣戦布告に署名、というふうに事実経過を述べている(実際は、天皇の作戦認可は一二月一日の御前会議)。いずれについても「天皇陛下は気重そうな御様子でしたが」、「憂鬱そのもの」といった表現で、けっして天皇が積極的に開戦を望んでいなかったことを印象づけている。

問題はそのあとである。『真相箱』はそれにつづけて、四五年九月二七日の天皇の第一回マッカーサー訪問、そこでの天皇発言を引用している。太平洋戦争開戦を認可した理由として、天皇はマッカーサーに次のように述べたというのだ。

「もし私が許さなかったら、きっと新しい天皇がたてられたでしょう。それは国民の意志でした。ことここに至って、国民の望みにさからう天皇は、恐らくいないのでありましょう」(傍点引用者)

つまり、米英への開戦は、「国民の意志」、「国民の望み」であり、それも天皇が認可しない場合は退位を迫るほどのつよいものだったので、従わざるを得なかった——というのだ。

この天皇発言は『アカハタ』四六年六月一一日号にもとり上げられているが、ここでは、アメリカの週刊誌『ライフ』三月四日号、リチャード・E・ローターバッチのレポート「秘められた戦争計画」からの引用であることが明らかにされている。『真相箱』の天皇発言もこの『ライフ』の記事に拠っていることは明らかだが、その筆者リチャード・E・ローターバッチ(Richard E. Lauterbach)とは、いったい何者なのか。

LIFE'S REPORTSとして『ライフ』の巻頭に掲げられた「秘められた日本の戦争計画」("SECRET JAP WAR PLANS")の前書きによれば、ローターバッチは『ライフ』通信員、この記事作成にあたっては、第一次真珠湾攻撃隊長淵田美津雄中佐、富岡軍令部作戦部長(いずれも当時)等何人かの海軍将校や大本営幕僚の名をあげてインタヴューしたことが記されている。しかしかんじんの天皇発言は、実際に会談に同席して聞いたものか、それとも伝聞なのかは明らかにされていない。(ただし、ローターバッチのレポートには、この発言にあたっての天皇の表情がこと細かに記されている。「なぜあなたは戦争を許可したのか」というマッカーサーの質問に対する答がさきの発言だが、このとき天皇は、「この日本の支配者が新米のレポーターではないかというような疑わしげな眼をして」ゆっくりと言った——となっている)

この第一回の天皇・マッカーサー会談について、天皇の側では「男の約束」とかで口を閉ざしたままだが、一九六三年に書かれた『マッカーサー回想記』では、この『ライフ』の記事とは逆に、全責任を一身に引き受けようとする天皇の「勇気に満ちた態度」が讃えられている。

どちらがほんとうなのか。

二十年近くものちに書かれ、自己美化に満ちた『マッカーサー回想記』よりは、直後に第三者によって書かれたものの方が信頼性が高いと考えるのがふつうだろう。同じくアメリカのジャーナリスト、ジョン・ガンサーの『マッカーサーの謎』には、開戦を許さなければ、「国民はわたしをきっと精神病院かなにかにいれて、戦争が終るまでそこに押しこめておいたにちがいない」と天皇が答えたとなっている。これも、開戦責任を「国民の意志」にもとめるものだ。

また当時の状況からいっても、天皇が開戦認可の理由を「国民の意志」(“the will of the Japanese people”)に求めたことはじゅうぶんに考えられる。

この会談に先だつ十日前の九月一八日、東久邇首相ははじめて外人記者団と会見したが、そこでの質問は、「天皇は事前に真珠湾攻撃を知っていたか」に集中した。これに対して東久邇は、「知ラナカツタ。之(これ)ハ陸海軍ノ一部ガ極秘ニシテ決行シタノデアル」とシラを切った。しかし、「日本では天皇の承認なしに戦争を開始できるのか」という記者団の集中砲火のなかで窮地に追いこまれている。(「首相宮外人記者団との御会見に関する件」警保局外事課、四五年九月二〇日付『資料日本現代史2』)

これは天皇周辺にはショックだったようだ。ここではじめて「天皇の開戦責任」をめぐる連合国側の厳しい姿勢を認識した彼らは、急遽天皇免責に向かって動き出す。

二一日、政府は「外人記者会見後の要措置事項」を関係各方面に発し、「真珠湾攻撃ニ関スル真相ト宣戦トノ関係」についての調査報告を九月二八日までの期限つきで求める一方、二五日には近衛文麿のあっせんで天皇と『ニューヨーク・タイムズ』のクラックホーン、UP通信のベイリーとの文書による会見が行なわれる。ここでも真珠湾奇襲攻撃と詔勅との関係が問題にされたが、それに対して天皇は、「朕は真珠湾攻撃当日の宣戦の詔勅を、東条がそれを用いたような意味でなすつもりはなかった」と答えたという。（志賀義雄「民主主義日本と天皇制」『赤旗』二号、四五年一〇月）

そして二七日、天皇のマッカーサー訪問となるわけだ。天皇が、この最高司令官の権威をかりて開戦責任追及を免れようとしたとしても不思議はない。その場合、もはや真珠湾攻撃を知らなかったという言い逃れが通らないことはじゅうぶん承知していたろう。作戦認可を認めた上で、なおかつ責任追及を免れるための論理が「国民の意志」発言だったと考えればスジは通る。

しかしさすがに、これを国民に大ぴらに言うことははばかられたのだろう。日本政府が正式に天皇無罪論を国民の前に明らかにしたのは四五年一一月五日である。東久邇のあとを受けた幣原内閣は、「戦争責任等に関する件」を閣議決定し、「天皇陛下に於かせられては開戦の決定、作戦計画の遂行等に関しては憲法運用上確立せられ居る慣例に従わせられ、大本営、政府の決定したる事項を却下遊ばされざりしこと」を天皇無罪の論拠とした。憲法遵守のタテマエにのっとった「輔弼責任」への転嫁である。以後これが、天皇無罪の基本論理として国民のあいだに浸透することになる。

しかし、それはどうでもよい。いや、どうでもよくはないが、さしあたり私の関心はべつのところにある。天皇がマッカーサーとの第一回会談で何を言ったのか、『真相箱』にあるように国民に開戦責任をおっつけたのかどうか――は、もちろん重大問題だが、それ以上に私が気になるのは、当時これを聞いた日本国民の反応だ。『ライフ』や『アカハタ』を見る国民は少なかったろうが、この発言はラジオで放送され、さらに本にもまとめられている。かなりの国民の眼や耳に触れているはずだ（敗戦時ラジオの聴取台数は五七二万）。なぜ問題にならなかったのか。

この天皇発言は、明らかに事実に反している。国民はけっして積極的に米英との戦争を望んではいなかった。国民の大半にとって、四一年一二月八日朝の開戦の臨時ニュースはまさに寝耳に水の出来事であり、「ついにやったか」という興奮の一方で、とっさに小学校の壁にはってあった世界地図を思い浮かべ、太平洋の広さ、アメリカの広大さに、あんな大きな国、あんな遠い国と戦争して勝てるのかという不安を抱いたという声を、私は何人もの戦中世代から聞いている。

もちろん八日以後、景気のいい軍艦マーチとともに報じられる「赫々（かくかく）たる戦果」に、それまでの日中戦争の泥沼化や「ＡＢＣＤ包囲網」による鬱屈を吹き払われ、国民のほとんどが興奮の渦に呑みこまれていったのは事実だが、天皇が開戦を認可しなければ退位を迫るなどは、真っ赤なウソである。軍部の主戦論者にしたところで、そこまでの度胸はない。二・二六事件の青年将校たちを、その一言で「憂国の士」から「逆賊」に変え、苛烈な処罰で押えこんだ天皇が、本気で軍部のクーデターを恐れていたとも思えない。

にもかかわらず、この天皇発言が当時問題にならず、現在にいたるまで批判の対象になっていないのはどうしたわけか。もちろん、当時「天皇制廃止」の急先鋒だった共産党は、さきの『アカハタ』で「人民への責任転嫁」を糾弾しているが、小さな囲み記事扱いでしかない。この発言は、当時あらたにつくられつつあった天皇神話——天皇が軍部の反対を押えて終戦の断を下してくれたおかげで国民は一億玉砕から免れた、天皇は命の恩人だ——をくつがえす絶好の材料ではないかと思うのだが、これを批判の武器にしようとする姿勢は感じられない。

しかしもちろん、寡聞にして私が知らないだけかもしれない。もしこの天皇発言が問題になっている事実があったら教えていただきたいが、最近何人かの戦中世代の方々、また歴史学者の今井清一氏や神田文人氏にうかがったところでも、そういう事実はないようだった。

なぜなのだろう。十数年前、天皇は、開戦は政府が決めたが、終戦の断は自分が下したといった〈いいとこどり〉的発言をしたが、これに対しては数多くの批判があった。しかしそれ以上に臆面もない自己保身と無責任に貫かれたこの発言に、批判がないどころかその事実すら知られていないのはなぜなのだろう。

『日本放送史』（日本放送出版協会、一九六五年）は「真相箱」について、「この放送は、国民に与えるショックが強すぎたせいか、国民感情を無視したものとして、聴取者の関心を長くつなぎとめることはできなかった」という。また昭和二十二年版『ラジオ年鑑』にも「長年月の間、真実の声からへだてられて来た国民の耳には、却って異様に響き『手術』を受けるにも似たような苦痛が感じられた」とある。しかしこれは、それまで〈虚偽の声〉ばかり流して国民を「真実」からへだててきた張本人NHKの見方であり、そのまま信じるわけにはいかない。

もちろんそうしたことがなかったわけではない。『真相箱』にとり上げられていることは、現在からみればほとんどが〈常識〉のレベルだが、当時の民衆にとってはあまりにもショックが強すぎて、ひとびとの蒙をひらくよりは耳をふさがせてしまったということは、じゅうぶんに考えられることだ。しかし、さきの天皇発言についていえば、それだけではないものがあるように思う。民衆の〈戦争責任〉という観念の稀薄さ、〈天皇制〉に対する認識不足——この二つが相まって、開戦責任を国民に転嫁する天皇発言を、ただ聞き流させてしまったのではないか。

〈戦争責任〉観念の稀薄さと〈天皇制〉への認識不足は、たぶん一つながりのものだ。〈戦争責任〉観念の稀薄さは、〈戦争〉を、人為的なものとみるよりは台風や地震のような天災と同一視する認識のあり方に大きく関わっているが、それはまた、〈天皇制〉を、人為的な支配機構、国家機構としてではなく、所与の血縁家族のごときものと観念するその認識のあり方と裏腹の関係にある。〈戦争〉とは、国家主権発動の最高形態であり、国家とは、人為的に構成される支配機構であり、明治以来の天皇制とは、まさにそうした支配機構、国家機構であり、その主権発動のもとにはじめて戦争があり得た――という認識の稀薄さ、その最大の要因は〈天皇制〉認識のあり方にある。つまり、〈天皇制〉を人為的な支配機構、国家機構として認識することが稀薄だったからこそ、国家の人為性とその主権の発動である戦争の人為性を認識し得なかった――ということではないか。

戦争を天災視する意識からは、〈戦争責任〉、とくに〈開戦責任〉を問う姿勢は出てくるはずはない。それどころか逆に、戦争が終ったことの喜び、戦争を終らせてくれたものへの感謝が先立つ。敗戦当時三十代だったある女性は、「玉音」放送を聞いての感想を次のように言う。

「天皇の詔勅をラジオで賜りました時は只々感激し涙をおさえることができませんでした。……敗戦であっても天皇の詔勅を心から有難く有難く泣きつづけました」（加納実紀代「女にとって8・15は何であったか」『銃後史ノート』復刊6号、一九八四年刊）

この女性は、こうした天皇感謝の気持を持ちつづけたまま戦後四十年を生きてきている。それはひとり、この女性に限らない。最近の〈天皇制〉巨大化の動きのなかで、とくに「天皇在位六十年」へ向けての動きのなかで、ますます大きな声になりつつある。

こうした動きをみるとき、敗戦直後の「天皇制打倒」運動の誤りをつくづくと思う。

当時「天皇制打倒」をいうことは、つまりは〈革命〉の呼びかけであった。革命とは、もちろん支配機構、国家機構の変革であり、そのための権力奪取が不可欠だが、それだけでは充分ではない。民主主義革命であれ、社会主義革命であれ、その過程で民衆が自らの被支配状況に気づき、それをもたらすものを自覚的にとらえ、そこに向かって怒りを結集する――、つまり民衆の主体形成が伴われなければならない。民衆の主体形成を伴わない権力奪取は、ただの権力交替であり、革命の名に価しない。

したがって革命を目指すならば、当然、打倒すべき権力機構のあり方、その構造的把握と同時に、その権力機構の民衆の主体におけるあり方、主体性支配のあり方をもきちんと把握することが必要だ。「天皇制打倒」に即していうならば、戦前のコミンテルン・テーゼや、それをめぐっての戦後の志賀・神山論争にみられるような権力機構としての天皇制分析はもちろん必要だが、それと同時に、日本民衆にそれがどのように認識されているかについてのキメ細かな検討が不可欠だった。

さきにみたように、敗戦直後の民衆の天皇制、というよりは天皇観は、戦争を終結してくれたことへの感謝であり、また力足らず戦い敗れたことを申し訳ないと思う慙愧の念、つまり「一億総懺悔」である。私たちのアンケート調査でも、玉音放送直後に皇居の玉砂利に土下座した女性が数人いた反面、敗戦後、自宅に掲げた天皇の写真、「御真影」を怒りをもって引きずりおろしたという人はゼロ（加納前出論文参照）。つまり天皇制（天皇）への怒りどころか、それによる自らの抑圧、被支配状況にすら気づいていないのが大方の民衆だったのだ。

したがって、「天皇制打倒」のためには、こうした民衆の意識状況を踏まえた上で、その意識転換がはかられねばならなかった。そうしたものとして運動が展開されたかといえば――。

周知のように、戦後「天皇制打倒」の闘いが再開されるのは四五年一〇月一〇日、マッカーサーの指令によって「獄中十八年」の幹部が釈放されて以後のことである。しかしもちろん、その出獄第一声「人民に訴う」を聞いたり、再刊された『赤旗』紙上で「天皇制打倒」論を目にするひとびとは、全体のなかではほんの一握りにすぎない。一般大衆が、その「天皇制打倒」論に直接触れたのは、四五年一一月二一日、放送座談会「天皇制について」（出席者＝徳田球一、清瀬一郎、牧野良三、司会＝室伏高信）ではなかったか。

ＮＨＫが「天皇制」について、その廃止の是非をめぐって座談会を組むなどは今ではとても考えられないことであり、ＧＨＱの意向が背後にあったとはいえ隔世の感を深くするが、それはともかく、この放送座談会は共産党にとって、「天皇制打倒」を広く大衆に訴える絶好のチャンスだった。

しかし、民衆の反応は冷たかった。放送後日本輿論調査研究所が聴取者に賛否を問うたところ、回答三三四八のうち徳田の「天皇制打倒」論に賛成するものはわずか一六八（五％）、あとは「天皇制護持」派の清瀬、牧野への賛成である。（『読売報知新聞』四五年一二月九日）

雑誌『放送』四六年一月号に再録された「座談会・天皇制について」をみると、たしかに徳田は、この絶好のチャンスを生かさなかったばかりか、清瀬らの「天皇制護持」論に点数を稼がせ、このあとの「象徴天皇制」の下地づくりに手をかしてしまっている。

『放送』の「天皇制について」によって、徳田の発言をたどってみよう。

まず徳田は、「天皇制」について、「天皇だけ、又天皇の家族だけの問題ではないのであって、天皇とその宮廷、軍事、行政、司法の諸官僚をこめて、凡ゆる体系に亘る全国家機構を謂う」とする。そしてそれが「我が日本民族が永い間……全く不自由で、全く奴隷的状態で、そうして国内に於ては警察的弾圧、国外に対しては軍事的侵略を逞うして、我々を塗炭の苦しみに陥れた」元兇であると言う。したがって「天皇制が打倒されなければならないと云う事は諸君の心から直観する処であろうと存ずる」。

さらに、「現在我々は食糧に苦しみ、着るものに苦しみ、住む所に苦しみ、凡ゆる苦難を今続けておる。そこに天皇及びその政府、それを取巻いておる地主・資本家が非常なサボタージュをして現に一千万人の死を彼等は要求しておるという乱暴至極、残虐極まる状態でありますから、我々が天皇制を打倒しなければならないと云う事は、最も痛烈な要求であろうと思うのであります」。

つまり徳田は、三二テーゼそのままの地主・資本家に支えられた「軍事的警察的天皇制」論をふりかざし、その「打倒」は「諸君の心から直観する処であろう」としたわけだ。

しかしそう言われても、一般民衆は当惑するばかりだったろう。一般民衆にとって、過去および現在の自分たちの苦難と天皇制のつながりは自明のことではない。さきにみたように、民衆はけっして天皇制を「軍事的警察的」といった弾圧的なものとして意識してはいない。それどころか、「国家機構」、支配機構ですらないのだ。大方の民衆にとっては、「テンノーセイ」ということばすら、はじめて耳にするものだったのではないか。

それに対して「天皇制護持」派清瀬・牧野両人は、一致して「天皇制の本質＝国民の宗家」論で対抗する。

「天皇制の本質は、単に一国の政治力が、或は主権が君主にあるという訳ではなく、我が国の皇室、即（すなわ）ち国民の宗家、これを認めるか。昔から義は君臣にして情は父子というこの国民の信念を支持するか。覇道に向かって王道の実体を把握してこれを支持するかという点にあるからロシアのザー、ドイツのカイザルという様なものと大変違った観念を先ず第一に持たなければならぬと私は思います」（清瀬）

こうした「天皇制の本質＝国民の宗家」論に立てば、徳田が糾弾するような「軍事的警察的天皇制」は、その本質とは全く無関係どころか正反対のものになる。

「日本天皇制の本質というならば、一つは平和的であるということ、戦争をして事を片づけることは天皇制の反対です。もう一つは民を第一にする。仁徳天皇が『民の富めるは朕（ちん）の富めるなり』と仰せられた、全く民本的です。これが天皇制の本質です」（同）

にもかかわらず、軍部、官僚、右翼の連中がその本質を覆って天皇を悪用した結果、治安維持法のような悪法ができ、「徳田さんのような人達が迫害を受けた」。しかしいまや、そうした軍部・官僚どもは取り除かれたのであるから、これからは「初めて聖天の下、本当に愉快な努力ができるということである。だから話あえば天皇制打倒論者がガッチリと我々と同じように皇室を擁護して、その下に愉快に進むことができると思う」（牧野）

これは当時の大衆にとっては、徳田の「打倒」論にくらべて、格段にわかりやすい論理である。「天皇制の本質＝国民の宗家」、「御祖（みおや）」天皇観は、明治国家が捏造した「国体」イデオロギーであり、まさにフィクションであったが、その共同体的心性構造に見合うものとして民衆に内面化されてもいたのだった。したがって、これまではまわりの軍国主義者によってその「本質」が覆われていたが、いまやその覆いはとれ、真の天皇制が輝き出た——こうした「天皇制擁護」論は一般にも非常に多い。『朝日新聞』は、「言論の自由と民主政治擁立の時代の声に沿い」、四五年一一月から投書欄「声」を設けたが、一一月中の投書数二八八九通、うち一六九通が「天皇制問題」に関するものだった。内訳は、擁護論一三六、廃止論二一、態度不明確一二となっている。

擁護論のなかには、「天皇制を国民の利益と合致するが故に支持するというのは、余りに功利的な考え方ではあるまいか。……大君の御前に我を捨てる。日本人が心から日本人としての誇りを感ずるのはこれだけである。……天皇制を論ずるすら祖先に恥じ、日本人の純真性が失われたことを嘆かねばならない」（岸本寿美子、一一月二三日付）という皇道派的絶対支持もあるが、大方は清瀬流の「天皇制の本質」的発想による。

一一月一二日、戦後はじめての伊勢神宮参拝にあたり、はじめて天皇は「大元帥陛下」の軍服ではなく、その十日ほど前に制定された「天皇服」を着て国民の前に登場した。しかも「従来御料車の両側に配されていた近衛将校のサイドカーも今回は廃止され、御道筋の警官の姿も至って少数で極めて御簡素」(『朝日新聞』一一月一三日)な旅行だったという。

これに対して一女性は、「声」で次のように述べている。

「少数の警官と警防団員のみで遮るものは何一つなく、もったいない程近々と陛下の御姿を拝して感無量であった。敗戦によりはからずも国民と陛下との間には父子の情がとり戻されたのである」

また一二月八日、神田共立講堂では共産党による戦争犯罪人追及人民大会が開かれ、志賀義雄の読み上げる戦犯リストの最後の「天皇」の名に「聴衆は歓呼し怒号し足を踏みならした」(マーク・ゲイン『ニッポン日記』)が、同じころ、そこからわずか濠をへだてた皇居内では、交通事情が極度に悪いにもかかわらず、はるばる宮城県の山奥から皇居清掃奉仕にかけつけた青年男女六十人が、天皇の前で感涙にむせんでいた。

いまに続く皇居清掃奉仕の礎石となったこの「みくに奉仕団」のリーダー長谷川峻は、天皇に身近に接した感動をこう記している。

「天皇が、かかる真率なる草莽青年のあるがままの姿にお接しになられたことがあろうか。いないな、こうあってこそ初めて本当の御皇室なのである。……ああ君民一体とはこのことである。両陛下は金鵄勲章、功一級、勲一等の軍服、フロックコート、モーニング、あるいは裾模様の名流婦人の中におられるにあらずして、かかるむさくるしき、あるがままの百姓青年男女と共にあるのである」(『新世紀』四六年四月創刊号)

こうした「天皇制擁護」論に対しては、徳田の「軍事的警察的天皇制」打倒論は何の痛痒も与えない。さきの座談会では、かえって聴取者は、いかにも徳田が「天皇制の本質」に無知で、「獄中十八年」の私怨から「天皇制打倒」を叫んでいるような印象を持ってしまったのではないか。

志賀義雄は天皇制について「土下座する日本人民にとりつく生霊」(『赤旗』二号)という。これは天皇制を、たんに外側から民衆を拘束する国家機構としてだけでなく、その内面をも規制するものとしてとらえていることを示している。しかし志賀は、その「生霊」の恐しさを見誤っている。

「人民は生霊たる天皇制がもはやおそれるにたりないことを自覚しはじめた。いまや人民の痛烈な天皇制批判がはじまった。……じつに天皇そのものにも加えられはじめた」(同、傍点引用者)。「生霊」の真の恐しさは「恐しさ」が自覚されない点にこそある。「軍事的警察的」国家機構として内外に威力を振っていたにもかかわらず、日本国民にはそれと自覚されず、逆に「義は君臣で情は父子」というよりは、慈母の如き慈愛に満ちた存在であったところに、「生霊」の生霊たるゆえんがある。したがって天皇制とのたたかいは、まず民衆にとりついていた「生霊」、慈母の如き慈愛に満ちた存在としての天皇への幻想はがしから始められねばならなかった。慈母の如く「赤子」を慈しむどころか、天皇が民衆の苦難をよそにいかに自己保身にきゅうきゅうとしているか、それを徳田のような「国内に於ては警察的弾圧、国外に対しては軍事的侵略」といった抽象的表現ではなくて、具体的な事実によって示していくことが必要だった。

その意味では、四六年五月一二日の「米よこせ世田谷区民大会」から一九日の食糧メーデーに至る経過は評価できる。「米よこせ世田谷区民集会」は、共産党指導のもとに東京世田谷区下馬、旧陸軍砲兵隊跡地で開かれたものである。当時東京の食糧配給は遅配一八日、すさまじい食糧不足とインフレのなかにあったが、とくに集会の行なわれた砲兵隊跡の兵舎に住む戦災者たちの窮状は眼を覆うものがあった。当時この兵舎内の診療所に住んでいた潮地ルミ氏(敗戦当時二十歳)は書いている。

「よその町まで行ってごみ箱をあさる子供達の話も聞きました。米のおかゆの炊き上るのを待ちかねて息をひきとったおばあさんの話、歩けなくなってどこかによっかかったまま死んでいった青ぶくれの人、等々の話も聞きました。そしてここの窮状が世に知れた時、銚子からいきのいい鰯が運ばれ、配られた時の人々の、子供達の嬉々とした顔、動き、共同水道の賑わい——そして間もなく下痢をおこした人々——栄養失調の体はせっかくの鰯を消化できず下痢をおこしてしまうのを目撃しました」(「宮城のダシ昆布」『銃後史ノート』復刊7号)

「米よこせ世田谷区民大会」はこうした人々の切実な声を集めて非常な盛り上がりを見せたが、興奮さめやらぬまま、ひとびとは大会終了後二台のトラックに分乗して皇居に押しかけた。そして驚いたことに赤旗を押したてて皇居内に入り、皇族・高等官用の台所を見学した。そこにゴミとして捨てられてあったものは、ひとびとの天皇への幻想をふっとばすのに大きな役割を果たした。さきの潮地氏は、デモ隊が「戦利品」として持ち帰った残飯の一部を見たときのショックをこう語っている。

「そこで見たのは、ダシをとったあとの厚いダシ昆布とそこに点々と白くついている飯粒、三枚におろした比較的大きな魚（明らかに鰯や鯖ではない）の中おち、まだ肉がついている――。他にもあったかどうか、覚えているのはそれだけです。それを見て、区民大会の時には陰からそうっと見ていた私も、むらむらっとくる憤りをどうしようもありませんでした」（同）

じつは潮地氏は、一年足らず前の敗戦の詔勅の直後、わざわざ千葉県の疎開先から上京して、皇居の玉砂利に土下座した皇国少女だった。それだけに、戦災者たちの飢餓のすさまじさ、自らも野草すらとり尽くして鉄道草といわれていたヒメジョオンで飢えをしのいでいた日常において、たっぷり身のついた魚の中落ちや厚いダシ昆布をみたときのショックは大きかった。

「だのに、お堀の内ではこんなに無造作に捨てているのです。私達と全然立場がちがうのでしょう。全くこれには憤慨を禁じられませんでした。毎日、栄養失調で死者の出ている部落と、いまだに雲の上の生活と……よく無神経でいられるものです。おこるのは当り前、おこらない人はどうか

していますが」（同）

まさに「百聞は一見にしかず」である。民衆の天皇への幻想はがしは、こうした具体的な事実の呈示によるしかない。一九日の食糧メーデーが二五万の大衆を集めて盛り上がりを見せたのは、こうした具体的な事実によって天皇幻想をはがされ、「朕ハタラフク食ッテルゾ　汝人民飢エテ死ネ　ギョメイギョジ」（松島松太郎が掲げたプラカード）に共感する人も多かったからだろう。ここで、二五万大衆の皇居突入を呼びかけていたら、「天皇制廃止」はともかく、少なくとも天皇退位に追いこむ可能性はあった――と元共産党幹部岩田英一氏は言う。（「赤旗が宮城に入るまで」『運動史研究』8号）

たしかに、翌四七年初めの二・一ゼネスト時よりも、内外状勢はこの時期の方が有利だった。まず当時は、政治の空白期であった。その一か月前の第一回衆議院選挙で第一党となった自由党の鳩山一郎は公職追放、吉田茂が党首となったものの組閣は難航をきわめ、無政府状態にあった。

さらに、「人間天皇」のお披露目、戦後巡幸ははじまったばかりであり、この段階では「ア、ソウ」をくり返す天皇に違和と失望を感じるひとびとも多かった。（以後はだんだん、そうした〈人間らしさ〉が受け入れられ、人気スターの如き熱狂的な歓迎を受けるようになる。）またこの時期は、「象徴天皇制」を定めた憲法も公布以前、流動的状況にあった。

こうした国内状況に加え、外的状況も二・一スト当時よりは有利であった。四六年後半から米ソ冷戦構造が鮮明になり、GHQ内のニューディーラーたちのかなりの部分が交替させられるが、食糧メーデー当時はまだ多数いたし、マッカーサー自身の天皇免罪路線が変わる可能性もないではなかった。

四六年一月マッカーサーは、アメリカ国内の「天皇を軍事法廷に引きずり出せ」、「吊し首にしろ」といった批判を押えるためにトルーマン大統領に秘密電報を発した。

「彼を滅すことは国を崩壊させることになります。……政府のすべての機関は崩壊し、文明的な活動はとまり、地下運動の混乱、無秩序は山岳地帯におけるゲリラ戦にもなってゆくということは想像できないことではありません。……占領軍を大きく増強することは絶対に必要となるでしょう。最小限に見ても百万人の占領軍の不特定期間の駐留がおそらく必要となるでしょう」

こうした脅迫じみたオーバーな表現をしてまでマッカーサーが天皇免罪を主張したのは、この段階では主として占領政策遂行上天皇利用を得策としたためである。つまり、日本国民がひたすら天皇に恭順で、その天皇がまた勝者アメリカに恭順で、したがって天皇を通じてその意を日本国民に徹底させるのを得策としたためである。

だとすれば——もし日本国民が天皇に恭順でなくなれば、それどころか反抗の炬火をあげれば、彼にとって、天皇の利用価値はなくなるはずだ。マッカーサーは食糧メーデーの翌二〇日、「暴民デモ許さず」の強硬声明を発するが、もしも前日、天皇退位を叫ぶ民衆の皇居乱入があれば、ちがう対応があった可能性はある。四五年八月一一日付、米英ソ中四国の日本政府に対する回答「最後的の日本国の政府の形態はポツダム宣言に遵い、日本国民の自由に表明する意思に依り決定せらるべきものとす」からいっても、これを武力鎮圧することには抵抗があったはずだ。

したがって、客観状勢からいえば、敗戦直後の日本において、天皇退位に追いこむ唯一の可能性は、この時ではなかったかと思う。しかし、革命主体の問題としてはどうだったか。

岩田英一氏はさきの「赤旗が宮城に入るまで」において、宮城陳情団の責任者から岩田氏をはずし、突入のチャンスを逸しさせたとして志賀義雄、野坂参三をことば激しく糾弾している。しかしこのとき、岩田氏の一声で二五万大衆が皇居になだれこんだかどうか。

たしかに一二日の「世田谷区民大会」以後、天皇に対する民衆の怒りはかつてないたかまりを見せていた。また、生産管理や食糧の人民管理闘争のなかで、民衆の主体形成も急速になされつつあった。しかし、天皇への怒りをこめて二五万大衆が皇居に突入したかといえば――。

この段階では、民衆のなかの天皇への怒りの蓄積はまだまだ不充分だったのではないか。二五万大衆のなかには、「朕ハタラフク食ッテルゾ」の天皇に対する怒りよりも、天皇に対する期待――天皇さまに訴えれば何とかして下さるのではないかという――をもって集まった人も多かったのではないか。まして全国的にみれば、天皇への幻想はまだまだ根づよい。私たちの調査では、当時食糧メーデーを知っていた女性は五六%、半分近くの人はその事実すら知らなかった。知っていた人のなかでは、食糧メーデーが皇居前で行なわれたことについて、「おそれおおい」、「場所柄を考えるべきだ」と否定するよりも「すばらしいことだ」と肯定する人の方が多いが、しかし皇居突入という事態になっても肯定するかどうかは疑問だ。(加納実紀代「女たちの戦後」『銃後史ノート』復刊7号参照)

このとき岩田氏が突入を呼びかけたとしても、二五万大衆のなかにはなおためらいがあっただろうし、ましてそれが全国民に共有される道は遠かったといわねばならない。それを天皇制廃止、あるいは天皇退位に結びつけるためには、この日までに民衆のなかの天皇幻想くずしの働きかけが、もっともっと強力に展開されていなければならなかった。

ここであらためて思うのは、冒頭に記した「真相箱」の天皇発言、「開戦は国民の意志」という発言をなぜもっと有効に使わなかったか、ということだ。運動が鎮静にむかった六月になってから『アカハタ』の小さな囲みで『ライフ』の記事を引用し、天皇の無責任を糾弾してみてももう遅い。四月から五月にかけての有利な客観状勢のなかで、民衆の天皇への幻想くずしの武器としてなぜもっと有効に使わなかったか。

先述のように、『ライフ』は三月初めには出ているし、「真相箱」の放送も遅くとも四月初めまでにはなされているはずだ。その段階で、誰一人『ライフ』の記事を知らず、一人の党員も放送を聞かなかった——とは考えにくい。一般大衆はこれを聞き流してしまったとしても、「天皇制打倒（廃止）」をいい、「天皇の戦争責任」を追及する共産党にとっては、馬耳東風と聞き流すことはできなかったはずだ。なぜ問題にしなかったのか。

あの天皇発言を、たんに「人民への責任転嫁」と糾弾するだけでなく、明治憲法下における天皇の地位、大権保持者としての天皇の権限、開戦に至る経過とそこで天皇の果たした役割等々について一つ一つ具体的に明らかにしつつ問題にしていくならば、天皇の自己保身、無責任ぶりは、おのずから民衆の眼にも明らかになったはずだ。ただちに集会を開き、あるいは四月一〇日の衆議院選挙に向けての演説会等を通じて訴えていけば、民衆の天皇幻想はかなり払拭されていたはずだ。

幻想はがしだけではない。それを通じて民衆のなかに、戦争の人為性についての認識、〈戦争責任〉観念を育てることも可能だったのではないか。戦争とは、天から降ってくる自然現象ではなくて人間が始めるもの。したがって、戦争をはじめたもの、主観的に戦争を望んでいたかどうかに関わりなく、ゴー・サインを出したものの責任は問われなければならないことを、民衆の中に根づかせることもできたのではないか。

その認識の芽を育てるならば、日本民衆が天皇の戦争責任だけでなく、自らの責任、侵略戦争への協力責任を自覚する可能性もあった。それによって日本民衆の主体形成は、大きく促されたはずだ。被害者意識に安住し、あるいは「だまされていたのだから仕方ない」と責任を回避する姿勢からは、主体の形成はあり得ない。主体的であるとは、主観的にはどうあれ客観的に引き起こした事実についての責任、結果責任を引き受けるかどうかにかかっている。

戦後四十年経ってようやく加害体験が語られはじめたものの、日本人のあいだにそうしたかたちでの主体形成が不充分なままにきたことと、敗戦直後に天皇の無責任がきちんと追及されないできたこととは密接な関係がある。

それにしても、なぜ共産党は四月・五月の段階でこの天皇発言を問題にしなかったのか。野坂帰国以後の「愛される共産党」路線のなかで、天皇の戦争責任追及をマイナスとしたためか。議会制民主主義の枠内で平和的に「民主人民政権」樹立が可能だとしていたためか。

それもあるだろう。しかし根本的原因は、三月に提示されたGHQ製新憲法草案、そこにある「象徴天皇制」の問題点を見抜き得なかったからではないか。たしかに新憲法の「象徴」規定によって、天皇制は「軍事的警察的国家機構」ではなくなった。しかし、さきにみたように民衆にとっての天皇制は、もともと清瀬一郎の発言にあるように「平和的」かつ「民本的」、つまり「象徴天皇制」そのものであった。こうした民衆の天皇制認識があったからこそ「軍事的警察的」天皇制もあり得たのであり、状況によっては「平和的民本的」にもなり得れば「軍事的警察的」にもなり得るところに天皇制の本質はある。

そうした天皇制の本質に対する認識不足の原因は、当時の共産党幹部の他力本願的・非主体的姿勢にあるように思う。なぜ戦前の「天皇制打倒」のたたかいは民衆に受け入れられなかったのか、なぜ日本民衆はやすやすと侵略戦争にかり立てられてしまったのか。またなぜ筋金入りのはずの共産党員のなかから数多くの転向者が出たのか。そしてさらに、なぜ日本民衆はＧＨＱの指令が出るまで「獄中十八年」の共産党幹部を救い出しに来なかったのか――。こうした問題を自らの思想課題として受けとめ、まともにとり組んでいたならば、「軍事的警察的国家機構」としてだけではない日本民衆の主体にからみついた天皇制の本質がみえたはずだ。

戦後の志賀・神山の天皇制論争をみても、シャー・リフやレーニンの片言隻句を、いかに日本に当てはめるかという姿勢ばかりが目立つ。レーニンやスターリンや、ＧＨＱの方にばかり眼を向ける幹部と、「獄中十八年」の威光にひれ伏すヒラ党員――。こうした構造は、まさに天皇制である。こうした共産党によっては、「天皇制廃止」、「民主人民政権」の樹立は達成できるはずはなかった。

そして民衆もまた、こうした党を乗り越えるどころか、被害者意識に安住し、〈人間天皇〉の戦後巡幸を熱狂的に迎えたのだった。

初出一覧（＊印は増補分）

- **私の「原爆の図」**　『わだつみのこえ』72号（一九八一年八月）
- **死の誘惑――三原山・自殺ブームをめぐって**　『銃後史ノート』通刊4号（一九八〇年八月）
- **エロ・グロ・ナンセンスから白いかっぽう着へ**　『一九三〇年代の建築と文化』（現代企画室　一九八一年一二月　初出タイトルは「白いかっぽう着への憧れと怨み」）
- ＊**阿部定――戦争とポルノグラフィー**　『ポルノグラフィー――ニュー・フェミニズム・レビュー6』（学陽書房　一九九二年三月）
- **〈銃後の女〉への総動員**　『戦争と女たち』（オリジン出版センター　一九八二年）
- **国防婦人会、その幻想の〈革新〉性**　『軍事民論』38号（一九八四年一〇月　初出タイトルは「幻想の「革新」としての国防婦人会」）
- **国防婦人会の解散と大日本婦人会の成立**　『銃後史ノート』通刊7号（一九八二年一二月　初出タイトルは「統合と抵抗――大日本婦人会の成立と国防婦人会の解散」）
- **奥村五百子――〈軍国昭和〉の先導者**　『思想の科学』一九七五年九月号
- **高群逸枝――その皇国史観をめぐって**　『思想の科学』一九七四年一〇月号の「高群逸枝と長谷川テル」の前半と『高群逸枝論集』（JCA出版　一九八一年）の「高群逸枝の皇国史観」
- **八木秋子――屹立する精神**　『思想の科学』一九七八年八月号
- **長谷川テル――矛盾を生きぬいたエスペランティスト**　『思想の科学』一九七四年一〇月号の「高群逸枝と長谷川テル」の後半
- ＊**わがあこがれの顛末**　『山川菊栄集6』月報（岩波書店　一九八二年七月）
- ＊**台所と国家――統制経済が女たちにもたらしたもの**　『銃後史ノート』通刊6号（一九八二年四月）
- ＊**足らぬ足らぬは工夫が足らぬ――戦時下耐乏生活を生きた女の歴史**　『春秋生活学』（小学館　一九八九年春）

＊**疎開をめぐる二つの体験**　共同通信配信　一九八三年八月
＊**〈地方〉から見た疎開**　『銃後史ノート』通刊8号（一九八三年一二月）
・**還ってきた〈息子〉**　『同朋』一九八二年八月号
＊**女と戦争と情報**　『あごら』二五号（一九八一年一二月）
・**家計簿のなかの「八月十五日」**　『思想の科学』一九七六年二月臨時増刊号（初出タイトルは「〝銃後〟の女たち――〝女にとっての天皇制〟への一つの視角」）
・**〈移民の村〉の女**　『憲法改悪反対運動入門』（オリジン出版センター　一九八一年六月　初出タイトルは「戦争と女」）
・**生きつづける天皇幻想**　『運動史研究』17号（三一書房　一九八六年二月　初出タイトルは「天皇幻想をなぜ残したか」）

あとがき

一九九四年夏――。

もうあきらめようと思ったとき、スコップの先にカチリとあたるものがあった。小石まじりの土をかきわけると、飴色の上薬がかかった壺が出てきた。手のひらにのるほどの大きさで、揺するとチャプチャプ水音がした。

はじめてみる父の骨壺である。納骨のときはわたしもいたはずだが、幼くてなにも覚えていない。以来四九年間、ずっと土の中にあったというのに、遺骨はしっかりと形をたもち、生々しいまでに白い。三九歳という壮年での死があらためて胸にきた。

一九四五年八月六日午前八時一五分、広島に投下された原爆で父は死んだ。爆心から五〇〇メートルの勤め先で、同僚とともに一瞬のうちに火に包まれたというから、じつはこの骨がほんとうに父のものかどうかはわからない。探しにいった母は、父の座席のあたりに散らばっていた骨を拾ってきたという。

その母も死んだ。そして白い骨壺におさまり、はるばる旅をして、いま父の傍らに眠ろうとしている。彼女の骨壺は父の三倍はあろうかという大きさで、二つ並べると母子のように見える。母は享年七七歳。父の二倍生きたことになる。その骨はもろくはかなく、背負ってきたものの重さを語っているようだった。

＊

それから一年たって、いま「戦後五〇年」がさまざまなかたちで語られています。「被爆五〇年」も、マスコミで大きく取り上げられています。けれども何といってもショックだったのは、アメリカのスミソニアン博物館の原爆展中止問題です。原爆は日本の侵略の結果だった、原爆によって日本の侵略戦争を終結させることができた、だからアメリカの原爆投下は正しかった。これが原爆展に反対したひとびとの言い分だそうです。

その前半は、わたしがこの本の序章「私の「原爆の図」」で書いたことに重なります。広島は、日本が中国に対してしかけた侵略戦争の帰結だった、被爆者だからといって被害者意識にだけ安住してはならない――。十四年前、そんな思いでわたしはこの文章を書きました。その思いはいまも変わりません。

しかしだからといって、原爆投下は正しかったなどとはとんでもない。どんな大悪人だろうとあんなふうに焼き殺されていいはずはないし、ましてカッチャンやミチコちゃんはこれから人生を生き始めようとしていたのです。生き残った者が背負ってきた苦しみは、母のもろい遺骨が示しています。

そのうえに核時代の招来です。ヒロシマをきっかけに、核というそれまで存在しなかった恐るべきエネルギーの開発競争が始まりました。今ではそれは人類を何度も絶滅させうるほどの量だといいます。人類の滅亡は身から出たサビかもしれないけれど、核は地球上のあらゆる生命を道連れにします。

それに対する畏れは、かつてアメリカの人びとの間にもあったとわたしは思います。この本の終章「生き残った天皇幻想」でふれたように、敗戦直後に出された『真相箱』には原爆投下を批判するアメリカ国民の声が引かれていました。「これは集団的殺戮、全くのテロ行為だ」、「そんなものは一切合切大西洋か太平洋に投げこんでしまえ。弱い人間がこのような強大な破壊力を所有することは危険である」――。投下直後、『ニューヨーク・タイムス』にはこんな投書が寄せられたそうです。

パール・バックの発言にもそれはうかがえます。一九五二年、彼女は野上弥生子あての手紙で、「真珠湾攻撃についてあなたがたが悔い、悲しんでおられるとおなじように、原子爆弾を使ったことで、わたしたちアメリカ人も悲しみ、恥じているのです」と書いています(『婦人公論』一九五二年七月号)。当然でしょう。ほんのわずかでも想像力があったら、原爆投下は正しかったなどと言えるはずはありません。

それなのにいまアメリカで、原爆被害の展示を中止させるまでに投下正当論が力をもってしまったとすれば、その背景にはアメリカの威信低下に対する人びとのいらだちや、戦後五〇年の日本のありようへの反発・批判があるのだろうとおもいます。その反発・批判は、かつて日本によって侵略されたアジアの人びとにはもっともっと強いでしょう。くりかえされる政治家の戦争肯定発言や不戦決議をめぐる国会の状況には、ことばを失います。やはり、わたしの「広島」の死者たち――父やミチコちゃんやカッチャン、それに五歳のわたしが遊び心の対象にした黒焦げの死者たちは、犬死にだったのでしょうか。

*

この本の元の版が筑摩書房から刊行されたのは一九八七年でした。そのあとおこった「昭和」の終焉にともなう大騒ぎは、戦争の記憶も戦争責任の問題も帳消しにしまいそうないきおいでした。しかし九〇年代にはいって、韓国の元慰安婦女性が名乗りを上げたのをきっかけに「従軍慰安婦問題」が急浮上しました。そのなかで、なかったはずの資料がつぎつぎに「発見」され、日本のかつての戦争の加害性が否定しようもない「事実」として明らかにされました。そして宮沢首相が韓国で謝罪の言葉をのべ、細川首相の「侵略戦争」発言があり……。

ついに山の動く日がきた、とわたしはおもいました。そして傲慢にも、わたしの役目は終わった、『女たちの〈銃後〉』は役割を終えたとおもいました。あの戦争において、母たちは被害者であったが加害者でもあった。なぜそうでしかありえなかったのか——。この二〇年、わたしは仲間たちとともにこうした問いの答えをもとめて銃後の歴史をたどってきましたが、その問い自体が戦中世代に拒絶反応を起こさせることが多かったようです。加害者だなんてとんでもない、というふうに。

九〇年代にはいっての「従軍慰安婦問題」は、その状況を一挙にかえたかにみえましたが、どうやらそうではなかったようです。インパクト出版会の深田さんのおすすめにしたがって、もういちど『女たちの〈銃後〉』を世に出す気になったのはそのためです。また、亡くなった母とはついにできなかった「靖国の妻」との対話への心残りもありました。母は被爆者でありながら「靖国の妻」でもありました。父はいまも靖国神社にまつられたままです。

新版にあたっては筑摩版になかった「銃後のくらし」の章を追加するなどかなり増補しました。筑摩版のあきらかなまちがいは訂正しましたが、増補部分をふくめて手直しは最小限にとどめました。

（八月六日）

『女たちの〈銃後〉』によせて

森崎和江

私は一九二七年生まれですから、加納実紀代さんの『女たちの〈銃後〉』を、幼少女期にまるごと生きてきたことになります。事実、この著書に実に克明に再現された〈銃後〉のことごとくを、私の人生の記憶から拾うことができます。私のすぐ前を生きている女たちの姿として。そして同時に、深い疑問の中で最後の砦のようにわが沈黙の底にしのばせていたものについて、ふりかえります。

加納実紀代さんは一九四〇年生まれ。つまり敗戦の年は五歳です。自己への出発はもう始まっている。五歳の少女は敗戦国の日常の中で自己形成をしていきます。そして、おそらくは十代末の、女性への意識的な旅立ちのとき、原体験を形成した混沌の正体を見極めねばその爪先を下ろす場が確立しないことを、感じとられたのだと思います。

この著書には、〈銃後〉そのものへの追求が、女たちの自己形成の不確かさがそのまま戦争へ直結していた姿として記録されています。そして同時に、わが足元を掘らずにおれない著者の、女たちの明日を拓こうと努める厚みのある歳月が、ずっしりと重なっているのを感じさせます。

敗戦とともに、日本人の大半は、戦争までの侵略史を忘却することで新しい時代を生きようとしてきました。ましてや、〈銃後〉など、すぽりと欠落させることが、個としての出発でした。わけても母たちは、〈銃後〉へと追いつめられた暮らしの中の何が、銃弾とともに加害者の立場となっていたのかなど、自問する瞬間すら持てませんでした。敗戦とともにいっそう深刻化した生活――食べるため、育てるための日常に追い立てられて。〈銃後〉の女たちは、個としての意味を抹殺され、娘たちは独身をゆるされず、傷病兵との結婚を割り当てられたり挺身隊として動員させられていましたから、敗戦後は次の世代のいのちを養うさし迫った日々の中にいました。きのうまでそれは名誉ある義務でした。その名誉は空漠と化し、著者もまた、ひろい意味で、母親の世代が湛えている空漠によって、幼い心と体とを養われてきた戦後世代です。

それら〈銃後〉に引きつづく敗戦後の、女たちの時空を客観する場を、著者がどのようなたたかい方によって確立されたか。まざまざとこの一冊の書は語ります。

それは母世代との訣別、そして時間をかけた呼びかけと、女性誕生への苦闘の開始でした。その著者の精神の軌跡は、日本国の中の日本人の発言も無言も、男女もろともに天皇幻想の中で終始し、戦後もなおそこにとどまっているのでは、という危機意識とともに展開していきます。

私は、つい、一両日前に、十日間ほど韓国を訪れて帰ってきたところです。そして、今日の情報過多ともいえる時代に、それゆえにいっそうのこと、隣国のごく庶民層の人びとからも、一日本人として、現在の日本にたいする批判を受けました。個々の日本人の意味など無力なほど、今の日本国の総体をみているのです。

私はかつての植民地で、植民二世として生まれ育ち、その風土の個性を幼魂にしみとおらせてしまった人間です。そのことの罪深さと、苦悩とは、戦後五十年程度では消えません。わずかに、わが戦後はあの誕生の地の解放五十年の精神と対応しているのを感じています。

解放と敗戦の、二つの戦後史がアジアをおおっています。また同じく二つの〈銃後〉が、日本内外のアジアにありました。日本国家は〈銃後〉の時代に、国民の男女や人種を問わず、国家との一体化へ人びとを追い、女自らもそこへ自分を追いつめました。そこでは人間は国家を形成する国民であり、国家とは国民共同体だった。その中に、村落共同体や家族共同体や大日本婦人会等が各側面で岩を成し、天皇が頂点で神格化していたのです。

では戦後五十年かけて、日本人のひとりひとりは国家と国民との関係を、どのようにとらえ直してきたのでしょう。国民という言葉が現状に不似合いなら、民族と言っていい。今、日本人は、わが民族と、わが国とを、個々にどのように把握し、その把握の場で他民族や他国の人びとと、どう接しようとしているのか。

現在、国際化が日本人のキイ・ワード化しています。しかし、他国の人びとは日本人が一丸となって、経済的国際化を国是としていることの正体をしっかり見ています。そして、私も今回の訪韓で、幾度となく、その外側からの鋭い批判を受けたのでした。

加納実紀代さんのこの著書は、わが自問への母世代もろとものの返答でもあり、日本の中で生活する他の民族への対応の姿でもありますし、他国の人びとに対する姿勢でもあります。私の心が、すこしほっとします。それは、著者が今日の日本から逃げることなく、日本民族の伝統的な幻想をその精神構造の中に見つづけておられるからです。

日本の中に、多様な形で伝統と創造のプラス・マイナスを越える道が生まれることを願っています。私たちは、いつの時代の存在であれ、後続の人びとの原体験の一端となることからのがれられません。同時に、その批判にさらされつつ歴史と化します。

最近私は、平和という名のもとでの繁栄によって傷ついている、孫世代の、批判の昏さに耐えています。耐えながら、〈銃後〉につづいた私の戦後の、たたかいと、手つかずの面をみつめています。他民族とともに明日への道を求めるほかにないと思うとき、この『女たちの〈銃後〉』の著者の姿勢は、ほんとうにありがたいのです。それは、今日の経済大国日本の経済前線の形成が、戦場と銃後さながらの相互関係によって、自国繁栄の指令のままに達成されてきたことを思うからです。

「女たちの〈銃後〉を辿る私の旅は、現代社会の奥深さをかいまみる旅でもあった」と著者は記します。

私は心から願っています。

この説得力のある旅が、現代のゆがみを射ぬきながらますます深まっていきますように、と。

著者にとって私の孫世代はいわば平和の中の〈銃後〉ともいえるわけで、たくましい批判精神の発展を祈らずにはおれません。

加納実紀代さん、困難な作業のどこかで、私もまた役立ちますよう生きたいと思っています。お元気でいらしてください。

一九九五年、七月　梅雨の終りに

加納実紀代（かのうみきよ）

1940年7月ソウルに生まれる。

1976年より「女たちの現在を問う会」会員として、96年までに『銃後史ノート』10巻（JCA出版）、『銃後史ノート戦後篇』8巻（インパクト出版会）を刊行。

2002年から11年、敬和学園大学特任教授。

2019年2月22日死去。

◆ **著書**

『女たちの〈銃後〉』筑摩書房、1987年
『越えられなかった海峡―女性飛行士・朴敬元の生涯』時事通信社、1994年
『まだ「フェミニズム」がなかったころ』インパクト出版会、1994年
『女たちの〈銃後〉　増補新版』インパクト出版会、1995年
『天皇制とジェンダー』インパクト出版会、2002年
『ひろしま女性平和学試論―核とフェミニズム』家族社、2002年
『戦後史とジェンダー』インパクト出版会、2005年
『ヒロシマとフクシマのあいだ―ジェンダーの視点から』インパクト出版会、2013年
『「銃後史」をあるく』インパクト出版会、2018年

◆ **主要編著書**

『女性と天皇制』思想の科学社、1979年
『自我の彼方へ―近代を超えるフェミニズム』（思想の海へ22）社会評論社、1990年
『反天皇制―「非国民」「大逆」「不逞」の思想』（思想の海へ16、天野恵一と共編）社会評論社、1990年
『女たちの視線―生きる場のフェミニズム』（金井淑子共編）社会評論社、1990年
『母性ファシズム』（ニュー・フェミニズム・レビュー6）学陽書房、1995年
『性と家族』（コメンタール戦後50年第5巻）社会評論社、1995年
『写真・絵画集成　国境を越えて』（日本の女たち第3巻）日本図書センター、1996年
『女がヒロシマを語る』（江刺昭子、関千枝子、堀場清子共編）インパクト出版会、1996年
『岩波女性学事典』（井上輝子、上野千鶴子、江原由美子、大沢真理と共編）岩波書店、2002年
『リブという〈革命〉―近代の闇をひらく』（文学史を読みかえる6）インパクト出版会、2006年
『新編 日本のフェミニズム6　女性史・ジェンダー史』（同編集委員会編）岩波書店、2009年

◆ **共著**

『占領と性―政策・実態・表象』恵泉女学園平和文化研究所編、インパクト出版会、2007年
『軍事主義とジェンダー―第二次世界大戦期と現在』敬和学園大学戦争とジェンダー表象研究会編、インパクト出版会、2008年

◆ **海外での訳書**

『越えられなかった海峡』韓国・뿌리와 날개（プリワナルゲ）1996年
『天皇制とジェンダー』韓国・소명출판（ソミョン出版）2013年
『戦争と性別―日本の視角』（秋山洋子と共編のアンソロジー。中国・社会科学文献出版社）2007年

新装版　女たちの〈銃後〉　増補新版

2019年 4月20日　第1刷発行

著　者　加　納　実紀代
発行人　深　田　　　卓
装幀者　宗　利　淳　一
発　行　インパクト出版会
〒113-0033　東京都文京区本郷2-5-11　服部ビル2F
Tel 03-3818-7576　Fax 03-3818-8676
E-mail：impact@jca.apc.org
http://impact-shuppankai.com/
郵便振替　00110-9-83148

モリモト印刷